改訂版

国際社会学

TRANSNATIONAL
SOCIOLOGY

小ヶ谷千穂 佐藤成基 宮島喬 編

有斐閣

はしがき

　日本人にとり，人気スポーツの野球，サッカー，大相撲，駅伝競走などで，外国出身選手が活躍するのは，もう当たり前になっている。日本国籍でなければならないナショナルチームの選手にもカタカナ名をみることは今ではめずらしくない。身近な家族，親族のなかに外国にルーツをもつ人が一人や二人数えられる人は，少なくないだろう。

　グローバル化の影響が社会のいろいろな面に現れている。法務省発表の在留外国人数は，約296万人（2022年6月現在）である。欧米諸国に比べて数は少ないが，その偏在ははなはだしく，大都市では人の国際化が強く実感される。東京都，大阪市には人口の1割以上を外国人が占める区が存在し，街路表示や地下鉄内放送が複数言語化しているのは，あながち外国人観光客のためだけではなく，そこに生き暮らしている外国ルーツの人びとのためでもあろう。そして，より気づきにくいが，日本の産業構造を支える製造業の下請け系列の企業や，小規模のサービス業などで計200万人近くの外国人が働いていて，福祉・医療などサービス分野での外国人の今後の増加は確実視されている。

　視点をかえると，国や地方自治体の行うサービスの受け手は日本人ばかりではないということである。医療保険，年金，児童手当，学校教育などの利用者（受給者）は日本生まれの日本人とは限らないから，「平等」のために最大限の配慮が求められる。介護保険料は国籍を問わずすべての住民から徴収されているが，その割合からみて同保険の利用者に外国人は少ないといわれる。日本語の難しさへの配慮が足りず，同制度の案内が十分届いていないためかもしれない。学校教育は，文化・言語背景の異なる外国につながる子どもに，適切な教育を提供することを課題とするが，日本の教育はそれを果たしているだろうか。

　だから，家族，地域，階層，労働，福祉，教育など社会学研究の諸分野でも，国際化ないしグローバル化の影響のもとで生じている国境を超えて展開される現象，問題を扱わなければならない。「国際社会学」と銘打っては，梶田孝道編『国際社会学』（名古屋大学出版会）がテキストとして長く利用されてきた。同書は，世界の諸地域を扱い，学際的性格が強く，それが魅力であった。本書も一部それに倣ったが，日本をおもな焦点として国境を超え展開される社会的現象や社会問題を主に社会学の視点から解明することをめざしている。社会学

的アプローチとは，約言すると，人々の主体的／主観的行為，相互行為と切り離さずに社会関係や社会構造の成り立ち，意味を理解しようとする点にある。以上の意義，意味を読者諸兄姉に読み取ってもらえれば幸いである。

　改版にあたって　初版の公刊から7年の時が流れた。この間に，私たちがそのなかに生きる社会および国際社会に，いくつかの大きな変化，変動が生じた。

　すでにあげた日本の在留外国人数も2015年のそれの30%増を示す。それだけでも，本書の記述と，引かれるデータのアップデートが求められる。

　さらにこの間に経験された大きな出来事として，過去3年近くにわたり続く，新型コロナウイルス（COVID-19）の世界的感染拡大がある。これは，各国政府のとった感染防止対策とあいまって，多くの人々を生活困難に追いやった。強力な感染症であるが，予防ワクチン接種や，発病後の診療アクセスにおいて外国人やマイノリティの人々も平等な扱いを受けただろうか。生産縮小や操短を理由に雇い止め，解雇に遭った外国人労働者は多く，失業給付もなく，帰国しようにも空路の便はなく，貧窮しつつ日本に残留する者が多く出た。また，コロナ禍では，学校教育の攪乱があり，不時の休校となったり，オンライン授業に切り換えられたりし，子どもたちは翻弄された。最も困惑したのは外国人の子どもたちで，機器が買い揃えられなかったり，「オンライン授業はわからない」と，脱落していく子どもも多く，教育格差が広がったとみられる。これらの原因を，パンデミックに結びつけるのではなく，もともとの外国人労働者の地位や労働条件の不安定性と劣悪さが，また外国人の子どもの教育支援の不十分さが，これによって露呈されたと見るべきではないか。

　これらの問題を本書でも取り上げ，国際社会学の観点から論じなければならない，と考えたことが改訂版を準備することにした一つの理由である。

　また，近年日本が経験するようになったのが，アジアおよびその他世界で生まれる難民の到来とその受け入れの問題である。ミャンマー，スリランカ，トルコ，そして最近年はウクライナから来日し難民を申請をする者が増え，同時に難民の受け入れ，認定に消極的である日本への内外からの批判も高まってきた。そこで「難民と日本社会」の関わりがテーマとして浮上した。改訂にあたり，新しく1章（第9章）を加えたのはそれゆえである。

　2023年2月

編　者

執筆者紹介

（執筆順，〔　〕内は担当章・コラム，☆は編者）

☆**宮島　喬**（みやじま　たかし）　　　　　　　　　　　〔序章，第7章，①③⑩〕

　　お茶の水女子大学名誉教授

　　主著　『社会学原論』岩波書店，2012年。

☆**佐藤成基**（さとう　しげき）　　　　　　　　　　　　〔序章，第1章，②⑥〕

　　法政大学社会学部教授

　　主著　『国家の社会学』青弓社，2014年。

☆**小ヶ谷千穂**（おがや　ちほ）　　　　　　　　　　　　〔序章，第8章，⑨⑫〕

　　フェリス女学院大学文学部教授

　　主著　『移動を生きる──フィリピン移住女性と複数のモビリティ』有信堂高文社，
　　2016年。

樋口直人（ひぐち　なおと）　　　　　　　　　　　　　〔第2章，④⑦〕

　　早稲田大学人間科学学術院教授

　　主著　『日本型排外主義──在特会・外国人参政権・東アジア地政学』名古屋大学
　　出版会，2014年。

上林千恵子（かみばやし　ちえこ）　　　　　　　　　　〔第3章，⑤〕

　　法政大学名誉教授

　　主著　『外国人労働者受け入れと日本社会──技能実習制度の展開とジレンマ』東
　　京大学出版会，2015年。

竹ノ下弘久（たけのした　ひろひさ）　　　　　　　　　〔第4章，⑪〕

　　慶應義塾大学法学部教授

　　主著　『仕事と不平等の社会学』弘文堂，2013年。

高畑　幸（たかはた　さち）　　　　　　　　　　　　　〔第5章，⑧〕

　　静岡県立大学国際関係学部教授

　　主著　「東海地方における移住労働者のエスニシティ構成の『逆転現象』──静岡
　　県焼津市の水産加工労働者の事例」『日本都市社会学会年報』第36号，2018年。

髙谷　幸（たかや　さち）　　　　　　　　　　　　　　　〔第6章〕

東京大学大学院人文社会系研究科准教授

主著　『追放と抵抗のポリティクス──戦後日本の境界と非正規移民』ナカニシヤ
出版，2017年。

工藤晴子（くどう　はるこ）　　　　　　　　　　　　　　　〔第9章〕

神戸大学大学院国際文化学研究科准教授

主著　『難民とセクシュアリティ──アメリカにおける性的マイノリティの包摂と
排除』明石書店，2022年。

佐野麻由子（さの　まゆこ）　　　　　　　　　　　　〔第10章，⑬〕

福岡県立大学人間社会学部教授

主著　『変容するアジアの家族──シンガポール，台湾，ネパール，スリランカの
現場から』（田村慶子との共編）明石書店，2022年。

徐　阿貴（そ　あき）　　　　　　　　　　　　　　　〔第11章，⑭〕

福岡女子大学国際文理学部准教授

主著　『在日朝鮮人女性による「下位の対抗的な公共圏」の形成──大阪の夜間中
学を核とした運動』御茶の水書房，2012年。

小林宏美（こばやし　ひろみ）　　　　　　　　　　　〔第12章，⑮〕

文京学院大学人間学部教授

主著　『多文化社会アメリカの二言語教育と市民意識』慶應義塾大学出版会，2008
年。

村上一基（むらかみ　かずき）　　　　　　　　　　　〔第13章，⑯〕

東洋大学社会学部准教授

主著　「フランス・パリ郊外の大衆地区におけるムスリム移民の家庭教育──学校
教育，地区，文化・宗教の伝達に着目して」『年報社会学論集』第27号，2014
年。

目　次

序 章

国際社会学に向けて

現代社会へのトランスナショナルな接近

「国際社会学」とは何か

　「国際社会学」を言葉通りに理解すれば，「国際的な社会現象を研究する社会学」ということになる。そこで問題になるのは「国際的」という言葉の意味である。日常的にも出会うおなじみの語だが，大きくとらえると次の2つの意味を読みとることができるだろう。

1 「国際社会学」という研究分野

　一つは「インターナショナル（international）」，すなわち国民ないし国家相互の関係（inter-national）という意味である。政治の世界で「国際関係」というとき，その「国際」は「インターナショナル」という意味で用いられている。もう一つは「トランスナショナル」，すなわち国民ないし国家を超えた（trans-national）という意味である。国境を越えた人の移動や企業活動などが，このトランスナショナルという意味での「国際的」現象ということになる。「超国家的」の訳語でもよいのだが，慣用的に「国際的」の言葉でもカバーされる。

　「国際社会学」という場合の「国際」は，後者の「トランスナショナル」な方に比重がおかれている。すなわち国際社会学とは，「インターナショナル」という意味での「国際」を踏まえながらも，国家や国民の境界を超えた「トランスナショナル」な現象を把握するための分析枠組みや方法を提供する社会学の一研究分野ということになる。たとえば，国境を越えた人の移動である「移民」という現象，移民やエスニック集団における「トランスナショナル」なネットワーク，「国際結婚」と呼ばれる人と人の結びつき，国境を越えた政治運動や社会運動，文化活動の展開，地域統合の動きなどが，その研究対象の具

体例として挙げられる。そこには，「社会」の単位を国民国家の枠組みと同一視するという，従来の社会学で自明視されてきた前提（この前提のことを「方法論的ナショナリズム」と呼ぶことがある）を自覚的に問題にし，それを相対化しようとする視点がある。

日本における国際社会学の展開

「国際社会学」という研究分野の登場は古いわけではない。この言葉を初めて用いたのは，政治学者の馬場伸也だとされている。彼は1980年の著作『アイデンティティの国際政治学』（東京大学出版会）のなかでいち早く「国際社会学」を提唱している。また『新社会学辞典』（森岡清美・塩原勉・本間康平編，有斐閣，1993年）で「国際社会学」の項目を執筆しているのも馬場であった。しかし馬場の主張は，従来国家を中心に考えてきた国際政治学において国家以外の行為主体の役割を重視すべきだというもので，その視点はやはり「政治学」的なものであったといえる。

社会学者自身が「国際社会学」という言葉を用いるようになるのは，少し遅れる。単行本としては，1989年に駒井洋の『国際社会学研究』（日本評論社）が，1992年に梶田孝道編の『国際社会学——国家を超える現象をどうとらえるか』（名古屋大学出版会）がある。また1993年から刊行が開始された「国際社会学叢書」（国際書院）でも，駒井をはじめとする社会学者が執筆している。制度的な面でみると，1993年に一橋大学大学院で「国際社会学」の講座が設立され，その後「国際社会学」を掲げた学部や学科がいくつかの大学で設置される。

このように「国際社会学」が誕生した1980年代から1990年代にかけて，日本でも「国際化」ということが盛んに語られ，世界的には「グローバル化」と呼ばれる現象が進展しつつあった。日本経済の好景気と円高の進行を背景に，日本の企業が国際化，多国籍化するとともに，国内では人手不足が進み，多くの外国人が労働者やビジネスマン，留学生としてやってくるようになる。1980年代後半には，これらの人々をどう受け入れるかをめぐり幕末期の日本になぞらえて「開国か鎖国か」などの議論も行われた。

国際情勢も日本の経済的地位も大きく変化するなか，「国際社会学」は社会学の一分野として認知され，「国際社会学」を自認する多くの研究者が輩出されるようになった。その結果，さまざまな研究成果も生み出されてきている。

だが，この名称で呼ばれる研究分野の発展は，日本独特のものでもあった。英語で"international sociology"といえば，社会学それ自体が「国際的」であるということを意味する。たとえば，世界の社会学者が集まっている"International Sociological Association"（国際社会学会）という学会があるが（2014年には横浜市でその大会が開かれた），そうしたものが「国際社会学」という語の一つの使用例である。

　しかし，最近は欧米でも日本の「国際社会学」に近いものとして"global sociology"（グローバル社会学）や"sociology of globalization"（グローバル化の社会学）という分野が生成されつつある。それは，日本の「国際社会学」同様，「社会」と国民国家とを同一視してきた従来の社会学に対する批判的視点を打ち出し，国境を越えた社会現象に焦点をあてようというものである。2009年にはアメリカ社会学会内にも"global and transnational sociology"（グローバル・トランスナショナル社会学）というセクションが設けられた。今後さらに広い制度的な認知を得ていくことになるだろう。

国際社会学の課題

　日本を含む世界において過去四半世紀来「グローバル化」が進み，国境を越えた「トランスナショナル」な社会の結びつきがこれまでより一層緊密化し，また複雑化してきた。そのなかで，従来社会学が取り扱ってきた家族，階層，労働，福祉，社会運動，教育，アイデンティティなど，ほとんどあらゆる社会現象が一国内でのみ生じているものとはとらえられないことが明らかになってきた。だがそれは，これまでの社会学的な分析枠組みや方法それ自体が無効になったことを意味するわけではない。さまざまに展開される「国際的」な社会現象を把握し，理解するために，それらを活用することは十分に可能だろう。たとえば社会学には行為や相互行為，社会システムや機能分化といった古典的概念，社会関係資本やネットワークの理論，文化的アイデンティティ論や社会学的制度論などの近年の諸理論，また階層，家族，ジェンダー，社会運動，福祉社会学等の研究分野で用いられてきた分析枠組みなど，多様な蓄積がある。これらの社会学的な概念や枠組みは，これまでも「国際的」な現象を解明する有効なツールとして活用されてきた。

　本書は，こうした社会学的な研究のこれまでの成果や現状を，初学者にもできうる限りわかりやすいかたちで紹介しながら，「国際的」な社会現象を把握

する学問的なツールとしての社会学の可能性を示していくことをめざしている。それはまた、「国際社会学」という分野が、単に「国際的」な現象についての学際的な研究というこれまでよく前提にされてきたアプローチから一歩踏み込んで、国際社会学を社会学の一分野として打ち出したいという試みでもある。

　そこで明らかにされるべき「国際的」な社会現象とはいったいどのようなものなのだろうか。本書の各章がそれぞれの角度から明らかにしているのは、以下のような現象である。

　第一は、国境を越えて「移動する」という現象、すなわち移民の動態に関する一連の現象である。これは国際社会学が提唱されて以来の中心的な問題関心でもある。移民がなぜ発生し、いかにして現にあるような形態をとるのかに関する研究には、これまで多くの蓄積がある。

　第二は、国境を越えて「つながる」という現象である。移民やエスニック集団は、しばしば国境を越えたネットワークをもち、それを活用しながら移動し、また受け入れ社会における生活の基盤を形成する。これもまた「トランスナショナリズム」というテーマとして、最近研究の進展が著しい分野である。

　第三に、国境を越えた「移動」や「つながり」とともにあらためて問題にされ、希求される「帰属する」という現象である。その「帰属」先は、国境を越えた広がりをもつ民族やエスニック集団であったり、移住以前に住んでいた「祖国」だったり、また移住先の国家だったりする。また、宗教団体、家族、地域共同体も人間の帰属先として、越境的な移動やつながりのなかであらためて価値づけられ、活用されたりする。国境を越えるという現象は、同時に人間が何らかの共同体や社会に「帰属する」ということの意味を問い直すことにもつながる。この問題も、国際社会学の観点から解明すべきテーマである。

　いうまでもなく、「移動する」「つながる」「帰属する」という3つの現象は、相互に深く関係し合い、連動し合っている。どれか一つだけを取り上げて論じられる問題ではない。社会学的な分析枠組みや方法論を、この3つの現象のダイナミックな絡み合いを解明するためにどのように用いていくか。これが国際社会学に求められる課題である。

国民国家と「国際社会」

「国境を越えた社会現象」が存在するとすれば、そこにはすでに「国境」なるものが存在しているということになる。ここで「国境」とは国民国家

（nation-state）の境界線のことにほかならない。つまり国際社会学という学問領域が成立する前提として，国民国家が「国境」を形成しているという世界の現実がすでにあることになる。国際社会学は，国民国家という制度が形成されるにいたった経緯やその要因について明らかにするという課題も負っている。

　すでにさまざまな指摘があるように，国民国家の歴史はそれほど古いものではない。諸説あるが，18世紀末には西欧で発生した固有の領土，国民，主権をもつ国民国家は，その後約200年をかけて地球規模に拡大することになった。おそらく，20世紀に達成された最も重要な歴史的変化の一つに，世界が「国民国家」という単位によりあまねく組織されるようになったということが挙げられよう。20世紀末までに，南極を除く地球上の土地のすべてはどこかの国家の領土となり，人間はどこか一つの国家に帰属している。こうして世界は（「インターナショナル」な意味での）「国際社会（international society）」と呼ばれる状態になった。

　けれども，「国際社会」が語られ，代表的国際機関として国際連合（United Nations）が生まれ機能し，国家間の義務や共同行動を命じる条約が締結されていることは，国民国家の相対化を意味するもので，主権の絶対性をはじめ国民国家が前提としてきた原則は揺らいでいる。また移民や難民という国境を越える人の移動が起こり，EUのように国家主権の象徴である国境検問や固有通貨を廃する例も現れ，国際結婚，国籍取得，重国籍化も認められ，国民 - 外国人の境界も相対化されている。その一方，人々のアイデンティティの脱国民化も大なり小なりみられるようになった。たとえばイギリスでは「ウェールズ人」や「スコットランド人」というアイデンティティを英国人よりも優先する人々が現れ，スペイン人以上に「バスク人」とか「カタルーニア人」と感じるという人々に出会う。アジアではまだ国民国家の枠づけは強く働くが，それでも日本では国際移動し定住する人々や，国際結婚から生まれた数十万人の個人においてはアイデンティティは流動化していると思われる。国際社会学の考察がまさに求められる状況である。しかし，国境を越える人の移動がより自由になり活発化するのが趨勢かというと，そうとはいえない。国際紛争（戦争），大災害，長期におよぶ経済危機などの際，国家の介入によって人の移動が禁止または制限されるという事態は起こりやすい。2019年末以来続いている「新型コロナウイルスの世界的感染拡大」は，感染を防止しようとする各国家の対応政策による影響を受け，人，物の受け入れ，及びそれによって可能とされた

活動を制限させることになった。それにより，国民生活は影響をうけたが，特に外国人，移民，その家族などに困難な生活を強いることになる。

2 国際化，グローバル化と社会構造の変容

　すでに述べたが，今から半世紀前までの社会学研究では，「社会」という言葉は国民社会，すなわち日本社会とイコールとされてきた。たとえば家族，組織，地域社会などを研究対象とするとき，成員の力関係，地位の上下，階層の不平等などが分析されるのは普通だったが，文化の差異，すなわち成員の言語・文化・出自の差異が考察されることはまれだった。社会的不平等や上下関係はあっても，文化的には均質であると想定されたのである。これは，事実がそうだったからというより，認識がそうだったからである。戦後特につくられた「単一民族」の神話が，60万人の在日コリアン，アイヌなど境界領域にあった人々の存在を意識化するのを妨げたともいえる。
　ところが，1990年代には社会構造のいくつかの側面に目立つ変化が現れる。

地域社会，労働市場の変化
　大都市やいくつかの地方の中都市では，住民の多民族化，多文化化が可視的に現れる。たとえば大阪市生野区や東京都新宿区では，外国人人口がそれぞれ人口の2割，1割を超える。文化的な豊かさが街の文化的・商業的活性化を生むが，また従来にない多様な行政ニーズを生み，学校，保育園，病院などは多文化的対応を求められる。他方，参政権など完全なシティズンシップを認められない住民が1〜2割に達すると，地域デモクラシーをどう実現するかという困難な問題も生じる。
　労働市場の国際化は，欧米諸国のそれに比べると目立たないが，それでも約200万人の外国人が日本の職場で働いている。自動車・電機などの下請企業や食品工業などで進み，企業現場のある工程ユニットでは人員の8割が外国人といったケースも現れる。しかしそうした国際化は，日本人と外国人が平等に扱われる場とはならず，二重労働市場，分割労働市場となって待遇格差が保たれる。外国人労働者は，日本人労働者よりもはるかに高い割合で，非正規の，あるいは間接雇用の派遣労働者の位置におかれている。

こうした変化は，日本の階層構造にも影響しないはずがない。もっとも，外国人人口はまだ総人口の約 2.5％程度だから，全体の不平等構造に可視的な影響は及ぼさないが，それでも日本の階層構造のなかに滞日外国人がどういう位置を占めているかを知る必要は出てくる。日本の社会学者が行ってきた階層と移動の調査，SSM 調査でも，その 1995 年調査の報告『日本の階層システム』が，金明秀・稲月正「在日韓国人の社会移動」ほか論文を掲載したことは示唆的である。ブラジル人など外国人労働者の雇用上の地位と所得に関する諸種の調査から，彼らが，日本の非正規雇用従事者たちからなる最下底層に位置づけられること，また在日がマジョリティをなす韓国・朝鮮人の場合，高い学歴達成を果たしながら職業階層上は自営業などが多く，しかしある程度の所得を維持していることなど，日本の階層構造のなかでは固有の位置を占めていることも知られるようになり，日本の階層研究にあらたな課題を提示している。

移動する人々のネットワーク社会

　移動（migration）は，日本の社会学研究のなかでも主題の一つとなりつつある。今や日本社会の成員をなす定住外国人も，本人または親族や先祖が移動者だったわけであり，移動とはどのような社会的行為で，社会過程であるかが研究対象とならねばならない。定住した当人が，現在もなお移動のしくみとネットワークのなかで生きているケースは多く，価値や思考の準拠枠が今生きている日本の職場や地域社会と，出身の社会との双方にあることもある。韓国済州島と大阪等の在日コリアンとのかつてのつながりや，今日みられる，たとえば，ルーツの沖縄 − 中南米の一国 − 日本の特定地域に住まう南米人というトライアングルで保たれている人的つながり，などがその例である。今，ある地域のなかに生きながら，国境を超えるネットワークのなかでも生き，行動する人々にとり，ネットワークはどんな機能をもっているのか。現在の日本社会のなかにも，移動のネットワークに拠り，自ら用いうる資源を生かしながら定住し，活動している人々がいる。

　発展途上社会（以下，「途上社会」）は，かつては日本社会の外にある外的存在とみなされていた。だが今では次のことに気づく。生産や消費はグローバルな関係のなかで営まれ，アジアや中南米諸国の産品を消費するのは日常のこととなっている。また資本が海外に投じられ，日本人が途上国の現地法人で働くことも多くなり，東南アジアの主な国だけでも在留邦人は 10 万人に達する。一

方，在日外国人約300万人の半数は途上国出身者である。生活の場で隣人として フィリピン人やベトナム人やペルー人を識るのは珍しいことではない。そして先進国，途上国との関係で最も基本的に問われることは，単に経済格差があるだけでなく，途上国の開発，発展の可能性が先進国の政治経済によって左右され，国際間分業が固定される傾向があるのではないかという点である。それゆえ，途上国から先進国への移民の送出は簡単にはやまず，移民たちの送金に依存する家族たちがいる。

　途上社会研究でいま社会学に期待されているものに，「人間開発」（human development）の視点からのアプローチがある。途上社会の男女アクターたちへの教育，助言，訓練などを通して行為能力を高め，内発的発展への力としようとするものである。その際，有名なM. ユヌスのグラミン銀行運動が示すように，戦略的に女性への働きかけを重視することも行われる。女性たちが，おかれている困難な条件のなかでどのように自己認識をし，自己実現をはかる行為能力をもつことができるか，その能力または潜在能力（capability）の実現の条件はどのようなものか。A. センらの先鞭をつけた考察（『不平等の再検討』岩波書店）は，途上国研究に携わる者に多くの刺激を与えている。

　なお，近年，途上社会と日本の関係において無視できなくなっているのが難民とその受入れ（保護）の問題である。ミャンマー，アフガニスタンの例のように日本を取り巻くアジアでは，民族紛争，人権抑圧の専制政治，災害と生活不安などを理由とする難民が多数発生し，日本に庇護を求める者も増えた（2019年には約1万人）。長年，「難民受入れ小国」といわれた日本だが，日本社会にとって難民受入れとは何か，どのような意義があるか，問わなければならない。

3　多文化の生活世界とアイデンティティ

日本社会の多文化化の現状から

　国境を横断する「社会」をとらえようとする国際社会学が求められてきた背景に，日本社会の多文化化，また近隣のアジア諸国との間の人の移動の活発化が挙げられる。1980年代後半から外国人労働者問題として主に扱われていた人の移動をめぐるイシューは，その後より社会学的な課題として現れ，注目さ

れるようになる。本書で扱われる国際結婚の増加にみられる家族の変容，多様な文化的背景や成育歴をもつ子どもたちの増加，その教育という課題，移動や多文化経験のジェンダー化された性質の発見などがそれである。身近でミクロな地域コミュニティの隣人のレベル，学校でのクラスメイトとの間，そして家族という親密圏内の成員間，に見出されるトランスナショナルな関係といえる。

　そうなると，そもそも私たちが自明視してきた「家族」「学校」「ジェンダー」「アイデンティティ」といった概念をあらためて問い直すような根本的な問いが出現する。それは，突きつめると「国民国家」を相対化する社会学的課題につながっていく。

　日本における国際結婚の増加は，その間に生まれる子どもたちの国籍やエスニシティ，そしてアイデンティティの複層性を生み出す。そこでは，複数の国家や社会に帰属意識をもつこと，あるいは特定の国家や社会との関係を乗り越えるような新しい社会関係や意識が生まれ，「ハーフ」「ダブル」「ミックス」などと称される人々が活躍する場面も増える。と同時に，親の再婚によって学齢期に日本へ呼び寄せられる子どもたちが，学校や家庭で抱える困難もある。家族の多様なあり方と日本の社会制度の不一致，さらにはいじめ問題などに象徴される，受け入れ社会側の根深い差別意識などが，今，問われなければならないだろう。

　こうした家族生活や家族関係の変容のなかで課題となってくるのが，社会保護（social protection）といわれる社会保障，公的生活扶助，その他福祉のサービスである。いわゆる福祉国家の制度設計は，たいてい国民国家をモデルに，通常家族を想定して行われてきた。国籍要件があり，外国人家族には加入資格のないものもあった（1980年代までの国民健康保険や国民年金）。しかし今でも種々の理由から無保険の外国人世帯が2〜3割はいる。また国際結婚が増加して，離婚も増加し，そうして生まれる困窮した外国籍母子世帯などは，どう生存が保障されるのか。合法的滞在資格を失っていれば，生活保護の申請もできない。生活保護は外国人には準用であり，申請資格のない外国人も多いのだが，統計上の被保護率は日本人より外国人の方が高い。このことは生活の無保障，貧困に陥りやすい外国人が高比率だということを物語る。日本における新たな貧困問題といえるかもしれない。内外人平等の実現をめざす日本の制度整備の努力は評価されてよいが，外国人にとって生活の不安は解決されていない。

　教育の分野では，日本において外国人には就学義務が課されないなか日本の

学校に外国籍の子どもたちが増え，学習言語としての日本語にハンディをもつ子どもたちをどのように育て，またどのような進路を提示していくべきなのかという課題がある。とはいえ，親たちで多文化を尊重した教育を望まない者はいない。それを保障することが，彼ら／彼女らの日本の学校への就学を進める条件ですらあろう。最近では，日本国籍をもちながらも日本語指導が必要な子どもの数も増えており，日本の学校における多様なルーツをもつ子どもたちが，単純に外国籍か日本国籍かによって分けられない状況にある。

　日本を含めたアジア地域では国境を越える人々における女性の比率が増加する，「移動の女性化」という現象がみられている。在留資格「興行」によって，主としてフィリピンから日本に多くの女性たちがナイトクラブなどでの接客に従事するエンターティナーとして流入し，2004年に米国国務省から「人身売買の温床」と指摘されるにいたった。香港やシンガポールでは，女性の高学歴化や労働参加率の上昇により，家庭内での家事，育児を担う住み込みの家事労働者が求められ，ミドルクラス以上の家庭の再生産労働を支えている。2000年代後半から，日本でも高齢化にともなう介護の担い手不足により，海外から介護労働者を受け入れるかどうかが議論されはじめ，経済連携協定（EPA）の下でフィリピンやインドネシアから受け入れが始まった。また，介護関連の在留資格も拡大している。家事や介護，さらには性－情愛サービスのような，人間のメンテナンスに不可欠な再生産労働が，ますます国境を越えて移動する女性たちに担われるようになるのだろうか。その労働は，工場労働やオフィス勤務とは異なり，社会的にみえにくく，さらに歴史的に「女の仕事」として低位に位置づけられ，虐待や人権侵害を誘発しやすい。高齢化や女性の労働力化という受け入れ社会側の変動が，ジェンダー化された搾取的状況を生みやすい移動を引き起こすとすれば，私たちはどう受け止めればよいのか。

　今日，「多文化共生」という言葉が多用されるようになっているが，「多様な文化を認める」といった表面的議論ではすまされない，機会の平等や権利の保障，さらには受け入れ社会側の社会制度や意識そのものの変革が求められている。社会におけるメンバーシップの多様化を承認し，複数の帰属やアイデンティティのあり方を保障しながら，公正や平等を実現させる社会をいかにして構築できるのか。既存の「社会」そのものを批判的にとらえなおす営為としての国際社会学の役割は大きい。

4 地域，エスニシティの現在

エリア・スタディ

　国際社会学においては，これまで触れてきた家族，階層，労働，福祉，教育といった社会学的な主題群を対象とする研究がある一方，特定のエスニック・グループや特定の地域（area）を対象とした研究も重要性をもつ。国境を越えた人の移動のネットワーク，国民国家において前提にされてきた文化的均質性に抗するアイデンティティの形成などを，一集団または一地域に集約させて研究するというテーマの立て方がそれである。たとえば在日朝鮮人や日系ブラジル人やペルー人，中国人ニューカマーなどのいずれかに焦点をあて，あるいはかれらの生活が展開される特定の地域を対象とするもので，それらもまた国際社会学研究の意義，有効性を示すものである。

　こうした研究の多くは，ある集団ないし地域の具体的な事例に絞り，丹念な調査に基づいたものとなっている。これを，本書でも取り上げるに際し，「エスニシティ研究」と「エリア・スタディ（地域研究）」の結合と位置づけ，いくつかの研究成果を紹介している。本書の第 11 章の在日朝鮮人，第 12 章のロサンゼルスのヒスパニック，第 13 章のフランスのイスラーム系移民の研究がそれである。

エスニシティ

　そうした一連の国際社会学的研究は，エスニシティというカテゴリーの重要性をさまざまな面から明らかにしてきた。たとえばエスニシティへの帰属は移民の流れを水路づけ，彼らの国境を越えたネットワーク形成を促すこと，また受け入れ社会での階層化や格差化の一要因になってきたこと。また，移民やマイノリティのアイデンティティ形成や社会化の文化的基盤として，また教育のチャンスを左右する「文化資本」の一要素として，エスニシティが重要な役割を果たすことも明らかにされている。

　エスニシティという概念は，1970 年代にアメリカ社会学のなかで広く用いられるようになり，アメリカ社会が，アフリカ系，ヒスパニック系，中国系などさまざまなエスニック集団からなる「サラダボウル社会」であることを示す

「民族」。「民族帰属性」と訳すこともある。社会を構成する人々を類別するカテゴリーに階級，ジェンダー，世代などがあり，それらと並んで人々の民族特性に注目するとき「エスニシティ」の語が使われる。形容詞の ethnic は以前から使われてきたが，エスニシティはその抽象名詞化であり，社会科学用語になるのは 1970 年代からである。民族とは，言語，文化，生活様式などを主な基準として構成された集団で，身体的特徴を含めるとらえ方もある。主観的要素を重視するとらえ方もあり，たとえばアイヌとは，「アイヌ」というアイデンティティをもつ人々と定義されることもある。またある人々の集団が「ヒスパニック」と他称で名指されることもあり，エスニシティは客観的に定義可能というよりは社会的・政治的「構築」だとする見方もある。なお，民族における共属感や自己決定志向の強さに着目するとき「ネーション（nation）」という語が使われ，文脈により「国民」と訳される。カナダのケベック系住民はフランス語，固有の集合的記憶などを維持し，政治的自己決定志向が強く，単なるエスニック・グループではなく自らを「ナシオン」だと主張する。エスニシティには可変性と持続性の両面があり，たとえばアメリカに移住したアイルランド人は世代を経るにつれ言語や生活習慣で主流のアングロ＝サクソンと区別しがたくなるが，宗教（カトリック）では差異を維持している。この変化と持続性を規定する社会的条件を問う研究も重要である。

のに貢献した。また，ほぼ同時代にヨーロッパで高まったバスクやスコットランドなど民族マイノリティの地域主義運動，脱植民地化過程で独自のアイデンティティを表出したアルジェリア人，移民マイノリティとしてのトルコ人などを理解する概念としてもエスニシティが導入されていった。一般的に当時の社会学では，社会の近代化とともにそうした文化的に「特殊」な集団への帰属は消滅するだろうという考えが有力だったが，「エスニシティ」概念は，そのような理解に対する一つの強力な反証となる。

　このような学史的文脈でみると，国際社会学が現代のグローバル化のなかでもなおエスニシティへの帰属が重要であることを明らかにしてきたことは，理論的にみても意義のあることである。しかしまた，国際社会学が批判的に相対化してきたネーション（国民・民族）概念と同様，エスニシティもまた，自明なものとして実体視することのできないものでもある。たとえば「ヒスパニック」という概念もそうである。国境を越える資本・労働の流動性，市民のネットワーク，情報通信技術など「グローバル化」と呼ばれる諸変動のなかで，ま

た依然として無視しえない国家の統治作用（移民政策もその一部）のなかで，エスニシティへの帰属がどんな役割を果たすのか。またエスニシティというカテゴリーの境界や意味づけがどう変化しているのか。それらも国際社会学において明らかにされるべきアクチュアルな課題である。

第1章
国民国家とシティズンシップの変容

シティズンシップから考える国家と住民

　私たちが「国際社会」と呼んでいる世界は，アメリカ，韓国，フランス，日本などといった数多くの「国々」から成り立っている。各「国」は，それぞれに「国民国家（nation-state）」という統治のしくみを形づくっている。それは19世紀以降約200年を経て，グローバルに広まった。現在，国民国家は「国際社会」の最も基本的な単位といってよいだろう。国民国家はそれぞれに異なった特徴をもっているが，軍隊や警察などを通じて暴力を独占しながら法を強制的に執行し，経済的資源を租税として徴収してそれをさまざまな「公共的」な目的のために再配分するという基本的な形式においては，どれも共通している。

　本章は，このような国民国家における国家と一般住民との関係の構造とその変容について，「シティズンシップ」という概念を切り口にしながら考察していきたい。

1 　国民国家とシティズンシップ

シティズンシップという制度

　シティズンシップ（citizenship）を語義に忠実に訳せば「市民（citizen-）であること（-ship）」になる。古代ギリシャや西欧中世においてシティズンシップは，都市住民という意味での「市民」の地位や権利・義務を意味するものだった。人々の大半が農民であった中世の西欧において，都市住民であるということは，封建領主の支配から自由な特権でもあった。

　しかしフランス革命を契機に，「市民」の意味が大きく変化した。「市民」は

自由で平等な人間全般へと普遍化された。しかしながら，そのような「市民」の権利は，現実には正当な暴力を独占した国家において（たとえば，フランスであればフランスの国家のなかで）「法の下の平等」というかたちで実現され，保障されることになった。その結果，「市民」という概念は事実上「国民（nation）」と同義になり，シティズンシップは「国民であること」を意味するようになっていくのである（ブルーベイカー 2005）。

　その後，国家は，課税や兵役，公衆衛生や交通網の整備，治安管理や学校教育，社会保障や雇用対策などさまざまな目的と方法で国民の市民生活への介入の度合いを高めていった。また国民の側からも抗議運動や請願，投票やロビーイング，訴訟や団体交渉等を通じて国家への圧力や影響力を高め，国家と国民とは複雑な相互関係を形成するようになる（マン 2005; 佐藤 2014）。そのような過程をへて，国家と国民とをつなぐシティズンシップという制度が確立されていく。

　このシティズンシップという制度を，ここでは形式的側面と実質的な側面との2つに分けて考えてみたい。形式的側面とは国家の構成員資格すなわち国籍である。実質的側面とは国家による権利（これを「市民権」と呼ぶ）と義務の確保，そのために必要となる資源の再配分のしくみである。

国　籍

　国籍という制度は，身分や階層，性別にかかわらず等しく「国民」という地位を国家が付与した点に特徴がある。このような近代的国籍制度のはじまりは，ナポレオン時代のフランスで制定された民法典だった。それ以後各国家が国籍制度を採用し，国籍法は近代国民国家が必ず備えていなければならない法制度の一つとして定着していく。明治時代の日本もまた 1899 年に国籍法を制定している。また，国籍制度とともに，国民であることを証明するためのパスポートもつくられ，人の国境を越えた移動を国家が管理する手段として用いられるようになる（トーピー 2008）。

　国籍制度のもう一つの重要な特徴は，国籍が人の出生にもとづいて付与されるという点である。つまり人は，出生時に与えられる国籍を自分で選ぶことはできないわけである。このような国籍付与のルールは，国家と国民との結合を確保するために導入され，現在にいたるまで，国家とのつながりにある種の宿命性の感覚をもたらしている。

出生時の国籍付与の方法には，親の国籍を子どもが継承するという方法と，生まれた場所にしたがって国籍を付与するという方法の 2 つがある。前者が血統主義 (*jus sanguinis*)，後者が生地主義 (*jus soli*) と呼ばれる。血統主義は 19 世紀初頭，新しい国籍付与の方法としてヨーロッパ大陸で用いられ始めたのに対し，封建主義に起源をもつ生地主義は，イギリスならびにその植民地だったアメリカやオセアニアで用いられるようになった（ヨプケ 2013: 56）。

　各国の国籍法はこの 2 つの方法を組み合わせ，それぞれ独自の国籍付与の方法を決めている。たとえばアメリカ合衆国の場合，外国人に対してはほぼ全面的に生地主義が採用されている。そのため，移民だけでなく，短期滞在の外国人（たとえば観光客）や「不法」に滞在する外国人のもうけた子どもに対しても国籍が付与される。しかし，自国民の子どもは国外で生まれてもアメリカ国籍は失わないという点において，血統主義の原則が採用されている。

　現在，西欧諸国の多くが外国人に対しても一定の条件付きで生地主義を加味した国籍法を採用している。たとえば，ドイツの新しい国籍法では，両親のいずれかが 8 年以上国内に合法的に滞在していたドイツ生まれの外国人の子どもには，自動的に国籍が付与されている。それに対し，日本を含む東アジア諸国ではほぼ純然たる血統主義が採用されている。そのため，外国人の子どもには国内で生まれたからといって国籍は付与されない。

　国籍はまた，出生後に自分の意志で取得することもできる。これを「帰化（naturalization）」という。現在，ほとんどの国の国籍制度が帰化を認めているが，そのための条件は国によってさまざまである。ある程度の滞在年数とその国の公用語（国語）の能力，犯罪歴の有無などが一般的である。また，ある一定の条件を満たせば申請によって国籍が取得できる権利を認める方法（権利帰化）と，あくまで最終的には行政の裁量によって帰化を許可する方法（裁量帰化）とがある。欧米先進諸国の多くは権利帰化の方法を採用しているが，日本は現在裁量帰化のみである。

　国籍によって「国民」が誰かが決まると，同時に「国民」と「国民」でない人（ほかの国の国籍をもつ「外国人」とどの国の国籍ももたない「無国籍者」を含む）との違いも明確になる。「国民」は，その国家の領土内で自由に移動し，滞在し，仕事をすることができる。それに対し「国民」でない人々には，移動，滞在，就労にさまざまな制限が課せられ，法律に違反すれば国外退去処分になることもある。自由な移動，滞在，就労は，国民に認められた重要な権利である。

権利・義務，再配分

　シティズンシップの権利としての側面に注目したのは，イギリスの社会学者
T. H. マーシャルだった（マーシャル／ボットモア 1993）。彼は権利としてのシ
ティズンシップ（市民権）を市民的要素，政治的要素，社会的要素の3つの要
素に分けてみせる。市民的要素とは，所有権，裁判を受ける権利，結社の自由
等の基本的な権利である。政治的要素とは参政権，すなわち選挙を通じて政治
に参加できる権利のことである。社会的要素には，教育を受ける権利と社会保
障を受ける権利の双方が含まれている。シティズンシップという制度の下で，
国民に平等に権利が保障されるようになる。

　また，シティズンシップには義務という側面もある。たとえば，法の遵守，
他人の権利の尊重，納税や兵役，子どもの教育など，国民にはさまざまな義務
が課せられている。国家はこれらの義務を確保するために警察や裁判所，徴兵
制や義務教育制など，さまざまな制度を設置している。

　シティズンシップの形式的側面（国籍）と実質的な側面（権利，義務）とは必
ずしもつねに一致するわけではない。形式的には国民であるが，権利が認めら
れていないという例は少なくない。たとえば，19世紀イギリスの下層労働者
階級や，公民権運動以前のアメリカ合衆国の黒人などは形式的に国籍をもつが
権利は与えられず，「二級市民」の待遇だった。しかしこのような不一致の多
くは歴史とともに解消され，シティズンシップはより「完全」な方向に向けて
変化してきた。また，20世紀後半のイギリスの場合，国籍の枠をコモンウェ
ルス全体からイギリス本土へと縮小させることによって，形式と実質の一致が
めざされた。

　シティズンシップの実質を保障するためには，財源の裏づけが必要である。
それは，税金として徴収した財源を上下水道や道路などのインフラストラク
チャーの整備，学校教育，医療，社会保障などの「公共財」の提供のために，
いかに持続的かつ「公正」に再配分できるのかということによっている。20
世紀の先進諸国はまた，累進課税と（生活保護のような）公的扶助，（年金，医
療・雇用保険のような）社会保険を通じて，国内の不平等を是正するという機能
も求められてきた。それとともに国家の財政規模も拡大し，政府支出に占める
社会保障費の割合も増加した。

シティズンシップと国民的アイデンティティ

シティズンシップはまた，国民的アイデンティティと相互に補完し合う関係にある。シティズンシップは誰が国民なのかを法的に規定し，原則として平等に権利が保障され，義務が求められ，再配分の恩恵が受けられる範囲を限定する制度である。その一方で，シティズンシップはまた，「自分は○○国民である」という人々の国民としての自己理解に基づいた帰属意識によって支えられている。国民的な民主政治や社会保障制度は，共通の国民的アインデンティティで結ばれた連帯感情なくしてはなかなか機能ししにくい。

国民の法的地位である国籍制度も，当該国民のアイデンティティと適合しているものが採用される傾向がある。たとえば R. ブルーベイカーは，自分たちを固有の文化と血統を共有する国民とみなす「文化的でエスニック」なアイデンティティが血統主義と結びつきやすく，自分たちを同じ領土的基盤で政治的意識を共有する国民とみなす「領域的で市民的(シヴィック)」なアイデンティティが生地主義と結びつきやすいと主張した。ドイツでは 1913 年に純然的血統主義を採用した国籍法が制定されたのに対し，フランスでは 1889 年に生地主義を加味した国籍法が成立した。彼はこのような両国の発展の相違を説明する要因の一つが，「文化的でエスニック」なドイツと，「領域的で市民的」なフランスという国民的アイデンティティの違いにあると論じた（ブルーベイカー 2005）。

日本人を文化や血統において「単一民族」であるとする「文化的でエスニック」なアイデンティティが広く共有されている日本において，血統主義の国籍法が受け入れられているが，これも国民的アイデンティティと国籍制度との親和性を例証するものとみなすことができるだろう。

国民的アイデンティティはそれぞれの国民の歴史に根ざしたもので，持続性をもつ。だが，決して不変なものではない。アイデンティティの変化とともに国籍法も変化する。たとえばドイツでは，1999 年に生地主義を加味した国籍法へと転換したが，それとともに国民的アイデンティティにも変化がみられることは，そのことを物語っている（佐藤 2016）。

国民的シティズンシップの確立

シティズンシップの形式的側面と実質的側面が一致し，国民的アイデンティティ（および福祉国家の諸制度）によって支えられているようなシティズンシップを国民的シティズンシップと呼ぶとするならば，それがこれまで最も完全に

近いかたちで確立されたのは，第二次世界大戦後の欧米や日本のような先進諸国においてだった。

それを可能にした歴史的要因としてさまざまなものが指摘できる。まず両世界大戦期の戦争動員や戦争被害をきっかけに政治的権利や社会保障制度が拡大したこと（佐藤 2021），戦後，戦争やファシズムへの反省からそれぞれの国で自由と平等，人権と民主主義などの「リベラル」な価値や規範を徹底させたこと，植民地を失ったことで国内の人種的・民族的多様性が減少したこと，戦後構築された国際連合やヨーロッパ統合政策の枠内での国際的人権規範から拘束を受けたことなどを挙げることができるだろう。

特に両大戦期から 1960 年代にかけて福祉国家化が進んだことは重要である。健康保険，失業保険，年金，公的扶助などの社会保障制度の拡充を通じて，国家は国民の生活により深く介入し，その生存を援けるようになった。

このようにして確立されてきた国民的シティズンシップは，国民の包摂の度合いを高める一方で，「国民」と「国民」でない者との実質的な差異を強めることにもなった。「国民」であれば，選挙権や教育，社会保障などの権利や公的資源が優先的に配分され保障されるが，そうでなければそこから原則上排除されることになる。「包摂の道具であると同時に排除の道具でもある」（ブルーベイカー 2005）というシティズンシップの特徴が強化されたのである。それとともに，国家が行う出入国の管理や規制もより厳格なものになっていく。

2　国民的シティズンシップの変容

しかし，先進諸国の国民的シティズンシップは，はやくも 1970 年代には変容を始めていた。それを促したのは，第一に外国人・移民の流入と定住化である。第二には，国民的アイデンティティとは異なったアイデンティティを主張するマイノリティたちからの権利要求である。この 2 つの「挑戦」に対し，国民国家はそれまでは国民を対象にしていた権利概念を拡大し，修正させてきた（樽本 2012; ヨプケ 2013）。このようなシティズンシップの変容をここでは脱国民化と多文化主義政策という 2 つの側面から議論していくことにする。

シティズンシップの脱国民化：外国人への権利の拡大

　第二次世界大戦後の先進諸国に外国人・移民が流入する経路はいくつかあった。第一は，外国人労働者としての流入である。特に西欧諸国では，外国人が戦後復興に必要な労働力となった。第二は，（旧）植民地からの流入である。植民地帝国の解体の過程で，多くの旧植民地住民が西欧の宗主国へと流入した。第三に，人権上の配慮から，難民ないし庇護請求者として受け入れられた人々が数多くいた。第四は，すでに滞在していた外国人の家族の一員としての移住である。彼らは「家族の再結合」に対する権利への配慮にもとづいて移住が認められた。西欧諸国が1970年代初頭に外国人労働者の受け入れを停止した後も，家族の一員としての外国人の流入は続いた。

　このようにして，先進諸国には戦後多くの外国人・移民が流入し，滞在期間が長期化する者も少なくなかった。国家は彼らに対し，滞在資格を延長し，より寛容な労働許可を与え，やがては永住資格を付与することによって対応した。それとともに国家は，外国人の生活状況をより安定的なものにしていく必要性から，彼らに対する諸権利を拡大していった。

　たとえば，外国人労働者や難民に家族手当の付与や年金，健康保険への加入が進められた。また，労働組合に加入して雇用者と団体交渉を行う権利，職場代表の選挙権と被選挙権，結社の自由などの諸権利が認められていく。国によって内容や条件は異なるが，市民的権利，社会的権利が外国人に拡大されたのである。またオランダやスウェーデンでは，外国人に対する地方参政権も導入され，外国人の権利は政治的権利の一部にまで及ぶことになった。地方参政権が実施されていない諸国でも，外国人代表者会議のような制度も設けられるようになっている。

　T. ハンマーは合法的に永住資格を与えられた外国人のことを「デニズン（denizen）」と呼び，彼らにシティズンシップの権利の一部が認められるようになった現象に注目している（ハンマー 1999）。だが，シティズンシップの権利は「デニズン」のみならず，一時滞在者，さらには合法的な滞在資格をもたない非正規の外国人にも一部及ぶようになっている。一定の水準に従って「非合法」の外国人に一斉に合法的な滞在資格を与える「アムネスティ」と呼ばれる政策を行っている国も少なくない。また，難民資格を申請中の庇護希望の外国人には住宅・医療・教育などを提供する政策がとられている。

　こうした権利や再配分などの実質的シティズンシップが，国籍や正規の滞在

資格をもたない外国人に対して，重層的に拡張されている（樽本 2012: 257）。このような権利の拡張を，Y. ソイサルは国民的シティズンシップから「脱国民的（post-national）メンバーシップ」への転換ととらえた。そこでは「国民であること」の意味は後退し，「人であること」に根ざした権利（＝人権）を国家が実効的に保障するという体制が出現するとされている（Soysal 1994）。

たしかにこうした権利の脱国民的拡張により，国民と外国人との権利上の違いは曖昧なものになりつつある。しかし他方では，国家は国民と外国人の区別を前提にして出入国を管理し，外国人に滞在資格を与える権限を行使し続けている。また近年，多くの国家が帰化のハードルを下げ，二重国籍を容認し，（ドイツのように）生地主義を導入するなどして国籍制度を「リベラル化」することで，外国人の国民への編入を容易にしている（ヨプケ 2013）。その結果，西欧諸国でも国民に占める移民の背景をもつ人々の割合が増加してきている。このような国民の人口構成上の変化は，国民的アイデンティティの意味をも変化させることになるだろう。

また，「EU 市民」に EU 内の国境を越えた移動と居住の自由を認め，国籍によらず地方参政権を付与した EU の制度は，脱国民化したシティズンシップを実現した先駆的な例である。だが，EU 市民の地位は加盟国の国籍を取得することによって得られるもので，その点において国民の地位に取って代わるものではない。また EU は，非 EU 市民への権利の拡大をうたっているが，その一方で共通の難民庇護政策を取り決めるとともに，欧州国境沿岸警備機関（Frontex）と呼ばれる EU 自身の境界管理制度を構築した（Favell 2009）。しかし，2015 年に難民が急増すると EU 加盟国間の庇護負担をめぐる対立が顕著となり，一部ではいったん廃止された国境管理が復活した。

多文化主義政策：個人の権利から集団の権利へ

国民的シティズンシップにおいては，国民は平等でかつ均質な個人から構成されるものと考えられていた。多文化主義とはそのような前提に挑戦し，国民国家が異質な文化をもった複数の集団から構成されていて，いっけん中立普遍である自由・平等という原則も，コアとなる多数派集団に偏った文化的バイアスを負っているということを指摘する考え方である。たとえば，アメリカ合衆国は国民に英語能力と「建国の父」たちがつくった合衆国憲法への忠誠を求めているが，それは WASP（白人，アングロ＝サクソン，プロテスタント）の文化

を強いるものであるとされる。それに対し多文化主義は，異質な文化や生活習慣にもとづくマイノリティ集団の独自なアイデンティティや権利を求める（キムリッカ 1998）。

　多文化主義は，1960 年代のカナダのケベックにおけるフランス語住民の自立化運動，アメリカの黒人の反人種差別運動のようなマイノリティの運動が発生した後，1970 年頃から欧米各国で広まった。イギリスやオランダのような西欧諸国では，非白人移民の流入と定住化が多文化主義の動きに結びついた。マイノリティ集団は，独自な文化やエスニシティを基盤にした団体形成や政治動員を行うようになり，各国政府も程度や種類の差はあれ多文化主義的な政策を取り入れるようになっていく。

　多文化主義政策は，均質な個人ではなく，文化的に異質な集団をベースにした権利の保障と再配分を行うことにより，文化的多様性の再生産を支援するものである。その対象となる集団は，カナダのケベックやイギリスのスコットランドなどのような比較的規模の大きい民族的（national）マイノリティ，アメリカンインディアンやカナダのイヌイットのような先住民族，各国にみられる移民集団が含まれ，移民集団は出身国や出身地域などで区別される。その政策の具体的方法は行政や学校におけるマイノリティ言語や異質な習慣の公認，特定の文化や宗教にもとづく学校教育や新聞・雑誌の援助，不利な立場におかれた集団に特別枠をもうけて不平等を積極的に是正する政策（アファーマティブ・アクション），マイノリティ集団に対する政治的代表権の設定，マイノリティ集団が集住する地域への自治権の委譲など多岐にわたる（Banting et al. 2006）。

　たとえばオランダでは，移民集団が「エスニック・マイノリティ」と呼ばれ，彼らの母語での学校教育や新聞・雑誌が援助の対象とされた。また，フランスでも移民が集住する都市の貧困地域を「教育優先地域」に指定して重点的な支援を行う，「事実上の多文化主義」がとられた（Rattansi 2011: 18-35）。

　しかし多文化主義政策については批判的な見解もある。たとえば，多文化主義が異文化集団間を隔離させ（「ゲットー化」「並行社会」などといわれる），相互のコミュニケーションを阻害しているということ，再配分の意義を軽視し，集団間の所得や教育における格差の拡大を放置したままにしてしまっているということ，過度な文化相対主義がテロリズムを容認していることなどが指摘されている（Vertovec and Wessendorf 2010: 1-31）。2000 年代になってイギリスでの人種暴動，オランダでのイスラーム原理主義のテロ，フランスでの移民第二世代

　ナショナリズムにはさまざまなかたちがあり，研究者によってもとらえ方が異なるため，一括して論じることは難しい。しかしそのなかで，最も汎用性の高いナショナリズムの定義が，E. ゲルナーによる「政治的な単位［すなわち国家］とナショナルな単位が一致すべきであるとする政治的原理」であろう（『民族とナショナリズム』）。この定義から，ナショナリズムのじつに多様な形態を引き出すことができる。たとえば，既存の国家から分離して，自分たちの「民族」の政治的独立を追求する分離独立運動。複数の国家に分断された「民族」の統一をめざす祖国統一運動。失われた「民族固有の領土」を奪還しようとする失地回復運動。国内に住む文化的あるいはエスニックなマイノリティに対し，「国民」になることを求める同化主義的な運動。外からやってきた移民を国内から排除しようとする移民排斥運動などである。さらには，「国民」の権利や利益を損なう国家の体制や政府の政策に抵抗する民主主義的な運動や，国家に対する「国民」としての愛国心の確立を求める運動もまた，ナショナリズムの範疇に入れることができる。いずれの場合も，「ネーション（民族・国民）」の価値を尊重し，その価値を軸にして国家と社会の現状を変更し，人々の意識を変え，国家と「ネーション」との関係をより一体的なものにしようとする点においては共通している。

　しかしながら，そこで「ネーション」とは何を意味するのかは一定でない。ネーションとは，ほとんどが互いに見知らぬ人々から構成された「想像の共同体」（B. アンダーソン『想像の共同体』）であるため，その意味は，人々が何を自分たちの「ネーション」として理解しているのかによって違ってくる。それは時代によっても，状況によっても，また各人のおかれた立場によっても変わる。ナショナリズムについて考える際，そこで前提にされているネーションの概念を自明視せず，何が「ネーション」として理解されているのかに注目することが必要となる。

の若者の暴動などの発生により，多文化主義への批判の声は高まった。その結果，第4節でも触れるように，文化的差異の尊重よりも共通価値による「統合」を重視する政策へとシフトしていった。

　もっとも，特に西欧においてみられる近年の多文化主義批判の風潮には誇張されすぎている面もある。たしかに「多文化主義」に肯定的な意味を込めて用いられる機会は減っているが，多様性を尊重するという原則はすでに西洋諸国の政策・実践のなかに定着している。また，多文化主義は女性の権利保護のような普遍的人権概念と必ずしも矛盾するわけではない（Rattansi 2011: 42-67）。

多文化主義は，文化的多様性の尊重という要素を取り入れることで，権利保障と包摂の体制を強化したものと考えることができるだろう。とはいえ，ブルカやスカーフをめぐる論争に表れているように，文化的多様性をどこまで許容できるのかが政治的争点とされることも多くなった。文化的多様性の尊重を取り入れつつ，権利保障と包摂の体制をいかに現実のものにしていくのかが，その後のシティズンシップ政策の課題となっている。

3 現代日本の国民的シティズンシップ

戦後日本における国民的シティズンシップの確立

　第二次世界大戦後の日本もまた，欧米先進諸国と同様に，民主主義と基本的人権を尊重する「リベラル」な国家として出発した。男女普通選挙権の導入によって国民的包摂の度合いは高まった。その一方で，日本の植民地喪失にともない，朝鮮人や台湾人は日本国籍を喪失した。同時に，本土在住の朝鮮人・台湾人男性（敗戦までは1年以上の居住で選挙権が認められていた）は選挙権をも失うことになった。また，1950年に改正された国籍法では，旧民法の家族制度にもとづく養子縁組による国籍取得の方法が廃止されたため，親子間の生物学的「血統」の重要性はむしろ強まった。こうして日本では，民族的に「純化」された国民国家が再形成され，その国民帰属を基盤に，1950年代から1960年代にかけて国民皆保険・皆年金の制度が確立されていく（柏崎2002）。

　しかしながら日本国内には，旧植民地出身の朝鮮人，台湾人が居住し続けた。これが，今日「在日」と呼ばれる人々の発生である。彼らは，ほかの外国人同様出入国管理の対象となり，外国人登録法で指紋押捺と外国人登録証の携帯を義務づけられたが，同時に期限付きで日本での滞在資格が認められることにもなった。彼らはまた，民団と総聯という2つの在日朝鮮人組織を通して韓国と北朝鮮という戦後建国された「祖国」とのつながりを築き，それぞれ韓国・北朝鮮の在外国民としてのアイデンティティを保持した。しかし，韓国籍は認められた一方で，日本政府が正式に承認していない北朝鮮の国籍は認められなかった。そのため，国籍を「韓国」と登録しなおしていない在日朝鮮人は，現在にいたるまで「朝鮮」という国籍に準ずる「籍」をもつ者とみなされている（第11章も参照）。

日本国籍をもたない在日朝鮮人，台湾人は，日本国憲法上の「国民の権利，義務」からは原則排除された（ただし，第6章でみるように生活保護は一定の範囲内で「準用」というかたちで受給することは可能であり，希望する場合は日本の公立学校での教育を受けることができた）。

　このような日本国内における国籍による分断は，日本，韓国，北朝鮮の血統主義の国籍法とエスニックな単一民族的アイデンティティによって維持・強化されていた。在日朝鮮人と日本人とは，互いに干渉し合わないというかたちで，日本の主権回復後しばらくの間，奇妙な共存関係を形成することになる。

「外国人住民」としての権利

　1970年代以後，日本でも国民的シティズンシップの変容がみられた。その変化の最初のきっかけをつくったのは，日本生まれの在日朝鮮人第二世代の人々の活動だった。彼らは日本人の活動家や市民団体とともに日本社会における「差別」に抗議をし，外国人住民としての権利を主張することにより，結果として実質的なシティズンシップ（市民権）を定住外国人へと拡大させた。

　朝鮮人たちの活動は，訴訟，請願や陳情，ロビー活動，街頭での抗議行動を通して健康保険や年金制度へのアクセス，公営住宅への入居，官職や企業への就職を求めた。その運動の嚆矢となったのは，1970年に始まる日立製作所での就職差別に対する訴訟である。訴訟は1974年横浜地方裁判所の裁判で勝訴の判決を得るが，この法廷闘争を通じて在日朝鮮人を支援する日本人の市民団体が結成され，また祖国との結びつきの強い総聯や民団とは独立して，日本での権利を求めてたたかう在日朝鮮人の団体も結成された。また，一部の地方自治体のなかには，朝鮮人住民に国民健康保険への加入を認めたり，公営住宅へのアクセスや児童手当の付与を認めたり，また職員の国籍条項を廃止するような動きも始まった。

　しかし，国家レベルで外国人への権利拡大を促す大きな力となったのは，日本が1979年に国際人権規約を批准し，1982年に難民条約に加入したことである。日本政府は条約上の義務である内外人平等の原則との整合性をとるため，国民年金や国民健康保険への加入，公営住宅の入居などに関する国籍条項を廃止した（くわしくは第6章を参照）。また，1965年日韓条約により韓国籍にのみ認められていた永住資格が朝鮮籍の朝鮮人にも拡大された。さらに1991年には旧植民地出身者とその子孫に「特別永住」という資格が与えられ，外国籍の

まま日本に永住し，制限なく労働できる権利が保障されることとなった。

　日本が国際的な人権体制に組み込まれたことは，在日朝鮮人の運動にも拍車をかけた。1980 年代には，外国人登録において求められる指紋押捺を拒否する運動が全国的な広がりをみせた。そこに韓国政府からの要求も加わり，特別永住者と永住者の指紋押捺制度が 1993 年の外国人登録法の改正で廃止され，その後 1999 年にはすべての外国人の指紋押捺が廃止されることになる（しかしその後，2007 年に特別永住者を除く外国人の指紋押捺が復活している）。

　さらに 1990 年代には，定住外国人の地方参政権運動が広がった。全国の地方自治体の半数近くが，地方参政権を求める決議を行い，2000 年には国会に法案が提出されるまでにいたる（しかし審議未了で廃案となった）。また，神奈川県川崎市のように外国人市民代表者会議を設置する自治体も現れた。

　このように，「外国人住民」の権利は拡大された。それでも，高齢者の外国人に無年金者が発生したりするなど，不十分な点は残っている（第 6 章参照）。だが，日本の外国人住民は，公営住宅や健康保険等を含む広範な社会福祉サービスを受けることができるようになり，西洋諸国でも一部でしか実現されていない外国人の地方参政権すら議論の俎上にのぼっている。それを，「他の先進民主主義諸国の永住外国人の場合と比較できる」水準であると評価する研究者もいる（チャン 2012: 67）。

　しかし，外国人一般の人権に関していえば，西洋諸国と比べて日本の取り組みは弱い。特に正規の滞在資格をもたない外国人に対する権利の保障は不十分である。最高裁判所の判決（1978 年のマクリーン事件判決）によれば，日本国憲法がすべての国民に対して保障している「基本的人権」は，「権利の性質上日本国民のみをその対照としているもの」を除き国内の外国人にも適用されるものの，出入国管理法上の在留制度の枠内でしか保障されないと解されている（近藤 2021）。外国人の入国・滞在を許可する権限を国家が有するというのは今なお国際的に通用しているルールではあるが，日本の場合，その国家の権限を制限する人権の保障という普遍的な原理が十分に受け入れられていないのである。また，西洋諸国では広く人権として認められている家族再結合の権利も認められているとは言い難い。そのため，正規の滞在資格を失った外国人に国外退去や長期間の収容施設での収容を強制するとか，退去強制によって家族の離散を招いてしまうなどの人権上問題の多い対策がとられることが少なくない。

　また，非正規滞在者に対する「アムネスティ」も日本では行われていない。

それに代わり，法務大臣の自由裁量による「在留特別許可」によって非正規滞在者の合法化が行われてはいるが，行政による恩恵的政策にとどまっている。その件数は2000年代に急増し，年間5000〜1万件に及んだ。これにより非正規滞在者の数は大幅に減少したものの，それと同時に非正規滞在者に対する取り締まりも強化された。1990年代までは認められていた彼らの社会保障制度へのアクセスも制限されていった（高谷編2019）。

　日本はまた，難民の受け入れにも消極的である。1%を下回る日本の難民認定率は西洋諸国と比べて著しく低い（第9章参照）。難民条約により日本も難民を保護する国際法上の義務を負っているが，難民認定率の低さの大きな理由は日本の難民認定における「難民」の定義が狭いことにある。近年は，条約上の難民には該当しないが保護を必要とする人々（紛争地からの難民など）に対して「人道的配慮」で在留を認めるケースが増えてはいるが，その基準も明確にされていない。それに加え，難民申請者の法的地位は不安定であり，生活援助も十分とはいえないという問題もある。とはいえ，西欧諸国とは地理的背景も異なり，単純に認定率の数字だけを比較することには注意も必要である（滝澤2017）。また，日本における難民申請者は比較的安全な国の出身者が多く，客観的にみて「難民性が低い」ケースが多いという見方もある（墓田2016）。

「多文化」化

　単一の日本民族を前提とした国民的アイデンティティは，高度経済成長期にむしろ強化された。いわゆる「日本文化論」が流行し始めたのは日本が経済大国化した1970年代であり，そこで日本人の単一民族性は自明視されていた。1979年に日本政府が国連人権委員会に提出した報告書には「日本に少数民族はいない」と書かれていた。しかしながら同じ時期から，そのような日本の単一民族的国民概念に対する批判の声も高まった。特にアイヌの団体は，国際的な先住民族運動の流れを受け，アイヌが日本の少数民族であるだけでなく先住民族でもあるという主張を展開するようになった。そして1997年，明治以来続いた「旧土人保護法」の廃止とともに，「アイヌ文化振興法」が新たに制定され，アイヌが独自の文化をもった「民族」であることが明確にされた。これにより，少なくとも公式には，日本は「単一民族国家」でなくなったのである。

　その一方で1980年代以後，フィリピン人，中国人，日系南米人など，「ニューカマー」と呼ばれる外国人が数多く日本にやってくるようになった

（第 3，4 章を参照）。その結果，日本社会における外国人の数と種類が増加した。
特に 1990 年の出入国管理及び難民認定法の改定により，自由就労が認められ
た南米の日系人が多数来日し，太田，豊田，浜松など，これまで外国人がほと
んど住んでいなかったような地方工業都市に集住するようになった。

　このようななか，外国人住民の多い地方自治体が行政サービスの多言語化，
相談員，通訳，日本語の補習教育や母語教育など，外国人住民を対象とした施
策を始めるようになる。また，年金，健康保険，公営住宅への入居など，それ
までに認められるようになっていた外国人住民の権利はニューカマーにも適用
された。川崎市の外国人市民代表者会議には，在日朝鮮人に加えてニューカ
マーも参加するようになっている。また，多くの市民団体や NGO が「多文化
共生」を掲げて外国人支援の活動をするようになった。

　2000 年代になると，外国人住民施策の総合的な指針や計画を策定する地方
自治体が増加した。そこで広く用いられたフレーズが「多文化共生」だった。
たとえば 2004 年には愛知県，三重県，岐阜県，名古屋市が「多文化共生社会
づくり共同宣言」，2005 年に川崎市が「多文化共生社会推進指針」を発表した。
また同年，群馬県に「多文化共生支援室」が設置されている。山脇啓造は，こ
のような「多文化共生」施策が「当初は外国人の人権擁護や生活支援に取り組
み，次第に，外国人の地域社会への参加を促し，日本人住民にも働きかけて，

多文化共生をめざす地域づくりへと施策の幅が広がり，体系化されつつある」
と評価している（山脇 2011: 32）。

　また，2001 年には，外国人住民を多く抱える地方都市が「外国人集住都市
会議」を開催した。会議はそれ以後毎年一度開かれ，外国人をめぐる地域の課
題についての都市間の連絡を図るとともに，国や県に対して外国人政策の整備
を訴えている。

　国レベルでの動きも始まった。2006 年には総務省が「地域における多文化
共生推進プラン」を策定し，地方自治体で進められてきた「多文化共生」施策
を認知するとともに，そのさらなる推進を求めた。同年には，外国人対策に関
連する省庁が連携してつくられた連絡会議において「『生活者としての外国人』
に関する総合的対応策」がとりまとめられた。そこでは，「外国人が暮らしや
すい地域社会づくり」の推進がうたわれるとともに，外国人住民の教育や労働
環境，社会保障など，「生活者」にかかわる具体的な問題点も指摘された。

　このような地方・中央での「多文化共生」への流れは，多様な外国籍をもつ
住民との「共生」が政策課題として認知されてきたことの現れである。それと
ともに，日本社会を単一民族から成るとする日本人自身の自己理解もまた（ま
だ一部にとどまるが）変化しつつある。

　だが，日本の「多文化共生」の諸施策は，西洋先進諸国で行われている多文
化主義政策と同じではない。なぜならそこでは，集団をベースにした権利の保
障や資源の再配分による文化的多様性の再生産や，不平等是正（たとえば母語
による学校教育，入学や就職での割当制など）が積極的に進められているわけでは
ないからである（ただし，一部の都道府県では高校入試に外国人生徒のための「特別
枠」を設けている）。

4 統合政策とシティズンシップの再構築

国民的シティズンシップへの回帰？

　先進諸国におけるシティズンシップの脱国民化と「多文化」化は，国民国家
の衰退を示す現象とみなされることがある。しかし歴史は単純に一方向に向け
て変化しているわけではなさそうだ。21 世紀に入り治安上その他の理由から
外国人の権利が制限され，多文化主義政策は批判を受けて後退し，逆に移民の

「統合」を求める声が強まっているからである。移民に対するホスト国言語の学習と学校教育を強化し，国籍法の改定や帰化テストの導入により「国民であること」の基準を明確化し，帰化宣誓式を積極的に開いて忠誠心を確認するなどといった国民的シティズンシップへの回帰とも思われる変化が，欧米各国（特に西欧諸国）で進んでいる（佐藤 2009）。

　このような「統合」を求める動きは，直接的には 2001 年の 9.11 同時多発テロを含むイスラーム原理主義者のテロが発生したことをきっかけに急速に広まった。だがその背後には，定住化した移民やその第二世代が雇用，所得，教育等の面で不利な状態におかれているという構造的な社会問題がある。移民の背景をもつ住民と先住国民との格差が拡大し，移民の背景をもつ住民が国家の社会保障費に依存する割合が高いことも問題にされている。そのようななか移民を多く抱える先進諸国は，国民的シティズンシップの基準を明確にし，それによって移民の「統合」を推進しようとしているのである。そこで求められているのは，学校教育とホスト国言語の習得，積極的な労働市場への参加であり，民主主義や男女同権といった「リベラル」な価値や規範の尊重である。

　他方，「統合」の論理はまた，排除の論理にも用いられる。特に西欧諸国では，「統合」への意志をもたないとみなされたイスラーム教徒が排除の対象となり，反イスラーム主義的な主張を打ち出した右翼ポピュリスト政党が支持を集めるようになった。2014 年以降，中東・北アフリカのイスラーム圏からの難民が急増すると，自国の文化や社会を守ろうという立場から難民受け入れに反対する右翼ポピュリスト政党の勢力はさらに拡大した（宮島・佐藤編 2019）。

　しかしながら，すでにヨーロッパ諸国にはイスラーム教徒を含む非白人の移民系住民が多く生活し，国籍を取得している者も少なくない現在，白人先住国民は移民系住民とともに生活していく以外にはない。問題はその共生がいかにして可能なのかということの方である。

社会統合政策としての「多文化共生」

　日本の「多文化共生」施策においては，外国人児童の就学，社会保険の加入，雇用の促進といった教育・社会政策的な面が重視されている。その点で日本の「多文化共生」は，多文化主義よりもむしろヨーロッパでの社会統合政策に近いものといえる（山脇 2011）。しかし，統合政策にとって重要な雇用，所得，教育上の格差を是正する取り組みは不十分なままである。たとえば日本語教育

や職業訓練のための機会も制度的に保障されていない。そのような統合政策上の不備の背景として，外国人が一時滞在者にすぎず，日本社会の定住者ではないという認識が前提にあることは否定できない。2018 年の入管法改定では「特定技能」の創設で労働力としての外国人の受け入れ枠は拡大されたが，「移民政策でない」という政府の言明に示されるように，外国人の定住化は可能な限り阻止するという従来からの方針に大きな変化はない（高谷編 2019）。

さらには，「多文化共生」の対象が「外国人」に限定されていることの問題もある。「外国人」と「日本人」の差異が自明視され，帰化や国籍付与に関する制度の問題にはほとんど触れられることがないからである（Kashiwazaki 2013）。その結果，第四世代の定住外国人の存在という，他の先進国では例をみないような状況が放置されたままになっている（チャン 2012）。

その一方で，2012 年には外国人登録法が廃止され，外国人も日本人と同一の住民基本台帳に記載されるようになった。これは，それまで別々になっていた出入国管理と住民登録を一元化したもので，「統合」という観点からみれば，そのための制度的基盤構築の一歩であるとみなすこともできる。実際この制度変更は，従来の外国人登録が実際の居住と食い違うケースが少なくなく，それが外国人に対する行政サービスの提供にとって障害になっているという外国人集住都市会議からの問題提起を受けたものでもあった。しかし，この新たな登録制度に対しては，治安維持上の関心からの外国人に対する管理強化であり，外国人差別を助長するという厳しい批判も出されている（鈴木 2013）。また，外国人登録法の下では外国人登録が可能だった非正規滞在者は，この新たな登録制度の枠組みから排除されることになり，逆に行政サービスを受けることがより困難となってしまった（高谷編 2019: 74）。

近年増加傾向にあるとはいえ，日本における外国人の数は依然として総人口の約 2％程度であり，その割合は 10 〜 20％の外国出身者のいる欧米先進諸国と比較するとはるかに低い。だが外国人や移民の背景をもつ住民と先住国民との「共生」をいかに可能にするのかという課題は共通している。そこで国家と住民とをつなぐ制度としてのシティズンシップは，包摂の道具としても排除の道具としても，あるいは権利保障の手段としても管理強化の手段としても用いられる。「共生」のためにシティズンシップをいかに（再）構築することが可能なのか。欧米や日本における「統合」をめぐる問題は，その難しさをあらためて提起しているといえるだろう。

第2章

トランスナショナルな移民ネットワーク

湘南の街に住む移民

　神奈川県藤沢市——東海道の宿場町として始まり，観光地江ノ島を抱える県内第四の都市。湘南ブランドを背負った海のイメージが強いこの街に，全国で最も多くのアルゼンチン系移民が住んでいることは，ほとんど知られていない（樋口・稲葉 2013）。日本の入管法が改正されて（第3章およびコラム⑤参照）南米の日系三世が就労できるようになった 1990 年には，在日アルゼンチン人 2656人中 661 人（24.9%）が藤沢市に登録していたのである。しかもその多くは，市内北部の湘南台駅周辺に住んでいた。今でこそ小田急，相模鉄道，横浜市営地下鉄と 3 本の鉄道が乗り入れるターミナル駅となっているが，当時の湘南台は小田急しか通らず各駅停車しか止まらない小さな駅だった。にもかかわらず日曜日になると，アルゼンチンの人たちは同胞との出会いを求めて駅前の小さなロータリーに集い，そこを「日本の五月広場」（本物の五月広場はブエノスアイレスの大統領官邸前にある）と呼んでいたという。

1　ネットワークでみる移民

　なぜどのようにして，4 人に 1 人ものアルゼンチン系移民が 1 つの都市に集中するようになったのか。この章では，こうした問いを解くために移民ネットワークという概念を用いる。日本になぜ南米からの移民が数多く住んでいるのか。これは，南米における日系移民の存在，日本のバブル景気，南米の債務危機といった国家間関係や賃金格差でかなりの程度説明できる。しかし，なぜアルゼンチン系移民は全国一南米系移民が多い静岡県浜松市でなく，藤沢市に集まるのか，これはネットワークに着目しなければ説明できない。

賃金格差が移民を生み出すのならば，最も貧しい地域から豊かな地域へと移民は動くはずであるが，現実はそうなっていない。世界最大の移民の流れはメキシコ→アメリカになるが，メキシコは OECD（経済協力開発機構）に加盟する先進国である。また，賃金が高いところに自動的に移民するのであれば，世界中でもっと多くの移民が発生しているはずである。実際には，少数の地域が集中的に移民を輩出しているのが，世界的な常識であろう。つまり，「なぜほとんどの場所において移民は少数なのか」「なぜ少数の場所において多数の移民が発生するのか」（Faist 2000）という問いが，現実の解明に際して必要になる。

　言い換えれば，特定の地域から特定の地域への集中的な移民──この背景を掘り下げていくことで，「豊かさを求めて押し寄せる移民」という通俗的な見方の誤りが明らかになる。移民の多くは，やみくもに豊かな国へと移動するのではなく，何らかのつてをもって移動し仕事を見つけていく。出入国管理や労働市場といった受入国の制度は，何の当てもなく突破できるほど移民にやさしくできていない。移民を可能にする個々のつての集積が移民ネットワークであり，以下ではトランスナショナルな環境下で移民ネットワークが果たす役割をみていくこととする。

2　移民ネットワークの機能

移民ネットワークをめぐる学説

　移民ネットワーク論は，孤立した個人の合理的な損得計算を強調する経済学モデルに対して，社会学や人類学，地理学の立場から出されたアプローチである。移民ネットワークとは，個々の移民に利用可能で，移住過程に影響を及ぼす社会関係の総体を指す。移民を家族・親族，同郷者などとのつながりを保つ行為者とみなし，ネットワークにより移民の行動を説明する研究は，1970 年代以降増加してきた。その前提を要約すると，「移住にあたって有効な単位は個人でも世帯でもなく……顔見知りや親戚や労働経験を通じてつながりがある一連の人々」（Tilly 1990: 84）となる。

　これは当たり前のことのように思えるが，学説史的にはそうではない。シカゴ学派など 20 世紀前半の研究にとって，移民は出身地とのつながりを失い，新たな環境で孤立し不安にさいなまれる存在であった（Park and Miller 1921）。

家族・親族や近隣からなる共同体が解体した結果，社会的な規範も失われて逸脱や犯罪が増加すると考えたのである。これは移民研究に限らず，近代化や都市化が共同体の喪失やアノミーをもたらすとする見方が，社会学では主流だったことも反映している。

　しかし，移民の実証研究が進むにつれて，孤立と不安を基調とするような議論は駆逐されていった（Bodnar 1985; Boyd 1989）。古典的な移民研究は，移民コミュニティを無秩序が支配しているとみなしたが，現実の移住過程は秩序立ったものであり，そのなかで新規移民の受け入れと適応がなされてきた（カースルズ／ミラー 2011）。ここでいう秩序とは，たとえば香港の新田という村にいる文氏一族の男性の9割近くが，海外に料理人として移民する仕組みができていることを指す（ワトソン 1995）。あるいは，ペルーに渡った日本人はビジネスが成功して事業拡張する際，親戚や同郷人を呼び寄せて気心の知れた従業員を確保し，商売を軌道に乗せている（赤木 2000）。

移民ネットワークの機能

　こうした秩序を解読する鍵となるのが移民ネットワークであり，移住過程において以下のような機能を果たす（梶田・丹野・樋口 2005）。第一は移民の促進機能で，ネットワークによって移住にともなうコストとリスクが下がる。見知らぬ国に渡るのも，そこで家と仕事を探すのも，まったくの自力でできるほど容易なことではない。通常は当てもなく移民するわけではなく，ビザの取り方に始まり，移民先に到着したときの住居や仕事など，世話してくれる人が存在する。逆にいえば，そうしたネットワークがなければ一定の移民の流れは生まれない。

　第二は移民の選別機能であり，前節で掲げた「少数の場所から多数の移民」という問いに関わる。一定の賃金格差がなければ移民の流れは生まれないが，たとえば賃金がアジアで最低レベルのミャンマーから移民する人は必ずしも多くない。これは，賃金格差の大きさよりむしろ移民先とのネットワークが重要で，ネットワークを持つ少数の地域だけが，多くの移民を輩出できることを意味する。そうした地域でも，当初は自分で旅費を工面し，就労先も自力で探せるような人しか移民できなかった。しかし，そうした先駆者を頼って他の移民が続くようになれば（これを連鎖移民という），地域住民の多くが移民できるようになる。その結果，選ばれた少数の地域が集中的に移民を送り出す事態が出

現するのである。

　第三は方向づけ機能で，ネットワークは移民の流れを特定の場所から特定の場所へと方向づける働きがある。日本から南米への移民が多いのは沖縄県だが，アルゼンチンで沖縄系の人は日系人の7割を占めるのに対して，パラグアイにはほとんどいない。植民地朝鮮の例をみても，半島部よりは済州島から日本へと移民する比率が高く，しかも済州島の移民は大阪に集中する傾向があった（杉原 1998）。

　あるいは，南米のボリビアには，コロニア・オキナワという沖縄からの計画移民の移住地がある。1980年代前半になると，そこから日本へのデカセギが始まるが，多くの人が向かったのは横浜市の鶴見地区だった。もともと工業地帯の鶴見は沖縄から移り住んだ人が多く，そのつてをたどってコロニア・オキナワから鶴見へと渡る人がいた。そうした人たちが，日本の人手不足のときにたくさんの仲間を呼び寄せ，2つの地区を結ぶ流れができたのである（樋口 2012）。

　第四は適応機能で，ネットワークを介して就労や生活を助けてもらうことで，移住先でスムーズに適応できるようにする。鶴見に渡ったコロニア・オキナワの人の多くは，電気工事の仕事をしていた。なかにはバブル経済に乗って自分で会社を興した人もいて，そうした先駆者が友人の独立を助けることで，コロニア・オキナワの人たちは社員から社長へとなっていった。受け入れ社会との関係が薄い移民にとって，ネットワークを介して得られる情報や相互扶助は，移住先でうまくやっていくための命綱ともいえるのである。

湘南台のアルゼンチン系移民：移民ネットワークによる説明

　冒頭でみた湘南台にアルゼンチン系移民が集中する理由も，移民ネットワークにより説明できる（樋口・稲葉 2013）。湘南台で最初に働いたアルゼンチン系移民は，沖縄→コロニア・オキナワ→アルゼンチン→沖縄→神奈川と移住を繰り返した一世だった。彼は，1982年に沖縄に戻ったものの給料がアルゼンチンより安かったため，コロニア・オキナワの仲間を頼って神奈川に渡った。彼は，兄も呼び寄せて湘南台にあるいすゞ自動車の下請であるプレス工場で働くようになり，工場側から声をかけられて1988年に人材派遣業を立ち上げた。彼らが声をかけられたのは，南米側にあるネットワークを通じて人を呼び寄せ，人手不足を解消できるとみなされたからだった。

この兄弟は，独立してすぐ別々の会社を始めたが，2人ともアルゼンチンにある沖縄系の旅行社と提携している。この旅行社を通じて人材を募集し，日本に来たらプレス工場の仕事を紹介する。この工場の仕事は重労働なので，ほかの仕事が見つかるとやめていく人が多い。それゆえに補充の求人が絶えることはなく，アルゼンチンからの新規移民はプレス工場の仕事を紹介され続けた。一時は800人の外国人が働くプレス工場があり，そことアルゼンチンとのつながりができて人が流入したからこそ，湘南台にアルゼンチン系移民が集中したのである。

　日本での人手不足とアルゼンチンでのインフレーション——構造的には，2つの国の間で移民の流れが発生する必然性はあった。だが，それを実現したのは湘南台とブエノスアイレスをつなぐネットワークであり，その促進機能がなければ短期間で多くの人が渡日することはなかっただろう。そしてこのネットワークは，家族や友人関係によるのではなく，旅行社による人材募集という商業的なものであるため，選別機能は働かなかった。渡航費も立て替えてくれるから，お金がなくても日本に行ける。立て替えた分さえ後払いすればコネがなくても日本に行けたため，アルゼンチンの日系人全体にデカセギは広がり，方向づけ機能により湘南台へと集中したのである。

　その後の湘南台では，アルゼンチン系移民が経営するバーや弁当屋，バーベキューを主催するグループ，頼母子講などが作られていった。経営者は資金調達のための頼母子講，高齢の労働者は親睦のための頼母子講，若者はバーやバーベキュー・グループなど，人によって異なるニーズに対応した組織が作られる。こうした組織を通じて広がるネットワークが，資金調達や親睦，求人情報の交換といったかたちで適応機能を果たすこととなった。ネットワークが果たす社会的機能は移民に限った話ではなく，都市社会学や労働社会学でも広く知られている（フィッシャー 2002; グラノヴェター 1998）。湘南台の事例で興味深いのは，移民ネットワークというレンズを通すことでアルゼンチンまで広がるコミュニティが可視化され，平凡な大都市郊外の風景が一変することにある。

3 移民ネットワーク vs. 移民政策

メキシコ–アメリカという移民研究のメッカ

　移住過程は，出身国と受入国の歴史的関係や経済格差といった構造的要因により始まりを告げる。しかし，ネットワークが発達することで移民母村の飛び地のような移民子村が受入国に生まれ，構造的要因とは関係なく継続する移民の流れが生まれる（Durand and Massey 2004）。移民母村の子どもが学校を卒業したら，移民子村へと渡航して就職するのがごく当たり前の行動となる。こうなると移民母村の経済は，移民先からの送金なくして成り立たない。子どもの学校も家の修理も自動車の購入も送金を前提にしているため，構造的条件が変わっても移民しないわけにはいかないのである。

　逆にいえば，移民ネットワークが発達していれば，構造的条件が変化しても母村から子村への流れは維持される。1990 年代以降，構造的条件の 1 つである移民政策に対する関心が高まっており，移民規制のあり方が議論されるようになった。しかし，移民ネットワークは移民規制の効果を減殺する作用をもっており，移民政策の攪乱要因となっている。移民規制の強化は構造的条件の変化にあたるが，移民ネットワークは規制強化をかいくぐって移民の流れを維持しようとするからである。

　こうした移民ネットワークの役割に関しては，メキシコとアメリカの国境（以下，米墨国境）をめぐる研究で議論されてきた。米墨国境は 3000 キロにわたり，世界で最も多くの——1998 年には非正規移民だけで推定 400 万人の（Massey, Durand and Malone 2002: 114）——移民が通り抜ける国境でもある。世界で最も移民研究が盛んなアメリカが一方の当事者であることもあり，米墨国境は質の高い成果を次々に生み出す移民研究のメッカとなってきた。そのうちここでは，約 5 万人のメキシコ人移民のデータを集め，移民政策の効果を分析したメキシコ移民プロジェクトの成果をみていくこととしよう（Durand and Massey 2004; Massey, Durand and Malone 2002）。

政策によって移民の流れを止めることはできるのか

　メキシコからアメリカへの移民は，1942 年にブラセロ・プログラムという

農業労働者の募集から始まった。このプログラムは搾取的として批判が高まり，1964年に完全に募集を停止したが，それで生計を立てていた人が急に出稼ぎをやめるわけにはいかない。農場主もメキシコ人労働者を当てにしていたのだから，急にいなくなっては特に収穫作業ができなくなる。その結果，かつてブラセロ・プログラムで管理された農業労働者は，ビザを持たずに国境を越える非正規移民としてアメリカに入国し，働くようになった。

その後，移民ネットワークの促進機能によりメキシコ人非正規移民が増加したため，1986年の移民改革統制法をはじめとして，移民規制を強化する政策が次々に導入されていった。その結果として国境管理の予算も急増し，ヘリコプターでのパトロールや暗視スコープの導入など，軍隊のような警備体制がしかれている。しかし，これらの政策は基本的に非正規移民の減少という目標達成には役立たず，移民の数は減っていない。いくら予算を増やしても，3000キロもの国境すべてを常に監視することは不可能である。

結果的に，移民の国境越えで有名なスポットを中心に警備することになるが，そこからの国境越えが難しくなったら他の場所から入国すればよい。実際，移民規制は「猫とネズミのゲーム」によくたとえられる。猫がネズミの穴の前で待ち伏せしてネズミを捕まえても，学習したネズミは他の穴から出入りするように，規制強化されれば新たな越境方法が編み出されるからである。

したがって，新たな移民規制の方法が導入された直後には，非正規移民の摘発が増加するという効果が生じる。しかし，情報が行き渡って捕まらない対策がとられるようになると，摘発率は低下していく。ここでいう対策とは，主に「コヨーテ」と呼ばれる密入国を請け負う業者を使うことを指す。移民規制が緩やかなうちは，自力で柵を越えるといった入国方法が可能だったが，簡単に越境できるところは厳しく監視されるようになった。そこでコヨーテに金を払い，より安全な抜け道へと手引きしてもらうことで，移民の流れは維持される。そして多くのコヨーテは，自分も移民としてメキシコからアメリカへの往復を繰り返した経験があり，自らの移民ネットワークを商売道具として使っている（Hernández-León 2008）。

完全に鎖国体制にある国なら話は別だが，現代のようにヒト，モノ，カネの流れが盛んな状況で，非正規移民だけ食い止めることはできない。米墨国境は，陸続きで3000キロもある点で特殊だが，他の多くの国でも移民規制をかいくぐる「移民産業」が発達してきた（Gammeltoft-Hansen and Sørensen 2012）。移民

政策は，移民ネットワークを人為的に断ち切ろうとするが，移民ネットワークはそれに抵抗し移民規制を無効化していく。移民は，国家の思惑通りに都合よく調節できるわけではなく，ネットワークによって対抗するような存在でもある。

移民規制の意図せざる結果

ただし，こうした移民の抵抗には一定の犠牲がともなうし，非正規移民の減少という当初の目的とは逆の結果をもたらすこともある。米墨国境の管理強化により，非正規移民の滞在長期化というかたちで，政策目標とは反対に移民が増加することとなった。規制が強化されれば，その時点でアメリカにいる非正規移民は，戻るのをためらうようになる。一度故郷に戻ったら，アメリカに行くのが難しくなるのならば，そのままアメリカにいる方が安全だからである。

滞在が長期化したもう１つの原因は渡航費の増大である。移民規制が強化される前にもコヨーテは存在したが，国境越えが難しくなければ多くの費用を払う必要がない。自力で行ける人も大勢いたのだから，費用を高くしたら客はつかないからである。ところが，監視が厳しくなるとコヨーテに頼らなければアメリカには行けなくなり，コヨーテも遠回りしてルートを開拓せねばならなくなった。その結果，コヨーテに支払う費用は高騰し，1990年には平均200ドルだったのが，98年には平均500ドルになっている（Massey, Durand and Malone 2002: 130）。500ドルは日本円にすれば5〜6万円でしかないが，アメリカで底辺の労働につく人にとって決して小さな額ではない。それだけの費用をかけて往復を繰り返すよりは，アメリカにずっといる方が安上がりとなる。

規制強化のもう一つの痛ましい帰結は，国境越えにともなう死者の増加である。米墨国境付近では，小さな十字架が立っているのを見かけることがあるが，これはそこで国境越えの人が亡くなったことを示す。3000キロの国境は，平坦で安全な土地ばかりでなく山岳や砂漠，河川も含む。かつては条件の良いところから越境していたのが，規制強化により危険な場所から国境を越えるしかなく，熱中症や脱水症状，溺死，強盗などによる犠牲者が増えることになる。

移民規制だけでなく移民政策全般にいえることだが，移民ネットワークは移民に不利な政策に対して抵抗する。そのため，受入国の都合で移民を減らそうとしたり，権利を制限しようとしたりしても，多くの場合それは意図せざる結果を生み出すことにしかならない。米墨国境の規制強化は，非正規移民の減少

という目的を達成できず，代わりに滞在長期化と死者の増加という帰結をもたらした。それならば，余計な費用をかけずに国境管理を緩和すれば，移民は元通り頻繁に故郷と往復するようになり，命を落とす人も減少する。現実の移住過程は，移民ネットワークと移民政策のせめぎ合いのなかで進むのであり，政府の都合で簡単に変えられるようなものではない。

4 トランスナショナルな移民の社会生活

移民研究におけるトランスナショナリズムの勃興

　前節でみたのは，場当たり的に国境の壁を高くする国家（移民政策）に抵抗し，受入国への流れを維持する移民ネットワークの姿であった。だが，移民ネットワークは送出国から受入国への一方的な流れを維持するだけでなく，双方にまたがる社会的世界を作り上げる機能も果たす。移民というと，とかく受入国での適応に偏って研究がなされてきたが，今日の移民現象を理解するには複数の国にまたがるネットワークに目を向ける必要がある。

　そうした関心のもとで，1990年代からトランスナショナリズムと呼ばれる移民研究が，世界的に流行するようになった。トランスナショナリズムとは，出身地と移民先にまたがる重層的な社会関係が形成・維持される過程であり，移民は両方の社会を生きる存在とみなされる（Basch, Glick Schiller and Szanton-Blanc 1994）。これは移民自身が出身地と移民先を行き来するにとどまらず，双方の文化や習慣，社会関係が国境を越えて浸透することも含めて考える（Levitt 2001）。

日系一世のトランスナショナルな生活

　湘南台のアルゼンチン系移民にふたたび注目しよう。宮崎県出身の一世であるＡさんは，自営でピザの宅配をしている。日本の宅配ピザは，アメリカから流入したものに日本的な味付けを加えており，イタリアのピザとはかなり違うものになっている。だが，アルゼンチンにはイタリア系移民が多数いることもあり，ピザの水準はかなり高い。Ａさんはアルゼンチンで覚えたピザを日本でも再現し，薪を用いた本格的な窯焼のピザを日本人向けに宅配している。

　こうしてアルゼンチンの食文化を日本に導入する一方で，Ａさんの社会関係

湘南台でエンパナダ（ミートパイ）を製造販売していたリカルド・ナカンダカリ氏
沖縄移民100周年記念パレードがアルゼンチン大統領官邸前の五月広場で行われた際に撮影。

は日本ではなくアルゼンチン側とのやりとりで維持されていた。筆者はアルゼンチンでAさんを紹介してもらいインタビューを依頼したのだが，訪問したときには筆者がアルゼンチンで誰に会って何をしたか筒抜けになっていた。今はSNSを使えば無料でおしゃべりできるし，また，アルゼンチンに残った家を売らないといけないから，現地情報を常に仕入れる必要もある。Aさんにとってパソコンは通信用のものであり，湘南台にいながらアルゼンチンの友人と関係を保つことができるようになった。

　さらにAさんの場合，老後には妻の出身地であるブラジルに住むべく，ブラジルで不動産投資をしている。日本では微々たる額の年金しかもらえないから生活は厳しいが，それと家賃を合わせればブラジルなら暮らしていける。そう思ってブラジルでマンションを2軒購入しており，あと1軒買えば自宅を確保できるほかに2軒分の家賃と年金で生活できるという。だが，もう1軒分のお金はなかなか貯まらないし，同居する年老いた母親は日本に住みたいというし，日本で育った子どもの教育も考えねばならない。

　Aさんの社会的世界は，日常生活と糧を得る場としての湘南台，友人関係の基盤としてのアルゼンチン，投資と老後の生活の場としてのブラジルの3国にまたがっている。トランスナショナリズムに関する研究は，こうした社会的世界の形成をグローバル化への能動的な対応として好意的に評価してきた

（Basch, Glick Schiller and Szanton-Blanc 1994）。不十分な日本の年金をブラジルで有効に活用できるのであれば，Aさんにとってのトランスナショナリズムは，不利な条件から脱出する能動的な対応といえるだろう。

　しかし，社会的な制度の多くは一国内で生活が完結する定住者を基準に作られている（ヨシイ 2022）。たとえば学校は，移動する子どもの存在を十分考慮することはなく，カリキュラムが異なるがゆえに日本の高卒資格は南米で認められない。逆に南米での学歴は日本では評価されず，移動することがマイナスになってしまう。Aさんの娘は，日本で高校まで通ってしまうとブラジルで生きていくのが難しくなり，両親と離れて暮らす選択をせざるをえないかもしれない。南米と日本の間の行き来を繰り返す家族の場合，子どもたちは異なる教育システムに合わせることができず，低学歴のまま大人になって貧困層へと転落するおそれがある。その意味でトランスナショナリズムは，送出国と受入国の狭間で翻弄される移民を生み出す可能性もある（樋口ほか 2007）。

トランスナショナルな家族生活

　とはいえ，トランスナショナリズムを実践する移民の多くは，複数の地点のなかから目的に応じて最も有利なところを選んで使い分けるものである。家族生活も，送出国と受入国を頻繁に行き来するなかで，それぞれの局面に最適な場所が選択されている。その過程で家族の居住地が複雑に組み合わされることから，家族はトランスナショナリズムに関する研究で最も注目される領域の一つといってよい。こうした研究では，トランスナショナルな環境での子育てやケアのあり方が——その難しさも含めて——しばしば取り上げられてきた（長坂 2009）。

　移民は受入国では下層の労働につくことが多いが，出身地での階層はそれより高いことが通例で，子育てもそれにふさわしい水準を確保しようとする。移住先で子どもを私立の学校に入れるのは難しいが，出身地ならば可能であると判断すれば，子どもを祖父母に預けて親が移民することは珍しくない（Basch, Glick Schiller and Szanton-Blanc 1994; Levitt 2001）。単に「よい学校」に行かせるためだけでなく，たとえばアメリカでは非行に走る，あるいは10代で妊娠してしまうリスクがあるといった理由で，子どもを出身地に送り返すこともある。筆者の調査によれば，日本の学校には悪名高いいじめがある，外国人である自分の子どもは標的になるだろうから怖くて帰国した，という移民は多かった。

逆に，共働きの夫婦に代わって子どもの世話をするために，祖父母が呼び寄せられることもある（ジョージ 2011）。自分の親を体よくベビーシッターにするわけだが，もっと高齢の親になると誰がどこで世話するかという介護問題が生じるようになる。トランスナショナルな家族のなかでも，移民することが大前提になるのは大人の男性と働く女性という就労人口に限られる。むしろトランスナショナリズムを語るうえで鍵となるのは，主婦，子どもと高齢者という非就労人口のあり方である。非就労人口は，子育てやケアという再生産労働や教育という将来への投資との兼ね合いで，どこで誰と住むかが決定され，出身地と移住先をつなぐ存在となる。

アルゼンチン一家の予期せぬトランスナショナリズム

　ただし，トランスナショナルな環境下で立てた戦略が常にうまくいくとは限らないし，思わぬかたちで変更を迫られることだってある。アルゼンチン生まれの二世である B さんは，弟に融通するために JICA（当時の国際協力事業団）から 2 万ドルを借りたものの，自国通貨のインフレで返済ができなくなって日本に単身でデカセギに来た。彼は 1 年半働いてからアルゼンチンに戻って借金を完済したが，もう 1 年働くと言い残して再び日本へと去っていった。しかし，B さんの妻である C さんに流れてきたのは，彼が日本で他の女性と親しくなって同居している，そのために日本に戻ったという噂だった。

　実際，B さんとその女性との間には子どもが生まれており，C さんは B さんを連れ戻すべく 2 人の娘をつれて日本に渡っている。当時長女は 15 歳，次女は 12 歳で，2 人ともアルゼンチンの私立難関校に通っていた。C さんの決意をみて B さんは相手の女性との関係を清算し，C さんは 3 カ月の予定で連れ戻すために渡日したのが，B さんと共に日本に残ることになった。長女は，1 年だけ日本にいてアルゼンチンに戻り，祖母と暮らすことになる。次女は，日本の中学に 3 年間通ったが，そのまま日本で高校に行く自信がなく，祖母のところに帰ってアルゼンチンの高校に入り直している。

　一家のトランスナショナルな家族生活は，これで終わるわけではない。次女はアルゼンチンで高校を卒業して大学に入るが，半年でやめてしまい父母のいる日本へと再び旅立っている。彼女は日本で働くうちにペルー人男性と知り合い，結婚して日本で出産した。このときに B さんと C さんはアルゼンチンに戻っていたが，出産を手伝うために C さんは再び渡日している。アルゼンチ

レイシズム（人種主義あるいは人種差別）は，人間の形質的な差異を根拠にした差別と定義できるが，差別を正当化する根拠は変化してきた。歴史的には，植民地化する側がされる側の「劣等性」を喧伝するなかで，レイシズムが広く定着した。その意味で，植民地主義とレイシズムは密接な関係を保っており，進化論的人類学のような「生物学的レイシズム」が植民地支配を正当化する役割を果たしてきた。

こうした生物学的レイシズムは，さすがに今日では表立って語られなくなったが，文化を根拠にした「文化的レイシズム」は深く根づいている。すなわち，イスラームは「特殊な文化」をもつがゆえにヨーロッパとは共存できない，といったレイシズムが非西洋人差別を正当化してきた。また，スポーツなど一部の世界では，根拠のない生物学的レイシズムが根強く残っている。あなたも，「黒人の身体能力」などと気軽に言っていないだろうか。自らに潜むレイシズムに心する必要がある。

ンで子どもを義母に世話してもらったＣさんが，今度は日本で孫の世話をすることになったわけである。

　ＢさんとＣさん一家の事例から何がいえるのか。一家のトランスナショナルな家族生活は，アルゼンチンのインフレーションという構造的要因により始まっている。それだけならば１年半のデカセギで負債を返済すれば完結するはずが，Ｂさんの「不倫問題」により妻子を巻き込んだ移住へと変化していった。その際，アルゼンチンにいる祖母という養親がいたことで，トランスナショナルな子育てが可能になっている。しかし，生活基盤の半分をアルゼンチンに残したのは，子どもの教育という要因によるものだった。学校という制度はトランスナショナルにはできていない以上，トランスナショナルな移民の生活はナショナルな制度の制約を受けざるをえない。日本とアルゼンチンいずれかのシステムに合わせなければ，競争から脱落する憂き目にあうわけで，次女はその犠牲者ともいえるだろう。

5　移民ネットワークからみえる世界

　移民ネットワークに着目することで何がみえるのか，3つの限界を指摘する

ことでこの章のまとめとしておこう。第一はシミュレーションにもとづく移民論の限界である。街を歩いていて「外国人が増えたなあ」と感じるその先に、あるいは「少子化を補う移民受け入れ」などという議論の前に、移民ネットワークに着目する意味はある。神奈川県の湘南台や鶴見のほかにも、クルド人が多く「ワラビスタン」と呼ばれる埼玉県蕨市、ペルー人の5%が居住する群馬県伊勢崎市など、連鎖移民が生み出した移民コミュニティはたくさんある。そうした街であなたが出会うであろう「匿名の外国人」は、実際には匿名などではなく、おそらくは出身地に連なる豊かな社会的世界を生きている。人数合わせのシミュレーションでない現実の移民は、そうした社会的世界を日本に持ち込む存在であり、日本政府が期待するように都合よく行動してくれるわけではない。

　第二は移民政策の限界である。米墨国境の例でみたように、確立した移民ネットワークは構造的条件の変化に抵抗し、人の流れを維持しようとする性質をもつ。移民政策が移民フローを政策対象としている以上、移民ネットワークとの関連を問わないのは不自然だろう。そこで生じているのは、政策とネットワークのせめぎ合いであり、政策の設けた膜をネットワークが食い破る新たな現実である。市民社会（移民ネットワーク）と国家（移民政策）の関係を問い直す課題とみなすことで、国際社会学による固有の貢献を期待できる領域となるだろう。

　第三は国民国家の限界である。B、Cさん一家の例でみたように、トランスナショナリズムはナショナルな制度の枠に収まらないがゆえに、学校のようなナショナルな制度によって不利益をこうむる。しかし、この責任をトランスナショナルな移民の側に押しつけて事足れりとするのは、眼前で生じる新たな動きを過小評価してしまうことになる。移動が個々の移民にとって不利になるとき、問題とすべきは移民の行動ではなく移動を不利にする制度の方だと考えた方がよい。国民国家の限界が指摘されて久しいが、トランスナショナルな移民はナショナルな制度の問題を教える鏡のようなものである。国民国家の限界を乗り越える制度のあり方を構想するような「社会学的想像力」が、トランスナショナルな移民研究に求められている。

第3章
労働市場と外国人労働者の受け入れ

日本社会の移民受け入れ

　日本も，1990年代から外国人労働者を受け入れる社会となっている。外国人労働者の就業先が大工場の製造現場や中小零細工場であったり，あるいは夜間勤務が主体であったりするために，日常的な人の目には触れにくいのかもしれない。地域的に偏在していることも，その理由となろう。しかし工場で，あるいは地域社会で，彼らの存在はすでに欠かすことのできない役割を担っている。2020年末現在の在留外国人数は約289万人であり，就業者数は2021年でおよそ173万人弱となっている。2020年以降のコロナ禍においても，その人数は減少しなかった。

　そこで本章では，日本社会が外国人労働者，そして特定技能者のように定住化を前提にした移民としても外国人を受け入れ始めたことによって，労働市場にどのような変化がもたらされるのかを検討したい。

1 移民受け入れにともなう労働市場の構造変化モデル

　ここでは，国際労働力移動にともなう受入国の労働市場の階層変化に関するモデルを検討する。日本の移民受け入れは先進国としては少ない方で，2020年度で総人口に占める在留外国人の割合は100人中2〜2.5人である。欧米諸国の場合，外国生まれ人口（永住権の有無を問わない）は10人中1〜2人であるから，日本が例外的であるかにみえる（ただし，外国人人口と外国生まれ人口はイコールではなく，日本では外国生まれ人口は発表されていない）。しかし，今後，さらに人を受け入れるとするならば，受け入れ労働市場はどのような変化をみせるのか。労働市場の格差化の増大を指摘した，欧米の論者の例を引きながら

みておこう。

分割労働市場論あるいは二重労働市場論

　労働市場の格差化，いわゆる水平的ではなく，垂直的分断を軸に分析した議論は分割労働市場論（segmented labor markets approach）としてまとめられよう。これは経済学のなかでは1940〜50年代のアメリカ制度学派の流れをくんだP. B. ドーリンジャーとM. J. ピオレによる二重労働市場論（ドーリンジャー／ピオレ 2007）が有名である。二重労働市場論は，企業の内部労働市場を初めて概念化し，これまでの労働市場を外部労働市場として区分した内部労働市場論と，比較的安定して労働条件も有利な第一次労働市場と，雇用に安定性を欠く，低賃金職種で構成される第二次労働市場の垂直的区分が軸となっている。移民受け入れとの関係では，この第一次，第二次労働市場の区分が重要であり，移民は主婦や農村からの出稼ぎ労働者，国内の黒人労働者と並んで第二次労働市場の構成員であるとされた。居住地，技能レベルの低さ，不安定な職歴，差別などの要因が，第二次労働市場と第一次労働市場との隔壁をつくっている。

　その後，ピオレは移民研究で有名な『渡り鳥（*Birds of Passage*）』（Piore 1979）を刊行し，そのなかで第二次労働市場の移民だけに注目して二重労働市場論を展開した。すなわち，先進的な工業社会ほど低熟練労働を必要とする職種が発生するので，国内労働者が忌避するこうした職種を埋めるために，海外からの移民が必要となる，ということである。

　ピオレたちの二重労働市場論は，発表後にこれを先行研究とした論文の発表が続き，全体として分割労働市場論と呼ばれるようになった。ここには労働過程の変化に注目した労働市場の階層化論，仕事競争モデル，企業内階層構造に注目したキャリア労働市場論などが含まれる。この分割労働市場論に共通する仮説はM. R. レオンタルディによると次の通りである（Leontaridi 1998: 78）。

①労働市場には明確な区別が存在するが，その区分線は必ずしも統計データでは示しえない。
②区分された労働市場間の移動には明確にはできないような障壁が存在する。
③それぞれの区分には，異なる雇用と賃金のメカニズムが設定されており，そのうちの下層の区分には新古典派が設定するような人的資本の理論は

該当しない。

　分割労働市場論は，必ずしも移民労働市場だけを理論の対象としているわけではないが，移民労働者が現実には国内労働者とは別個の労働市場を形成していることから，移民を含む異なる労働特性をもつ人々の特性を踏まえたうえでの理論構成となっている。新古典派の労働市場論とは異なった制度に着目し，高賃金職種を求める労働市場内の個人間競争というモデルを否定しているからである。

　国際労働移動を説明する新古典派アプローチは，基本的にプッシュ−プル理論を前提とし，低賃金の発展途上国から高賃金の先進国に移動する原因を賃金格差の存在から説明する。移民は母国で得られる賃金と移住先国での賃金を比較して，母国より高賃金であるが先進諸国ではすでに衰退産業となった部門に流入する。こうした部門は国内労働者が低賃金であるために忌避して人手不足となっている。いわば先進諸国の産業構造の遅れた部門の補充要員として移民流入を説明してきた。それに対して，分割労働市場論は，先進国の産業構造の高度化そのものが，移民を引き寄せるという，労働力需要側の要因を強調することにある。

学歴構成からみた労働市場の格差
　毎年，世界の人口移動の結果を発表している国連経済社会局人口部は，1990年と2013年2時点間を比較すると，南（いわゆる発展途上国）から北（いわゆる先進国）に移住した人数は1990年の4000万人から8400万人に倍増し，世界人口の増加率よりも高いことを指摘している（UN 2013）。人口移動が多くの場合，稼得能力の高い成人男子から始まることを考えると，こうした人口移動は労働力移動の大枠を形成しているだろう。近年は南−南の諸国間の移動が増加しているとはいえ，居住者数としてみると，国際人口移動を行った南の諸国の出身者の半数は北の諸国に定住している。他方，北の出身者の2割しか南の諸国に移住していない。すなわち，南は人口流出国であり，北は人口受入国であるという非対称的な動きになっていることがわかる。

　こうした人口移動を前提にすると，移民の大部分は低熟練労働者であり，かつ先進国の農業，縫製・食品製造を中心とする製造業，建設業，家事や清掃などのサービス業に従事しているのが現状である。移民の移動先職種はやはり受

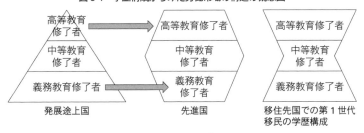

図 3-1 学歴構成からみた労働市場の構造の概念図

高等教育修了者 → 高等教育修了者　高等教育修了者

中等教育修了者　中等教育修了者　中等教育修了者

義務教育修了者 → 義務教育修了者　義務教育修了者

発展途上国　　　先進国　　　移住先国での第1世代
　　　　　　　　　　　　　　　移民の学歴構成

（出所）　Martin（2007）をもとに筆者作成。

入国での低熟練職種が中心となる。これは移民の大部分がその出身国の教育の普及度からして，低学歴層の占める割合が高いからである。

　先進国と途上国の教育構造の違いに注目して，アメリカの移民研究者 P. マーチンが移民送り出しと受け入れの類型化を行っている（Martin 2007）。それを概念化したのが図 3-1 である。

　途上国では，圧倒的に義務教育修了者が多く，大卒以上の学歴保有者の人数は限定されている。他方，先進国では，高卒に位置づけられる中等教育修了者が多く，中間層が厚いダイヤモンド型の学歴構成となっている。途上国から先進国へ移民として移住する場合，母国では少数の大卒以上の高学歴者が流出することは少なくなく，これはかねてから頭脳流出として問題となっている。また義務教育修了者も，よりよい雇用機会を求めて先進国へ移住を希望する。その結果として，途上国からの移民は，受入国労働市場の上層と下層に流入するという図式である。また先進国に移住した移民人口の学歴構成をみると，学歴の上部と下部が厚く，中間部が少ない臼型の構成をとるという。

　しかし，これはアメリカやオーストラリアなどの移民国を前提とした概念図で，日本の移民労働市場は強いていえば，少数の高学歴者と多数の中等学歴者となろう。日本の移民政策では非熟練労働者の受け入れを認めていないので，受け入れる外国人労働者はアジア出身の中・高学歴者に限定される。またSTEM（科学・技術・工学・数学）専攻の外国人高度人材の場合，日本の研究条件と労働条件がアメリカを中心とする英語圏よりも低く，かつ日本語の壁もあって来日者数の伸びは小さい。ただし，2010 年の国勢調査から大学・大学院卒の割合を外国人と日本人の間で比較すると，外国人の方が若干高かった（林 2022: 35）。日本の大卒者比率は周辺アジア諸国よりも高いので，日本も海

外から「頭脳獲得」を行っていることになろう。

技能レベルからみた労働市場の二極分化と移民受け入れ

　分割労働市場論は，移民受入国の産業構造の変化が移民を呼び寄せるという移民需要側の立場に注目した理論であったが，同じ移民需要側に国際労働移動の原因を求めつつも，先進国の技術革新の進展に焦点をあてて，先進国の必要労働力の技能レベルの変化が移民受け入れを促進しているという議論がある。

　アメリカの労働経済学者F. レヴィとR. J. ムーナンは，アメリカのコンピュータ化が技能レベルでは中間的レベルに位置づけられる製造業の生産職種，いわゆる熟練職種（俗に good blue collar job と称されてきた安定した仕事）を海外に流出させている事実を指摘した（Levy and Murnane 2004）。すなわち，コンピュータ化が進展すると，判断業務とはいえ医者のような高度の専門能力を必要とする職種ではない限り，その思考方法をマニュアル化することによりコンピュータに代替できる。コンピュータに代替できない職種は，こうした高度の専門職種か，あるいは管理，教育，営業など複雑なコミュニケーション能力を必要とする職種である。一方，肉体労働や，ホワイトカラー職種であっても定型的な判断業務を職務内容とする職種はコンピュータに代替されて減少傾向にあることを示した。アメリカ国内の製造業の職種の空洞化を，コンピュータ化の進展から説明する図式である。

　以上のような先進国労働市場の技能レベルとその職業が示す両極化を前提にして，その両極化する労働市場にどのようなかたちで移民が流入するかを分析した結果が 2012 年の『OECD 移民展望』中の第二部の論考である（OECD 2012）。これは，①団塊世代の労働市場からの引退と若年労働者の参入という一国の人口構成の変化，②産業構造の変化にともなう一国の職業構造の変化，③受け入れる移民の労働力としての質（学歴に代表される技能レベルの高さ），の3つの観点から先進諸国から構成されている OECD 諸国の労働市場の変化をみている。ヨーロッパの諸国はヨーロッパ労働力調査，アメリカはアメリカ・コミュニティ調査，カナダは労働所得ダイナミックスを基礎資料として集計を行っている。

　この論考は，団塊世代が次々と労働市場から引退していくなかで，その不足を埋めるための移民受け入れは可能かどうか，もし受け入れるとしたならば労働市場全体にどのような影響を及ぼしているかを検討したものである。移民受

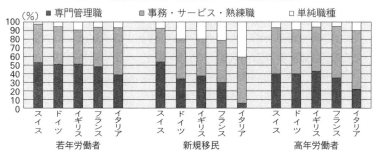

図 3-2　労働者属性別にみた技能レベル別職種の構成比

（注）　各労働者属性は，2000 年と 2010 年の 2 時点間の擬似コーホートにより算出。
（出所）　OECD（2012）: 146。

け入れが，学歴構成に代表される労働市場の技能階層間の格差を増大させるか
どうか，という問題設定にもとづいている。すなわち，移民受け入れが低学歴
層ばかりであると，受入国の労働市場における底辺労働市場が拡大することに
なり，格差が拡大するだろう，また高学歴層を中心とする高度人材を受け入れ
れば，受入国の経済成長に貢献するだろう，という前提にもとづいているもの
と思われる。

　この論考のデータによれば，2000 年から 2010 年の 10 年間，労働力に占め
る移民の割合はアメリカで 47％，ヨーロッパで 70％も増大したが，そのうち，
高学歴者の増加は，アメリカで 21％，ヨーロッパでは 14％であり，高齢者の
労働力の引退を補う役割は果たしているものの，労働力人口の高学歴化には貢
献していない。受入国の産業構造の変化によって，必要とされる職業の構成は
高学歴職種にシフトしていることにより，移民ではない国内の若年労働者は将
来の伸びが見込まれる高学歴職種に就業する比率が高いが，移民の場合は，国
内での衰退職種に就業している確率が国内若年者よりも高いという。

　この結果を国別にみたのが，図 3-2 である。3 つの技能類型に分類できる 3
職種，すなわち高学歴者の専門管理職，中等学歴者の事務・サービス・熟練職
種，低学歴者の単純職種について，若年労働者と新規移民と高年労働者の 3
つの労働者集団のなかでの構成比をみたものである。スイス，ドイツでは新規
移民でも専門管理職に就業する割合は国内若年労働者より若干低いだけである
が，典型的にはイタリアで，またフランスでも，新規移民は国内若年者よりも
単純職種に就業する割合が高い傾向にあることを指摘している。

1　移民受け入れにともなう労働市場の構造変化モデル　　*51*

ただし，こうした傾向について若干の留保が必要である。新規移民の場合，家族帯同あるいは庇護申請の在留資格で入国した人は，就業資格を保持しているかどうかの入国審査を免れているために，統計上は新規移民の学歴および就業職種が低めに算出されるからである。

　この OECD 論考は人口データを分析したものであり，それ以上の含みは示唆していない。しかしながら，先進諸国の移民受け入れが，団塊世代高齢者の労働市場からの引退を補充するかたちで，また引退する高齢者の労働力全体の学歴よりもやや低学歴層に偏ったかたちで行われていることがわかった。

　それでは現在の日本の移民受け入れ労働市場はどのようになっているかを次にみておきたい。

2　これまでの外国人労働者受け入れモデル

日本の移民労働市場の特徴

　日本の移民労働市場は，第 1 節で述べてきた労働市場構造変化モデルとは大きく異なる点がある。

　第一に，移民の労働市場に占める割合が小さい。OECD のデータによると，人口に占める外国生まれの人の割合は 2020 年度の場合，移民国オーストラリア 30.0％，アメリカ 13.7％（2019 年数値）と高いのは当然としても，イギリス 14.0％（2019 年数値），フランス 13.1％，ドイツ 16.3％であり，イタリアでも 10.2％である（OECD 2021: 371-372）。日本の場合，在留外国人数の総人口に占める割合は 2.3％にすぎない。移民受け入れによる階層構造への影響はきわめて限定されていよう。

　第二の相違点は，日本の場合，移民受け入れが短期受け入れを前提にしていることである。オーストラリア，アメリカ，カナダなどの移民国家では，移民は多くの場合は定住化を前提にしている。また EU の場合は域内での移動の自由が保障されているので，定住化する権利をもつ。しかし日本の移民受け入れは彼らが定住化することを前提としておらず，また来日した外国人も必ずしも定住化を希望していない。きわめて流動的な労働市場であり，外国人が日本の労働市場のなかに構造化されてきているとはいえ，個々人のレベルに降りてみれば，そのメンバーが固定しない市場といえる。

　正式には，出入国管理及び難民認定法という。外国人の入国・滞在許可，就労
可否に関わる在留資格を規定するだけでなく，不法入国者・不法滞在者の取り締ま
り，難民認定制度などを定めている。そのため，この法令は国内政治と国際関係
の両者を反映している。

　1982年の改正法では，難民認定法が付加された。1990年の改正法では，不法
就労者の増大を背景に不法就労助長罪が付加され，また日系中南米人三世の就労
を許可する「定住者」が在留資格に加わった。2010年の改正法では，在留外国
人の管理を容易化するために，在留カードが導入され，技能実習生に対して「技
能実習」という在留資格が新設された。

　2010年以降，陸続と行われた入管法改正については，第3章3節で触れてあ
る。日本の外国人材受け入れが増加して，入管法の役割が注目されている。

　以上の2つの留意点をおいたうえで，日本の移民労働市場のモデルを検討
してみよう。

産業社会学における外国人労働市場モデル

　日本の移民労働市場についてきわめて早い時期にモデルを示したものは稲上
毅によるものである（稲上 1992）。1991年に行われた浜松，群馬，東京，静岡
など外国人の集住地域での調査にもとづくモデル化である。そこでは外国人労
働市場モデルを緩やかな二重構造としてとらえ，上部に日系人労働市場，その
下層に不法就労者を含むアジア人労働市場を位置づけている。また中小企業の
階層構造と賃金額に対応し，日系人は自動車産業などの部品メーカーや一次下
請けに，アジア人労働者は小零細・二次下請けに雇用されていることを明らか
にした。そして日系人とアジア人を分けている区分は，国籍や技能ではなく，
就労資格を有するか否かであり，合法的な就労資格の有無が外国人労働者間に
階層差を生み出していることを指摘している。

　日系人が合法的な就労資格を得ることができるようになったのは1990年に
改正された入管法が施行された後であるから，この調査は日系人が大きく増加
する以前の早い時期をとらえてモデル化したものである。その後，こうした就
労資格をもたずに就労するアジア人労働者は減少し，この意味でのアジア人労
働市場は徐々に消えていくことになる。

次に示された外国人労働市場モデルは下平好博によるものである（下平
1999）。このモデルでは，労働市場を区分する基準を，①就労資格を決定する
在留資格，②来日時期，③性差，の３つに定めている。そして稲上モデルと
同じく二重構造を描いているが，その基準は就労資格の有無ではなく，製造業
を上に，建設業とサービス業を下におく業種区分によるものとしている。不況
期に来日して製造業に職をみつけられなかった男性の外国人労働者は建設業に，
女性は接客などのサービス業に職をみつけているとしている。また国籍によっ
ても労働市場における階層が異なり，日系人は上層に，その下に興行ビザの
フィリピン人，就学・留学生ビザの中国人が続き，さらにその下に不法残留者
のなかで滞日年数が長く，エスニック・ネットワークを築いているバングラデ
シュ人が就労し，遅れて来日したタイ人，イラン人はその下層に位置するとし
ている。
　これらの先行研究が描いた日本の移民労働市場モデルでは，「在留資格」を
労働市場区分の基本的要素としている。在留資格というカテゴリーは，移民の
就労の可否，就労職種，滞在可能年数等を決定している。日本人の労働市場で
は，性，年齢，賃金，技能レベル等が大きな区分要因となるが，移民の労働市
場ではこうした要因以上に，入管法上の在留資格区分の影響が大きい。そこで
この点に留意して，現在の日本の移民労働市場モデルを検討してみよう。

3　現在の日本の移民労働市場モデル

　日本の現在の移民労働市場モデルは，図3-3である。この労働市場を大き
く分けるのは，在留資格である。そのそれぞれについて以下に説明しておこう。

外国人技能実習生

　第一に，まずこれまでの外国人労働市場モデルと異なる点は，2010年以降，
このなかに外国人技能実習生を組み入れたことである。外国人技能実習制度は
1993年に創設された制度であり，発展途上国への「技術移転」を目的として
かかげ，３年間の技能実習を受け入れ企業で行うという制度である。同制度は
単純労働者受け入れのための隠れ蓑などといわれた。事実，労働力の受け入れ
の一形態として機能しつつ，すでに30年以上の歴史をもつ。2010年の入管法

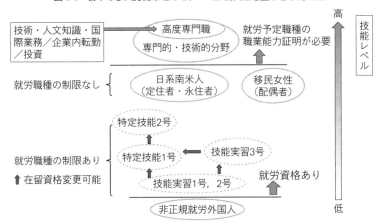

図 3-3　日本の移民労働市場のモデル（在留資格を基準とした場合）

改正で在留資格のうえでは，入国時から「技能実習」の在留資格を認められる
ようになり，労働者として最低賃金や時間外割増の対象者となった。

　ただ労働者としてこの技能実習生をみると，就労職種は技能実習制度に指定
された範囲の職種に限られ，来日してからの職種の変更及び勤務先の変更は基
本的に認められない。すなわち，基本的な労働移動の自由が保障されていない，
という点で移民労働市場では日系南米人より下位におかれる。

　2016 年に技能実習法が成立し，技能実習生の保護が図られると同時に，「技
能実習 3 号」という制度が導入され，3 号へ移行希望した場合はさらに 2 年間，
1 号から数えると合計 5 年間の就労が可能となった。

日系南米人

　第二の日系南米人（以下，日系人と省略）の場合は，労働市場で移動の自由が
保障されている。その意味では，よりよい労働条件を求めて企業間，地域間移
動が可能である。また就労職種の制限がない。これは日系人（日本人の子孫）
という身分に対して発給される定住者ビザが在留資格であるからである。この
点では，就労予定職種の職業能力を保持していることを入国時に証明しなけれ
ばならない専門的・技術的分野の在留資格とも異なる。日系人の場合，職種の
壁がなく，日本人並に職種の移動も可能である。日系人は滞在の更新が可能で
あり，在留資格のうえでは滞在期間の制限がない。ただし日系人の受け入れは

事実上日系三世までであり，四世の受け入れ条件はきわめて厳しく設定されている。

　日系人のうちの最多の日系ブラジル人の人数は，ブラジル国籍者のうち，在留資格が永住者，日本人の配偶者，永住者の配偶者，定住者を合計したものであるが，2020年12月時点で，約21万人となっている。同時点での技能実習生数約40万人の半数であり，日系人の受け入れは日系三世までが中心なので，彼らの高齢化にともなって労働市場からの引退者が増加し，長期的にはこの労働市場は縮小していかざるをえないと予測される。

高度外国人材

　第三の専門的・技術的分野は従来から就労者として外国人の受け入れを認めてきた分野である。そのうち高度外国人材と呼ばれる人は，在留資格が人文知識・国際業務（いわゆる文系大卒に相当するレベル），技術（理系大卒あるいは高卒の場合は実務経験10年以上），企業内転勤，投資などに相当する人を指す。2012年5月から日本でも高度人材を優遇するためのポイント制度が施行された。ポイント制度とは，学歴，年齢，年収，職歴などのカテゴリー別にポイントを設定し，合計ポイント数が多い外国人に対して入国許可を優先的に付与する制度である。

　これまで日本は，積極的に移民受け入れ政策をとってきたとはいえない。最初の積極的な受け入れ政策と呼べるものは，2000年前後のIT技術者受け入れ促進政策であろう。当時は世界的にIT技術者が不足し，各国が，そして日本も受け入れ促進を図った。結果は，アメリカのみが受け入れに成功し，ドイツ，日本，イギリスは成功したとはいえない。しかしこれ以降も，EUのブルーカード制（2012年発足）に代表されるように，先進諸国は高度人材の受け入れ政策に腐心している。

　日本でも入管法改正によって，高度外国人材の受け入れ促進を図ってきた。2014年に従来は分離していた在留資格「技術」と「人文知識・国際業務」が「技術・人文知識・国際業務」に一本化された。また同年の改正では同時に在留資格「高度専門職」が新設され，高度専門職の資格を得れば，永住資格が日本在住1～4年で取得可能となるなど，優遇措置がとられた。しかし，日本語の壁，外国人に不向きな長期雇用を前提とする日本型雇用慣行の存在などの要因が働き，高度人材の受け入れ増加は微増である。近年増加した専門的・技術的分野の外国人は，受け入れ学歴要件を従来の大卒から専門学校卒にまで緩め

た結果もたらされたものである。

移住女性

　女性の労働市場は国内でも男性とは別個に成立しているともいえるが，移住女性についてもこれに該当しよう。2004 年に興行ビザの制限によってフィリピン女性を中核とするエンターティナーの入国が認められなくなった。興行の在留資格によるフィリピン国籍の新規入国者数は，ピーク時 2003 年の 8 万2741 人から 2020 年の 1918 人まで激減した。それに代わって外国人女性に比較的開かれているのが，日本人との結婚というゲートであると宮島喬が指摘している（宮島 2012: 156-157）。国際結婚世帯の 8 割近くが日本人の夫と外国人妻の組み合わせであり，そのマジョリティは中国および東南アジア出身女性が妻となるという。そうした既婚女性も，一部がサービス分野などで労働市場に参加している。

　外国人技能実習生のうち女性は 4 割前後を占め，従前よりその比率が低下した。女性技能実習生の受け入れ業種は，衣服製造業，食品製造業が中心であったが，そのうち衣服製造業の比率が低下し，一方，男性中心の建設業が伸びたからである。食品製造業の賃金水準は，日本国内でも低賃金水準である。

　日系人女性の労働市場は，基本的に家族と同じ製造業中心である。これは日系人を雇用する企業では，男性向け職種以外に，従来から検査・包装など女性向けパート職種が存在するからである。また日系人を派遣する業務請負業者は，日系人の定着率を高めるために家族全体が就労可能なように送り出し企業を組み合わせているからでもある（丹野 2007: 99; 上林ほか 2022）。丹野清人は外国人高齢者が請負単価の低い企業へと送り出されていることを指摘している。家族単位の送り出しという業務請負業者の経営方針は，当然，日系人配偶者にも該当し，彼ら日系人は共稼ぎ世帯が中心である。

　介護関係職種，いわゆるケアワーカーは移住女性の職種として代表的なものであり，ジェンダーの観点からこの研究がなされてきている（第 6 章参照）。日本社会が高齢化して介護職が不足しているために，介護職へ移民女性を受け入れる移民政策が次々と実施された。2022 年現在，介護職への外国人受け入れルートは 4 種類あり，①　EPA（経済連携協定），②　介護在留資格（介護士養成校留学経由が中心），③外国人技能実習，④特定技能，である。ルートによって外国人材や受け入れ介護施設の条件が異なる。EPA による受け入れルートを

検討した上林千恵子は，公的斡旋であるために中間搾取がなく，かつ本人の介護資格取得を目指した受け入れが，外国人介護職候補者，受け入れ施設，そして公的斡旋機関のそれぞれに多額の費用負担が発生することを指摘している（上林 2015b）。2020 年から 2022 年のコロナ禍であっても，外国人介護人材の受け入れ人数は増加し，日本社会からのニーズは大きい。それだからこそ，外国人介護者受け入れには「誰がどの程度まで教育訓練費用を負担するか」という議論が不可欠であろう。

特定技能者

　特定技能の在留資格は 2018 年の入管法改正で成立した新規の在留資格である。これまでの日本の移民政策では非熟練労働者受け入れを制度上実施しておらず，その代わりに技能実習生や留学生が還流型移民労働力として低熟練労働を担っていた。しかしそれだけでは高齢化が進展する日本の労働市場の熟練工不足を補いきれず，特定技能制度の導入に至った。低熟練労働者として入国しても，日本での一定期間の就労と技能検定試験合格を条件に，特定技能 2 号に移行すれば，家族帯同と定住化が可能という制度であり，日本で初めての低熟練労働者受け入れ政策とみなせる。

　もっとも定住化可能な外国人労働者を受け入れることに対しては保守層の反対もあり，2022 年では特定技能 2 号への移行者は建設業の 2 人に過ぎない。また受け入れ人数も 2018 年当初の予定では受け入れ可能な 14 業種合計で 2024 年までに 34 万 5650 人と算出されたが，コロナ禍の影響もあり，実施後 2022 年 5 月末時点での人数は 8 万人である。しかし，本格的な低熟練労働者受け入れへの筋道をつけたという点で，今後は特定技能者の増加が見込まれる。

　以上の日本の移民労働市場モデルを踏まえて，現実の外国人労働者の在留資格別労働者数の推移をみた結果が図3-4 である。ここで注目すべきは，①コロナ禍の 2020 年から 2021 年でも外国人労働者総数は減少しなかったこと，②永住者の比率が毎年高まっていること（外国人在留管理統計では，2020 年末でブラジル国籍者の 55.1％が永住者の在留資格へと変更している），③専門的・技術的分野の人数も割合も徐々に増加していること，の 3 点である。将来的には，日本の移民労働市場も大きく変貌していくだろう。

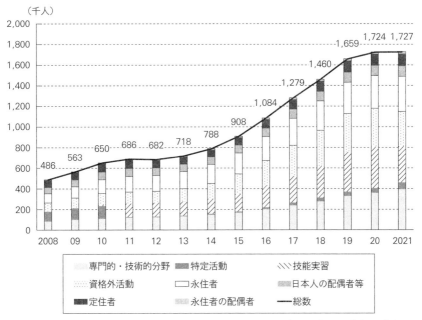

図3-4　外国人労働者数の推移（在留資格別）

（千人）

凡例:
- 専門的・技術的分野
- 特定活動
- 技能実習
- 資格外活動
- 永住者
- 日本人の配偶者等
- 定住者
- 永住者の配偶者
- 総数

（出所）　厚生労働省（2022）『「外国人雇用状況」の届出状況まとめ』各年度10月末現在の数値より作成。

4　労働市場における日系人と技能実習生

産業別比較

　日本の外国人労働市場は，日本の労働市場で不足している現場職種をまず埋めることが出発点であった。製造・建設などのブルーカラー職種が中心である。そこで最初に，日本の外国人労働者の産業別の就労実態をみてみよう。表3-1は，厚生労働省が毎年実施している外国人雇用状況報告の整理結果である。この調査は全国のハローワークを通して実施され，外国人労働者を雇用する全事業所を対象としている。

　表3-1によると，外国人労働者のおよそ3割弱が製造業に就労している。また他に分類されないサービス業の内容は，「職業紹介・労働者派遣業」と「その他の事業所サービス業」であり，こうした企業に雇用された外国人労働

表 3-1　産業別外国人労働者数

		全産業計	建設業		製造業		卸・小売業		宿泊業, 飲食サービス業		教育, 学習支援業		サービス業(他に分類されないもの)	
		人数	人数	構成比	人数	構成比	人数	構成比	人数	構成比	人数	構成比	人数	構成比
	総数	1,727,221	110,018	6.4	465,729	27.0	228,998	13.3	203,492	11.8	73,506	4.3	282,127	16.3
在留資格別	専門的技術的分野	394,509	13,924	3.5	76,236	19.3	55,793	14.1	35,373	9.0	30,475	7.7	47,834	12.1
	うち技術・人文知識・国際業務	291,192	10,406		55,452		48,800		17,288		11,986		42,485	
	技能実習	351,788	70,488	20.0	180,137	51.2	28,257	8.0	3,270	0.9	34	0.0	11,368	3.2
	資格外活動	334,608	853	0.3	28,469	8.5	69,165	20.7	109,070	32.6	16,852	5.0	67,598	20.2
	身分に基づく在留資格	580,328	18,850	3.2	166,932	28.8	69,522	12.0	47,520	8.2	25,386	4.4	140,206	24.2
	うち永住者	345,460			96,856		46,202		28,636		17,306		72,601	
	うち日本人の配偶者	98,881			25,311		12,286		9,211		6,717		22,079	
	うち永住者の配偶者	16,589			4,892		2,065		1,571		327		4,055	
	うち定住者	119,398			39,873		8,969		8,102		1,036		41,471	
国籍別	ブラジル	134,977	3,854	2.9	55,231	40.9	6,232	4.6	3,214	2.4	1,118	0.8	49,162	36.4
	中国	397,084	13,445	3.4	80,753	20.3	80,960	20.4	61,077	15.4	17,517	4.4	42,065	10.6
	ベトナム	453,344	57,674	12.7	161,869	35.7	50,168	11.1	52,445	11.6	1,728	0.4	63,522	14.0

（出所）　厚生労働省（2022）『「外国人雇用状況」の届出状況まとめ』各年度 10 月末現在の数値より作成。
（注）1　在留資格別の構成比は，外国人労働者総数（全産業計）に対する各産業別外国人労働者数の比率。
　　　2　国籍別の構成比は，国籍別の外国人労働者総数（全産業計）に対する当該産業の外国人労働者数の比率。

者が実際には，製造現場で派遣・請負労働者として就労している。両者を合算すれば，4 割強である。この比率は近年低下傾向にあるが，その理由は建設業での外国人労働者雇用が増加したためである。建設業は高齢化が著しく，引退した日本人高齢者の補充のために外国人労働者受け入れ基準が緩和された。2018 年の入管法改正で，特定技能 2 号（日本での定住化可能な在留資格）が認められた業種は，造船業と建設業だけである。

　外国人労働者の就労する産業は，外国人労働者の在留資格および国籍と密接に結びついている。在留資格が規定する労働者の属性（たとえば日本人との血縁の有無），滞在年数と技能・職業能力が，外国人労働者を雇用する各企業の労働力ニーズとマッチングするように制度設計がなされているからである。

　技能実習生の場合，滞在可能年数は 3 年（3 号に移行すれば 5 年）であり，基本的には還流型の労働力として，3 年ないしは 5 年の年月で獲得できる技能の伸びが前提とされている。技能実習生の半数は製造業に，また 2 割は建設業

に従事している。2021年の在留管理統計によれば，技能実習生のおよそ6割がベトナム人である。

　一方，日系人の場合は，日本人の血縁という身分に基づく定住者ビザが発給されるので，滞在期間に制限がなく，就労職種の制限もなく，日本国内で日本人と同様の労働移動の自由が保障されている。その結果，技能実習生では不可能な高賃金職場への移動が可能となり，大手製造業での派遣・請負社員として就労している人が多い。表3-1にみるブラジル国籍者の就労先産業はこうした事実を示している。日系人向けの定住者ビザが創設されて30年以上経過し，ブラジル国籍者で永住権をとった人も5割強（2021年時点）に達し，雇用されている派遣・請負企業で管理職の地位についている人もみられるようになった。

　その他，「資格外活動」と在留資格中に分類されている人は留学生が中心であり，飲食業では接客，調理，皿洗いの職種に，小売業ではコンビニ店員の職種に従事している。

　日本の産業構造は，先進国中ではドイツと並んで製造業の占める割合が高い。低賃金労働者である外国人労働者を受け入れることは，製造業での生産性向上努力を妨げるという議論は，過去30年以上も繰り返し繰り返し論じられてきた。たしかに生産性の低い衰退産業では企業の延命策として外国人労働者を受け入れている事例もみられるが，現実には，日本の高齢化の進展が著しく，生産性の高い優良な大企業でも外国人労働者に依存せざるをえない状況が生まれている（上林ほか2021; 2022）。

5　障壁は何か

移民労働市場を日本人労働市場から分かつもの

　最後に，日系人や技能実習生を含む外国人労働者を日本人労働者全般と区分するもの，いわゆる障壁について考えたい。先の図3-3のモデルによれば，在留資格の有無とその内容が最も基本的な障壁であろう。合法就労者と不法就労者を区分するという法的な根拠もこの在留資格にある。そのうえで，合法的な就労資格保持者という共通点を持ちながらも，日系人と技能実習生とを分かつものは，またこの在留資格の中身である。

　まず技能実習生については，制度上，日本での滞在は3年間であり，同一

人物の技能実習生としての再入国は禁止されている。もし技能レベルが職場の経験年数に応じて伸びるとするならば，技能実習生のレベルは3年間の職場経験で教えられるだけのレベルにとどまるにすぎない。さらに，基本的には3年間，同一事業主のもとで就労することが義務づけられていて，転職の自由がない。こうした条件が，しばしば技能実習生を対労使交渉において弱い立場におくことになり，労働問題を発生させる背景となっている（上林 2015a）。

　一方，日系人の場合は技能実習生とは異なる問題を抱えている。日系人がもつ定住者ビザ，永住者ビザは，どのような種類の職種にでも就くことが可能であり，転職の自由もある。滞在期限は1年ないしは3年で，更新も可能である。

　それでは日本人労働者とまったく同じ権利の状態におかれているかというと，そうではない。日系人として格差の対象となっている一つの，そして最大の特徴は，彼らが業務請負業者から職場へ送られた間接雇用者か，あるいは直接雇用であっても期間工などの非正規社員であって，正社員ではないことに由来する。日本企業が1980年代後半に日系人をはじめとする外国人労働者を受け入れる以前は，日本人の農村からの出稼ぎ労働者が主たる期間工の供給源であったが（上林 2015a），農村労働力が枯渇して日系人に依存せざるをえなくなったのである。

　日本人，日系人を問わず，派遣・請負という雇用形態の労働者は，2008年秋以降のリーマンショック時にみられるように，不況時に真っ先に解雇される不安定な労働者である。雇用の変動を調整するために第二次労働市場を必要とするという分割労働市場論の立場からは，不安定な労働者は一定程度まで不可欠とされる。そして第二次労働市場のメンバーとして，日系人と技能実習生はいまや不可欠な存在として労働市場のなかに組み込まれているといえよう。そして生産の変動を吸収するために非正規労働者がある程度必要とされるとしても，それを外国人というエスニシティによる一つの属性の労働者に押しつけてしまうところに，労働市場の不公平さがみられるだろう。

　以上，移民労働市場を他の日本人労働市場から区分する障壁を在留資格，雇用形態の2つの要因に求めてきた。そしてそれらの障壁を除くため，有能で選別された技能実習生に対しては優良受け入れ企業など雇用企業に条件を付して，技能実習3号という受け入れ期間の2年間の延長や特定技能者への移行が認められるようになった。また日系人に対しては，派遣・請負労働市場から

　グローバル化とは，商品や貨幣，情報や人間の地域を超えた移動の速度や頻度が高まり，それによって地球規模の関係性（グローバルな）が強化されていく過程のことである。1980年代末以降，学問諸分野を超え広く世界中で用いられるようになった概念ではあるが，それをどうみるかについては論者によって大きな違いがある。

　まず，いつグローバル化が始まったのかについて，先史時代の人類の移動に始まるという議論から，冷戦後の市場経済の拡大やインターネットなどの情報通信技術の発達がもたらした最近の現象とする見方まできわめて幅が広い。また，どこにグローバル化の本質をみるのかについてもさまざまな見解がある。社会学では，16世紀に成立した「世界資本主義システム」の拡大・発展を中心にしたI.ウォーラスティンの議論，近代化による社会的な時空間編成の変容の一環としてとらえるA.ギデンズの議論，世界を一体のものとしてとらえる意識の発生に注目するR.ロバートソンの議論などがよく知られている。

　1980年代以後進んだ現代のグローバル化がもたらす作用については，西洋を中心とした世界の均質化，一体化が進むととらえる議論がある一方，逆に異質化，多中心化を促進するとする議論がある。アメリカ型消費文化の拡大を「マクドナルド化」と呼んだG.リッツァーの議論は前者の例であるが，グローバル化によってローカルなものに価値が付与される現象をロバートソンは「グローカル化」という概念でとらえた。また，グローバル化が国家間・地域間の平準化につながるという議論がある一方で，国境を越えた格差の拡大につながるという議論がある。移動の自由をもつ者ともたない者との階層化が進むと論じたZ.バウマンは後者の側に立っている。さらに，グローバル化が国民国家の衰退をもたらすという議論がある一方で，それに懐疑的な議論もある。環境や人権などのグローバルな「リスク」をめぐり，国家を超えた政治の「世界市民化」（コスモポリタン）が進むととらえるU.ベックの議論は前者の側に与しているが，実際のところ近年むしろ，安全保障や境界管理などにおける国民国家の役割は強化されている面が目立つ。グローバル化はこれらの対極的な変化をともに含んでおり，それらが同時進行する複合的・競合的な過程であるといえるだろう。

抜け出すことを目的とする教育訓練制度が拡充され始め，たとえば日本語教育を公共職業訓練のカリキュラムに組み込むような地方自治体も現れた。日系人の第二世代以降の人々は就労資格ビザ取得のためには高卒以上の学歴をもつことが重要であり，そのために定時制高校の重要性が再度問われ始めた。こうした制度の充実が図られるようになれば彼らの職業機会は日本人同様に開かれたものとなろう。

日本の移民政策の再考へ

　以上，欧米で論議されている移民労働市場のモデルが手がかりとしながら，日本の移民労働市場の現状とあり方について考察した。日本の産業構造は欧米諸国に比べて製造業の比率が高く，またそのために移民受け入れ業種もこうした業種を中心としている。都市のサービス職への就労はわずかにすぎない。しかし，これからは介護職を典型として，製品として海外から輸入できないサービス職種での移民受け入れも論議されるようになることが予想される。

　現在の日本は，コロナ禍の影響で出生数の減少が加速している。また 1980 年代後半から一貫して，好況期になると外国人労働者受け入れの論議が再燃する。日本社会の高齢化を前提にして，制度改革（年金や定年制度，介護制度）を行っていくことは当然の課題であるが，その改革の一つとして，移民受け入れの方法と受け入れ後の制度整備も課題としなければならないだろう。広義の移民政策そのものが，あらためて問われているように思われる。

第**4**章
階層構造のなかの移民，マイノリティ

外国人やマイノリティの貧困・不平等

　本章では，社会階層論の視点から，移民，外国人，エスニック・マイノリティの社会経済的な不平等の構造について考えてみたい。1990 年代以降の非正規雇用の増加のなか，多くの人々は，格差や社会的不平等の問題に関心をもっている。とはいえ，メディアで報じられる格差社会論には，「日本人」の貧困層の問題は取り上げられても，日本に暮らす外国人やマイノリティの貧困や不平等に関わる問題は，ほとんど取り上げられていない。しかし，これから明らかにしていくように，社会階層や不平等の問題は，移民やマイノリティにとって，きわめて重要な論点である。

1 社会階層論における移民の位置づけ

　はじめに，移民やエスニック・マイノリティのおかれている状況を考えるために役立つ，社会階層の理論枠組みについて論じよう。そして，階層理論の考え方を日本における移民，マイノリティの事例に応用することで，在日コリアンと日系ブラジル人をめぐる階層構造について考えたい。

　社会階層論の基本的な関心は，社会的資源の不平等な配分のあり方を明らかにすることにある。なかでも，世代間，世代内での社会移動と不平等に，階層論は多くの関心を寄せてきた。世代間移動は，親子間での階層移動や地位の継承のあり方に注目し，世代内移動は，本人が労働市場に参入してから現在にいたるまでの職業キャリアに注目する。社会学の多くの分野がそうであるように，日本の階層研究も，欧米における社会階層の理論と方法論を選択的に受容しながら発展してきた。

階層研究の選択的受容と人種・エスニシティの切り捨て

欧米の不平等に関する社会学の研究は，階層，ジェンダー，人種・エスニシティが，現代社会における不平等の主要な構造を形成してきたと論じる。しかし，これまでの日本の階層研究は，日本がおおむね「単一民族」からなる社会であり，外国籍人口が非常に少ないことをもって，人種・エスニシティに起因する不平等の問題にあまり目を向けてこなかった。戦後の高度経済成長の時期には日本社会を「一億総中流」ととらえる視点が，一般に広まっていた。多くの人々が中流に属し，階層的にも同質的な人々から構成されるという言説は，「単一民族」神話をより強固なものとしたのである。

日本社会には，以前から多くの民族的マイノリティが存在する。戦前の植民地支配のなかで日本に移動し，戦後も引き続き日本に居住する在日コリアンや，オールドカマーの中国人，先住民族としてのアイヌの人々である。日本社会は，ヨーロッパとは異なり，1960年代を中心とする高度成長期に，海外からの多くの移民労働者の受け入れを経験しなかった。しかし，1980年代以降は，海外からの多くの移住者やその家族を受け入れてきた。

アメリカの階層研究は，世代間移動にみる不平等のなかに，人種間の格差，不平等の問題を取り上げてきた。O. ダンカンは，地位達成過程における黒人（アフリカ系アメリカ人）の不利が生じるメカニズムを次のように論じる。第一に，黒人の世代を越えて継承されてきた貧困や不平等が，子どもの教育達成の大きな足かせとなり，その結果，親とは異なる職業への移動を制限してきた。第二に，たとえ黒人が，白人と同じ教育水準を達成しても，社会のなかで共有されたマイノリティに対する偏見が，彼らに対する労働市場での差別を生み出し，黒人の世代間での上昇移動を妨げてきた。ダンカンは，前者を貧困の継承（inheritance of poverty），後者を人種の継承（inheritance of race）と呼ぶ（Duncan 1969）。このように階層論には，人種間の不平等を論じる考え方があったものの，日本で地位達成モデルが受け入れられ，日本の階層論に組み込まれるとき，こうした視点は切り捨てられてきた。

本章では，階層論の立場から，移民，マイノリティのどのような問題について考察が可能なのか，その分析枠組みについて議論する。たとえば，国境を越える移動を経た移民は，受け入れ社会の階層構造のどこに位置づけられるのか，そのなかでどのような不平等の現実に直面するのか。第一世代の移民が経験する不平等は，世代を越えて存続するのか，それとも何らかの地位の変化が世代

間でも生じるのか。移民やその子どもたちの移住先の社会への統合や機会の不平等は，この領域の重要な焦点となってきた。移民，マイノリティをめぐる社会経済的な不平等は，移住先社会の視点から考察するだけでは不十分であり，送り出し社会との移民の紐帯（つながり）や両者の相互規定的関係について考察し，評価することも重要である（第2章参照）。とはいえ本章は，移住先社会からみた，移民，マイノリティの階層的地位に焦点をあてて考察する。

2　移民の社会階層をめぐる理論

編入様式論

A. ポルテスらによるアメリカ社会の移民を対象とする一連の研究は，世界の移民研究，移民を対象とする階層研究の動向に大きな影響を与えてきた。国境を越える移動を経た移民を階層論の枠組みで考えるとき，国際移動の経験が，移民の階層的地位や世代間での移動にどのような特徴をもたらすのか検討する必要がある。ポルテスらの編入様式論（modes of incorporation）は，移民をめぐる受け入れ社会の制度的文脈を考察するために提唱された。

ポルテスらは，移民受け入れの制度的文脈を考察するため，①政府の移民集団に対する政策，②労働市場の構造，③エスニック・コミュニティという3つの次元に着目する（Portes and Rumbaut 2006）。移民をめぐる政策については，出入国管理政策だけでなく，彼らに対する福祉政策や統合のためのプログラムも，重要な移民受け入れの文脈を構成する（Kogan 2007）。出入国管理政策は，受け入れ社会における移民の選抜に大きな役割を果たす。どのようなスキルをもった移民を積極的に受け入れるか，高技能の専門職か，それとも低技能の非熟練労働者かで，移住後の移民の地位達成は異なったものとなる。政府による移民，マイノリティを対象とした社会統合のプログラムも，受け入れ社会での移民の階層的地位を大きく左右する。

労働市場の構造については，第3章でも論じられている労働市場の二重構造論が，移民の地位達成を説明する考え方として用いられてきた。移住先社会の労働市場がどのように階層化，分断化されているのか，移民は階層化された労働市場のどのセクターに組み込まれているのかが，受け入れ社会の重要な文脈を構成する。移民に対する偏見や差別が，移民の労働市場における受け入れ

にどのような影響を及ぼすかも，ここで考察される。

　3つ目の受け入れの文脈を構成するものが，エスニック・コミュニティである。政府や労働市場における受け入れの文脈が，特定の移民に対して敵対的であるとき，同郷集団を中心とする民族的な結束は，それに対抗するかたちで組織化されることがある。雇用の領域である特定の移民集団が，企業家を中心に，同胞を優先して雇用する労働市場セクター（エスニック・エンクレイブ）を形成する。同胞の経営する企業が，コミュニティ内部で一定数存在するようになると，移住先の言語や文化になじみのない新しい移民にとっては，自分の出身地の言語で仕事が可能な就業機会が提供される。経済的にも自律性の高いエスニック・コミュニティは，受け入れ社会と移民とを媒介する機能を果たす。エスニック・コミュニティの機能について考えるとき，コミュニティを構成する個人間の関係，すなわち，社会関係資本（ソーシャル・キャピタル）も重要な考察の対象とされてきた。

分節化された同化理論

　編入様式論は，移民第一世代が，受け入れ社会の階層構造にどのようなかたちで組み込まれていくのかを論じる。他方で，分節化された同化理論（segmented assimilation theory）は，編入様式論を基盤に，世代を越えて展開される（とりわけ第二世代の）移民の受け入れ社会への適応プロセスの多様性を説明する。分節化された同化理論が登場する以前は，古典的な同化理論（classical assimilation theory）が，移民の移住先社会への適応や社会経済的な上昇移動のあり方を説明してきた。そこでは，さまざまな文化的背景の異なる国々からやってきた移民は，アメリカに移住後，滞在が長期化し，世代を経るにつれ，移住先社会へと同化，適応し，白人の中流階級へと統合されていくとされた（Gordon 1964）。しかし，1965年のアメリカの移民法改正により，中南米やアジア諸国からの移民が急増し，古典的な同化理論では説明のつかない移民の事例が数多く報告される。移民の受け入れ社会における適応プロセスの多様性を説明するため，分節化された同化理論が提唱された（Zhou 1997）。

　たとえば，高い水準の学歴と専門知識により，移住当初から中流階級へと参入する移民とその子どもたちは，これまでのアメリカ社会で支配的であった古典的な同化理論が前提とする移民の姿とは大きく異なる。他方で，非熟練労働の市場に組み込まれた移民には，アメリカ社会での滞在が長期化し，世代を経

ても，中流階級に参入できない者が多くいる。彼らの子どもたちのなかには，高校中退や長期の失業を経験し，永続的な貧困状態に陥る者もいる。両者の対照的な移民の階層移動のあり方は，アメリカ社会自体が，近年の脱工業化やグローバル化により，経済格差が大きく拡大していることを反映している（Morris and Western 1999）。アメリカの格差，不平等の拡大が，世代内や世代間での上昇移動をいっそう難しくし，古典的な同化理論が想定するような，滞在年数や世代を経過することでの上昇移動を起こりにくくしている（Portes and Rumbaut 2006）。

　加えて古典的な同化理論は，文化的な次元での適応（移住先社会の言語，生活習慣の獲得）を社会経済的な上昇移動の重要な要素ととらえるが，そこから逸脱する事例も多くある。移民のなかには，出身国から持ち込んだ文化を維持し，民族的な紐帯やつながりといったエスニック・コミュニティに依拠することで，社会経済的な上昇移動を遂げる者もいる。このように分節化された同化理論は，アメリカ社会が階層的にも分断された社会であることを前提とする。そして移民が階層構造のどの部分へと組み込まれ，適応しようとしているのかを明らかにすることで，移民がたどる編入様式と階層移動の多様性を説明する。

移民の家族と親子関係

　ポルテスらは，移民第一世代の編入様式の違いが，移民家族の親子関係や親子の文化変容のパターンにどのような相違をもたらすのか，移民家族の親子関係や子どもの社会化は，子どもたちの地位達成にどのような影響を及ぼすのか考察する。一般に子どもの方が，移住先社会の言語や生活習慣を，親よりも早く獲得する。子どもが，親よりも移住先の言語や生活習慣に精通するとき，親子間で役割の逆転が起こりがちである。たとえば，病院に行くとき，役所の手続きなどで，英語に堪能な子どもを連れて行き，通訳として頼るなどがある。子どもが親の代わりに，家族のなかで親のように振る舞うと，親は子どもに対して権威を失い，子どもが何か悪いことをしても，子どもの行動を統制できなくなる。このような親子関係では，家族は子どもの進路選択や学卒後の就職のときに，十分なサポートを提供することができない。家族からの十分な支援が受けられない子どもたちは，家族を通じて移住先社会で直面する問題を解決することが難しい。

　他方で，移住先社会の言語や生活習慣に精通している親は，子どもたちが学

校で直面する問題に関与することができ，子どもへの権威を維持することで，子どもを統制することもできる。こうした状況は，親の学歴や階層的地位の高さによって可能となる。このような家族のもとで育つことで，移民の子どもたちは，移民やマイノリティであることにともなう不利から脱することができる。さらに移民がエスニック・コミュニティに居住する場合，地域社会のなかに移民の子どもたちが親の母語を学ぶ機会が多く提供され，親子間の円滑な関係やコミュニケーションを促す。それは良好な親子関係を可能にし，それによって，家族が子どもの教育達成のサポートのために十分に機能することができる。また，地域社会に移民やマイノリティを対象とするさまざまなサポートや資源が利用可能であるとき，親たちはそうした資源を活用することで，子どもの教育達成を支援することもできる（Portes and Rumbaut 2001）。

移民の階層移動の国際比較と制度編成

　編入様式論と分節化された同化理論は，移民の階層構造や地位達成について考察するとき，移民受け入れの制度的文脈に大きな関心を寄せてきた。とはいえこれらの理論は，アメリカに移住した移民を説明することを念頭におき，アメリカ以外の他の諸社会の制度的文脈についての視点に乏しい。その結果，アメリカの移民研究の多くは，マクロな制度的文脈についての分析や考察が十分でない（Thomson and Crul 2007）。

　他方で，ヨーロッパをはじめとする移民の国際比較研究は，編入様式論や分節化された同化理論を他の社会に応用するとき，国ごとに異なる制度的文脈が，移民の地位達成にどのような影響を及ぼすかに関心を寄せてきた。J. G. ライツによれば，移民の地位達成を左右する制度には，移民政策，労働市場構造，福祉レジーム，教育システムという4つの次元が存在する（Reitz 1998）。

　移民政策　移民政策については，移民の出入国管理政策と，受け入れ後の移民を対象とする社会的包摂を促す統合プログラムの2つに区分できる。地位達成との関わりで考察すると，移民の出入国管理政策は，選抜された移民の技能水準を左右するものと考えられる。高い専門性や技能を有する移民を受け入れるのか，非熟練の移民を受け入れるのか，難民をどの程度受け入れるのかなど，移住当初の移民の人的資本の水準は，その後の社会での地位達成を左右する。

　加えて，政府による移民を対象とする統合プログラムの実施の有無やその中

身も，移民の地位達成や移民の子どもたちの教育，職業達成を左右する。統合プログラムの一例として，移住先社会の公用語修得のための教育機会の提供や，移民を対象とする福祉プログラムなどがある。さらに，マジョリティ集団による移民やマイノリティに対する差別的な処遇を規制する政策や，雇用や住居において平等な権利を保障するような政策も重要である。

労働市場　労働市場構造については，移民の労働市場の編入様式や移住後の社会経済的な上昇移動の可能性が，労働市場の硬直性や労働市場の分断構造によって，どのように左右されているのかが重要である（第3章参照）。社会全体の階層構造や労働市場の分断構造は，人的資本による社会的上昇移動のあり方や，人種，国籍，民族にもとづく差別的処遇や不平等のあり方を大きく左右するだろう。

福祉レジーム　福祉レジームについては，G. エスピン＝アンデルセンの福祉レジームの3類型（自由主義，保守主義，社会民主主義）が，移民の労働市場への編入様式とどのように関係しているかに焦点があてられている。両者の関係を論じるときは，福祉・雇用政策による労働市場の規制と，福祉国家による財，サービスの供給という2つの側面に注目する必要がある（DiPrete et al. 1997）。

たとえば，ドイツをはじめとする保守主義レジームは，男性世帯主が家族の主たる稼ぎ手であることを前提とし，男性に対する高い雇用保護（解雇規制）を通じて，家族の経済的安定や福祉を提供する。こうした雇用法制を採用する国では，労働者は一度雇われると，雇用主が恣意的に解雇することが難しい。そのため組織は，採用時の書類審査や面接など，非常に限られた情報から，労働者を選抜しなければならない。このようなとき雇用主は，さまざまな偏見や特定の集団の平均的な特性にもとづいて，労働者の選抜を行う傾向がある。それは，「統計的差別」と呼ばれている。雇用主の間で，移民の技能や人的資本の水準に対してネガティブな評価が共有されていると，移民は，統計的差別の対象になりやすく，就職において著しく不利な状況に直面する。結果として移民の失業率も高いものになりがちである。

他方で，北欧諸国における社会民主主義レジームのように，福祉国家が普遍主義的に財やサービスを提供するとき，移民の労働市場での処遇のあり方や彼らの行動は，先の保守主義レジームとは異なったものとなる。社会民主主義レジームでは，移民はたとえ失業しても，充実した失業給付を通じて生活が可能

となるため，移民の失業率は他の国よりも高くなりがちである。しかし，社会民主主義レジームは，失業者を対象に公的な職業訓練や職業紹介を提供し，多くの予算を費やしている。そのため，移民の失業率は高い半面，一部の失業した移民は，職業訓練を通じてより高い職業的地位への移動が可能となる（Kogan 2007）。このように福祉政策のあり方が，移民の労働市場のなかでの位置や労働市場との関わりを左右し，移民の編入様式にも影響を及ぼしている。

移民の子どもと教育達成　最後に，教育制度と移民との関係について，とりわけ移民の子どもたちや移民第二世代との関わりについて議論したい。移民の子どもたちの教育達成を左右するものに，①初等教育が始まる年齢，②初等教育から中等教育への移行や選抜の時期，③教育システムにおける中等教育段階での階層化の程度，とりわけ，職業系中等教育からの高等教育への進学可能性，などがある。第一に，初等教育の開始時期が遅いほど，学校が子どもの教育に関わり始める時期が遅くなり，家族的背景が子どもの教育を左右する度合いが高まる。たとえば，階層構造のなかでも下層に組み込まれた移民家族のもとで育つ子どもは，家族のなかで社会で必要な言語や知識を学ぶ機会に乏しく，他の子どもたちとの学業をめぐる競争において著しく不利となる。

第二に，初等教育から中等教育への移行や選抜の時期が早いほど，そして，中等教育段階の階層化の度合いが大きいほど，移民の子どもたちは教育達成という点で，多くの不利に直面する。たとえばドイツでは，子どもたちは，10歳のときに，中等教育の普通科と職業科のいずれに進学するかを選択しなければならない。大学に進学するには，普通科の中等教育機関（ギムナジウム）に進学し，大学入学のための資格試験（アビトゥーア）に合格しなければならない。職業系中等教育機関には，基幹学校（ハウプトシューレ）と実科学校（レアルシューレ）の2種類が存在する。基幹学校に進学した場合は，特定の職業に関する技能を学ぶことはできるが，大学への進学は制度的に認められていない。成績の低い移民の子どもが，かりに，大学への進学をめざしてギムナジウムに進んだとしても，成績の低い生徒は落第してしまう可能性が高く，最終的にギムナジウムを卒業できないかもしれない。移民の子どもたちは，身の丈に合った進路を選択する観点から，多くは，職業系中等教育へと進学し，そこで何らかの職業技能を身につけた後，熟練，非熟練労働者となっていく。ライフコースの早い段階で進路選択が求められ，そのときの選択が後の時点の教育達成を左右するというドイツの教育制度は，トルコ系移民の第二世代の低い教育水準

の大きな原因となっている（Crul and Schneider 2010）。

3 日本での編入様式と移民，マイノリティの社会階層

在日コリアンにみる編入様式と機会の不平等

　本節では，欧米の移民研究のもとで発展してきた理論枠組みをふまえ，日本社会における移民，マイノリティの社会階層や不平等をめぐる動向について考察する。具体的な事例として，日本の朝鮮半島の植民地支配を契機に戦前期に日本へと移動し，戦後も引き続き日本に居住する在日コリアンと，1980 年代以降，日本での就労を経験する日系ブラジル人労働者という 2 つのケースに注目する。

　日本への移動のプロセス　　在日コリアン（在日朝鮮人）とは，日本帝国が戦前期に朝鮮半島を植民地支配したことで，日本への移動や就労を経験し，戦後も引き続き日本にとどまり生活を続ける人たちである。朝鮮半島が日本帝国の領土に組み込まれた期間，朝鮮半島に住む人々は，「日本国籍」をもつ者，すなわち「日本帝国の臣民」とされた。日本による朝鮮半島の植民地支配の結果，多くの農民が窮乏化し，その一部は仕事を求めて，中国東北部や日本へと移動した。また，第二次世界大戦がはじまり，国家総動員体制の下，朝鮮人に対する日本への集団的な強制連行が行われ，日本に在住する朝鮮半島出身者はこの時期飛躍的に増加し，およそ 200 万人にまで達した。日本の敗戦後，多くの人々は朝鮮半島に帰ったが，日本に生活基盤を確立していた一部の人々（およそ 60 万人程度）は，戦後も引き続き日本での生活を続けた（徐 1995）。

　日本は第二次世界大戦に敗戦し，海外植民地を喪失する。1952 年にサンフランシスコ講和条約が発効すると，日本政府は，旧植民地出身者は，日本「内地」に在住する者も含めてすべて日本国籍を喪失し，「外国人」になったとの見解を打ち出した。旧植民地出身者が日本国籍を取得するには，一般の外国人と同様に帰化の手続きをとることとされた。日本の植民地支配により，「日本人」として日本に移動した在日朝鮮人は，以後，一律に「外国人」として扱われる。在日コリアンを法制度のなかで「外国人」と位置づけることは，さまざまな差別的待遇を正当化し，彼らの戦後の編入様式を大きくかたちづくってきた（第 1 章，第 11 章参照）。

　在日コリアンの労働市場とエスニック・コミュニティ　　編入様式論は，移民，マ
イノリティを対象とする政府の政策に加えて，労働市場での彼・彼女らの位置
づけとエスニック・コミュニティの果たす役割に着目する。労働市場では，在
日コリアンはどのような処遇を受けてきたのであろうか。在日コリアンの多く
は，これまでにも国籍や民族を理由とする就職差別を受けてきた。たとえば
1970年代には，在日コリアンの青年が大手企業の採用面接で合格したが，本
人が在日コリアンであることが会社側に明らかになると，一方的に採用取り消
しとなった事件があった（第1章参照）。

　在日コリアンに対する就職差別は，日本人と比較して，彼・彼女らの職業分
布に大きな違いをもたらしてきた。金明秀によれば，韓国籍の在日コリアン男
性は，ホワイトカラーの労働者の比率が，明らかに日本人男性よりも少なく
（日本人が42.6％，在日コリアンが26.6％），自営業者の比率が日本人よりも著し
く高かった（日本人が23.2％，在日コリアンが52.1％）。彼らが，自営業セクター
に集中する背景には，日本の労働市場において差別的な処遇を受けたことで，
就業機会が著しく制限されてきたことが考えられる。

　日本の労働市場における在日コリアンに対する就職差別を明らかにするため，
金は，地位達成過程を在日コリアン男性と日本人男性で比較する。なかでも，
教育達成と学卒後はじめて就く職業（初職）との関係に注目すると，在日コリ
アンにおいては，日本人よりも，学歴の初職に及ぼす影響力が弱いことがわ

かった。すなわち在日コリアンは，就職差別のために，自分が達成した学歴にもとづいて評価され，それに見合った職業に従事するという，メリトクラシーの原理から排除されていることがうかがえる（金・稲月 2000）。

とはいえ在日コリアンは，日本の階層構造のなかで，差別的な処遇を受けることで，下層の地位に甘んじていたわけではない。社会的地位の高低を，教育年数，職業威信，世帯収入といった連続的な尺度を用いて，在日コリアンと日本人との平均的な傾向を比較すると，両者の間に特段の格差は認められなかったのである。金は，このような結果から，彼らは，日本の労働市場において差別的な処遇を受けながらも，何らかの資源を用いて，そうした差別を乗り越えてきたと論じる。

では，具体的にどのようなかたちで，労働市場における差別を克服してきたのであろうか。金は，初職の就業経路を分析し，在日コリアンの多くが，初職に就業するうえで，家族・親戚，友人・知人というインフォーマルな人間関係によって，学卒後の初めての仕事に就いていることに注目する。そのうちの8割以上が，在日コリアンによって紹介されたものであり，日本人の紹介によって仕事に就いた者は，わずか2割程度にすぎない。すなわち，在日コリアンは，民族的な社会関係資本に依拠して，初職への就業を可能としてきたのであり，エスニック・コミュニティによる相互扶助が，彼らの地位達成に大きな役割を果たしてきた（金・稲月 2000）。在日コリアンの雇用の多くが，自営業セクターに大きく吸収されていることも，就職差別を克服するために，民族集団内部の相互扶助が行われていることを反映する（金 1997）。在日コリアンの企業活動を詳細に分析する韓載香は，事業内容が，特定の産業分野に集中していることを明らかにする。すなわち，特定の事業活動について蓄積された資源が，民族的なつながりを通して，在日コリアンのコミュニティ内部で共有され，それが特定分野における在日コリアンの事業への参入障壁を低めて，特定分野への集中をもたらした（韓 2010）。労働市場における就職差別と排除，エスニック・コミュニティと社会関係資本による自営セクターへの集中が，在日コリアンの階層構造の大きな特徴である。

日系ブラジル人にみる編入様式と階層構造

入管法の改正と日系人の増加　本項では，日系ブラジル人（以下，ブラジル人とも表記）を対象に，彼らの日本社会への編入様式と階層構造の特徴について

論じる。日本では1980年代以降，非熟練労働の分野を中心に労働力不足に直面する。海外から日本への人の移動を規制する法律に，出入国管理及び難民認定法（Column⑤参照。以下，入管法）がある。入管法は，非熟練労働に従事する，海外からの移民労働者の日本での入国と就労を一貫して認めてこなかった。しかし1980年代以降，日本は事実上，非熟練労働に従事する海外からの多くの移民労働者の受け入れを経験している。そのなかでも，日系ブラジル人については，他の出身地域よりも数多くの人々が就労のために日本に移動してきた。

　日本は，戦前から戦後の一時期まで移民の送出国でもあり，南北アメリカ大陸には，多くの日本人移民が移り住んでいた。日本の入管法では，親のいずれかが日本国籍をもっていれば，本人に日本国籍がなくても，「日本人の配偶者等」という在留資格が付与される。この在留資格には，日本での活動に何ら制限がなく，どんな仕事にも従事することができる。さらに，1990年の入管法の改正により，日本国籍をもたない日系三世（祖父母のいずれかが日本国籍をもつ人）を対象に，「定住者」の在留資格が付与されることになった。定住者についても，日本での活動に何ら制限はない。労働市場では，産業構造の周辺部分や，非熟練労働の分野を中心に，労働力不足に直面し，海外からの移民労働者に対する需要が存在していた。その結果，1990年の入管法改正の前後からブラジル人人口は増加し，多くの人々が就労のために来日する。

非正規雇用の増加と日系ブラジル人労働者　次に，来日した日系ブラジル人の労働市場への編入様式と彼らをめぐる階層構造の特徴について論じる。第3章でも述べられているように，彼らもまた，特定の狭い範囲の職業に特化するかたちで，日本の労働市場に組み込まれている。居住地域では，自動車産業など製造業の集積する東海地方や北関東地方といった地方工業都市に集住し，東京都を中心とする大都市部には相対的に少ない（大久保2005）。国勢調査データを用いて，職業分布の特徴をみると，日本人ではブルーカラー労働者がおよそ3割に満たないのに対し，日系ブラジル人では全体の9割近くを占める。ブラジル人人口が相対的に多い静岡県での調査結果をみてみよう。表4-1は，ブラジル人の雇用形態を2007年，2009年，2016年の3時点の変化を追跡している。2007年では，派遣・請負の間接雇用が非常に多く，全体の7割をしめている。直接雇用のパートも含めると，回答者の4分の3が非正規雇用に従事している。2009年は，後述する経済危機によって多くの派遣労働者が仕事を失った時期でもある。この時期，全体に占める間接雇用の割合は3割に

表 4-1　静岡県のブラジル人の雇用形態

	2007	2009	2016
直接雇用（フルタイム）	11.9	17.5	24.5
直接雇用（パート・臨時）	6.6	12.3	14.8
間接雇用（派遣・請負）	70.3	36.3	41.2
自営	1.7	2.7	3.1
失業	4.5	26.4	4.4
非労働力	5.0	4.7	12.1
N	1011	810	481

（注）　静岡県が各年に実施した調査データを用いて筆者が集計した。なお，2009 年と 2016 年は，ブラジル人だけでなく複数の国籍グループが対象となっており，ブラジル国籍者に限定して集計した。表中の数値は，列ごとのパーセントであり，N は各年の対象者の総数を表す。

まで低下するが，その分失業者が 26％にまで増加する。失業者が増加した分，間接雇用の割合は，70％から 36％に低下する。2016 年になると，2007 年と比べていくつかの変化がみられる。直接雇用のフルタイム労働者の割合が，2007 年の 12％から 25％まで増加している。ブラジル人の代表的な雇用形態とされてきた間接雇用が 41％にまで低下する。自営業は，2007 年から 2016 年にかけて 1.7％から 3.1％へとわずかに増加しているが，それほど顕著なものではない。全体的にこの 10 年で，ブラジル人の雇用は，不安定な間接雇用の割合が減少し，フルタイムの正規雇用が増加するトレンドを確認できる。しかし，パートや臨時雇用と合わせた非正規雇用の割合が全体の半数以上を占め，多くが不安定な雇用形態で就労する現実に顕著な変化はみられない。

　日本では 1990 年代以降，非正規雇用に従事する労働者が飛躍的に増加している。脱工業化という産業構造の変化やグローバル化の進展にともなう国家間での経済的な競争の激化が，近年の先進国でみられる非正規雇用の増加と大いに関係している。派遣や請負は，さまざまな非正規雇用の形態である。派遣による雇用関係では，労働者は法的には派遣業者により雇用されるが，実際の労働は派遣先の会社で行われる。法的な雇用主と実質的な雇用主の分離が，派遣労働の大きな特徴である。他方で請負では，ある事業主が別の会社から特定の業務の委託を受け，その委託業務に自社と雇用関係にある労働者を使用する。その際，業務を発注した会社の工場などで，委託業務を実施することもできる。ただし請負の場合は，特定の業務を別の会社に委託している関係上，請負労働

者の労務管理は，その業務を請け負った会社で行わなければならない。

　企業が労働者を直接に雇用せず，派遣業者や業務請負を活用する背景には，次の2つの理由がある。第一に，雇用コストの削減である。賃金コスト，福利厚生費用，労働者の採用コスト，教育訓練コスト，労務管理コストなど，企業は，労働者を直接雇用すると，多くの雇用コストを負担しなければならない。間接雇用の労働者を活用することで，これらの費用の一部を削減することができる。第二に，変動する労働需要に対応するために，組織が柔軟性を確保するためである。正規雇用のかたちで雇用契約を結ぶと，企業が労働者の解雇を容易に行うことができない。派遣労働であれば，規制が少なく，解雇や人員調整を容易に行える場合，企業は，変動する労働需要に対応するため，派遣労働者を雇うインセンティブが生じる（Kalleberg 2003）。日系ブラジル人を派遣，請負といった間接雇用の労働者として活用することで，組織は，以上の2つの便益を享受することができる（丹野 2007）。

　ブラジル人の労働者たちは，派遣・請負といった狭い範囲の労働市場に組み込まれ，不安定な雇用形態で労働に従事していた。一時的な労働力に対する需要が旺盛な時期には，ブラジル人の失業率は，日本人労働者とほぼ同水準であり，彼らの失業や不安定な雇用は，何ら社会問題とは認識されていなかった。日系ブラジル人が，不安定な雇用から脱け出す有力な経路に，自営業への移動がある。実際，労働市場で差別的な処遇を受けてきた在日コリアンは，自営業への移動を通じ，地位達成を行ってきた。対照的に日系ブラジル人の場合，自営業に従事する者は，就業者のわずかに3%と極端に少ない。彼・彼女らの自営業への移動が生じにくい制約条件として，以下が考えられる。第一に，製造業における非熟練労働の就業機会が豊富に存在し，より安定した雇用への移動を望まなければ，自営業への移動のインセンティブは乏しい。第二に，ブラジル人が経営する自営業には，ブラジル人同胞を主な顧客とする事業が多くを占め，日本人を主な顧客とする事業が少ない。日本の企業間ネットワークのなかに組み込まれ，生産や流通を担う事業が，人材派遣事業を除いてほとんど存在しない。同胞のみを対象とするかぎり，市場はすぐに飽和状態に達し，自営業への移動は，非常に限られたものとなる（片岡 2012）。

経済危機にともなう失業率の増大と日本の福祉・雇用レジーム　　多くのブラジル人労働者は，豊富な就業機会が存在するとはいえ，派遣・請負の非常に不安定な雇用のなかで，製造業での非熟練労働に従事していた。しかし，そうした状況

も，2008年以降の経済危機によって一変する。経済危機とともに，製造業に従事していた派遣労働者の多くは，契約の打ち切りや人員調節によって仕事を失い，日本における失業率は悪化した。日本人の失業率は，3％台から5％台へと推移したが，ブラジル人の失業率は，4％台から3割近くへと飛躍的に増加した（竹ノ下 2012）。

　大企業や官公庁で雇用される正規雇用の労働者は，長期安定雇用，年功賃金，企業による福利厚生制度によって保護される一方，そうした便益を享受できる層は次第に減少している。他方で，不安定な雇用で，賃金も低く，さまざまな社会保障制度の対象外とされる非正規雇用が，増加している。しかし，拡大する非正規雇用に対して，彼らの生活を保障するための枠組みを，政府は十分に整備してこなかった。その背景には，日本の雇用政策が，男性稼ぎ主モデルを前提に，男性労働者の雇用の維持や保護を中心に考え，失業者を対象とした施策や雇用の流動性を前提とする施策に十分に取り組んでこなかったことがある（Hall and Soskice 2001＝2007）。日本の労働市場における技能の中心は，企業特殊的技能である。職務に従事しながらの教育訓練が，企業内での人材育成として重視され，それを反映した企業内での勤続経験が，賃金や待遇面での評価と結びついてきた。政府が失業者を対象に実施する技能育成のプログラムの多くは，職場外で実施されるものである。企業の側に，外部の組織で身につけた技能を適切に評価する仕組みがなければ，政府の訓練事業を受けた失業者が，円滑に労働市場に戻れるとはかぎらない。

　そうした状況のなか，政府は，経済危機にともなう移住労働者の失業率の急激な増大に対し，厚生労働省が中心となって，中南米出身の日系外国人失業者を対象とする教育訓練プログラムを策定し，実施してきた。これらのプログラムは，移住労働者の日本語能力の伸長など，一般的技能の育成を中心とするものであった。また，失業給付の期間が，多くの場合半年間程度と短く，長期にわたる教育訓練への参加を保障するものではなかった。対照的に，北欧諸国で行われている失業者を対象とした教育訓練の事業は，長期間の失業給付とセットで実施されてきた。経済危機以前と以後で，日本政府の雇用政策に対する支出動向を比較しても，労働者の雇用の維持など雇用保護を重視し，失業者を対象とする失業保護への支出が少ないという傾向に，大きな変化はみられなかった（竹ノ下 2012; 2013）。日本の福祉・雇用レジームは，雇用の流動化が進展し，雇用の不安定な労働者が増大しても，大きくは変わっていない。それらは，正

規雇用と非正規雇用の二重構造を前提としており，両者の垣根を崩し，不平等を小さくする政策には結びついていない。すなわち，日系ブラジル人の日本の労働市場への編入様式は，日本で支配的な労働市場構造とそれを補完する雇用政策といった制度的文脈に大きく制約されているのである。

4 移民の階層構造と社会的包摂

　本章では，社会階層論の立場から，移民やマイノリティの階層構造を考えるための理論枠組みについて検討した。そして，それらの視点にもとづき，日本社会における移民，マイノリティの階層構造を，在日コリアンと日系ブラジル人を事例に考えてみた。本章の基本的な考え方は，階層研究における，階層移動がさまざまな制度の媒介を経て成立するという議論に大きく依拠している。移民，マイノリティの階層移動を媒介する制度が，移民の移住先社会における編入様式や，のちの世代の不平等を大きく左右するといえる。本章では，在日コリアンと日系ブラジル人がおかれている状況を，階層論の視点から簡潔に論じた。とはいえ，日本における移民の階層構造の特徴は，これら2つの集団の事例だけで一般化できるものではない。「分節化された同化理論」やヨーロッパの比較研究が明らかにするように，さまざまな制度的な制約条件のなか，日本においても移民の編入様式には大きな多様性，異質性が存在する。たとえば，日本で大学や大学院などの高等教育を受け，卒業後も引き続き日本で就労する専門的な職業に従事する移民については，本章では取り上げることができなかった。最近では，階層研究者による外国籍者を対象とする全国調査が行われ，その成果が刊行された（永吉2021）。それによれば，日本で働く移民は，専門職を中心とする高技能労働者とサービスセクターや製造業で働く非熟練労働者に二極化している。このように，異なる移民集団の編入様式の特徴について，本章で紹介した理論枠組みを用いて考えてみてほしい。

　日本の社会階層論では，これまで，格差や不平等の生成メカニズムの説明を重視するあまり，不平等を緩和する施策や，平等化をめざす施策についての，理論的，実証的な研究の蓄積に乏しい。社会階層論の立場から，移民やマイノリティの不平等の問題に接近するとき，現実の不平等を把握したうえで，どのような施策を通じて不平等を是正できるか，積極的に考える必要がある。移民

やマイノリティの問題にかぎらず，不平等に関する社会学的研究では，不平等の是正をめざす政策パッケージの効果を実証的に検証し，効果的なプログラムや政策の立案に資するような研究が，非常にかぎられている。移民や外国人を多く受け入れてきた地方自治体では，移民の社会的包摂を支援する施策も，これまでに行われてきた。これらの施策を異なる視点から検証し，不平等の是正に貢献する政策パッケージを社会学の立場から考え，提案していくことも必要ではないだろうか。移民やエスニック・マイノリティに注目することで，既存の階層研究の問題点を指摘し，理論を再構成していくことが，今後の研究には求められるだろう。

第**5**章

グローバル化と家族の変容

「グローバル化」する家族と子どもたち

日本の国技・相撲の担い手に外国人が増えて久しい。2022年9月場所の番付表を見ると，東西の幕内力士（前頭以上）合計42人のうち外国出身者は9人（モンゴル7人，ジョージア1人，ブルガリア1人）と2割を超える。このほか，日本出身だがフィリピン人の母をもつ御嶽海（出羽海部屋）と高安（田子ノ浦部屋）も活躍中だ。

俳優・ファッションモデルの宮沢氷魚。両親が移住していたアメリカ・カリフォルニア州で1994年に生まれ，東京のインターナショナルスクール，アメリカの大学を経て国際基督教大学に編入し卒業した。YouTubeで英語講座の動画を公開している。

グローバル化は，日本の家族にも大きく影響を与えている。その事実は，上に挙げた若者たちが，現在のマスメディアにおいて「ごく普通に」登場していることからもわかるだろう。

1 なぜ，家族は「グローバル化」するのか

家族社会学者の山田昌弘は，近代社会は「人びとが1つの『国家』と『家族』の一員であり，かつその関係が選択不可能，解消困難であること」を前提としてさまざまな社会制度が組み立てられてきたが，「グローバル化をともなった近代社会の構造転換が起きるなか，国家と家族の枠組みがゆらぎ，この前提が問い直されている」と問題提起している（山田 2014: 650-51）。近代化により広まった家族のあり方が「近代家族」で，それは公私の分離，情緒的結合の重視，子ども中心，性別役割分業，核家族等を特徴とする（落合 1989: 18）。

しかし，近代社会がめまぐるしく構造転換するとともに，近代家族のあり方も変容してきている。

　本章では「グローバル化はいかに日本の家族へ影響を与えているか」という問いについて，①国際結婚により「形成」される家族，②日本人母子の海外移住により「分割」される家族という，2 方向の家族のあり方に焦点を当てながら論じていく。両者について具体例を挙げて概観したあと，進行し続ける家族の国際化と個人化に対し，国家と国際社会がいかに介入しているのか / しないのかについて，国籍法改正（2008 年）およびハーグ条約締結（2014 年）から考察したい。この作業を通じて，人の移動（流出 / 流入）の加速という側面で日本の家族はグローバル化の影響を直接的に受けているだけでなく，グローバル化の日本社会への影響が間接的に日本の家族へと伝わり，さらには「この時代に合った子育て」という面で，親たちの行動を規定していることがわかるだろう。

脱「近代家族」としての家族のグローバル化

　日本の近代家族の典型は，夫が外で働き，妻が専業主婦として家を守るというものだったが，現代日本における家族のあり方は，そうした「近代家族」からの脱出の結果ともいえる。すなわち，現在の家族は急速に個人化し，多様化している。かつて近代家族は女性にとっての生活手段だったが，現代の女性は結婚によらずとも生活できる可能性が広がり，家族の個人化が進んでいるのだ。

　また，非婚率の増加にともなう単身世帯の増加傾向がみられる。2021 年の人口動態統計によると，婚姻率（人口千対）は 4.1 で戦後最小，一方，離婚率（人口千対）は 1.5 と，2002 年を頂点に減少傾向にある（2021 年，厚生労働省）。平均寿命は男性が 81.41 歳，女性が 87.45 歳（2021 年，厚生労働省）で，高齢の単身世帯も必然的に増加している。また，合計特殊出生率は 1.30（2021 年，厚生労働省）と，現在の人口が保たれる人口置換水準の 2.07 を下回る。死亡数に比べ出生数が少ないので，人口は減少するばかりだ。

　かたや，個人の自由が尊重され，家族は多様化していく。たとえば，同性のカップルや同性婚のような，性の多様性があるだろう。そして，多様化のもう一つの側面として，家族のグローバル化・多文化化がある。

　山田によると，1970 年代までは，上記のいわゆる近代家族が，安定雇用の夫と専業主婦の妻という「標準世帯」を形成してきた。しかし，1980 年代以

降，日本の経済および雇用環境は変わって男性の不安定就労が増え，2000年頃には近代家族規範が予定する生活を経済的に形成・維持できない人々が大量発生した（山田 2014: 64）。結果的に，結婚年齢にある人々が，近代家族を形成・維持できる人々と，できない人々とに分裂した。日本の格差社会がそのまま家族のあり方に投影されているともいえる。

　この論点を，家族のグローバル化の文脈で考えてみよう。近代家族を形成できる人々，すなわち，高収入・安定職の夫と専業主婦の妻，あるいは安定職にある共働き夫婦は，子どもたちにより良い教育を与えようと投資する。その延長線上に，早期からの英語教育や海外での大学進学によるグローバルな文化資本の獲得があるだろう。

　一方，近代家族の形成が難しい人々は，独身あるいは不安定職の夫婦共働きとなろう。そして日本人女性との縁組が難しい男性のなかには，仲介業者を通じてアジアの比較的貧しい地域から「嫁」をもらう人も出ている。国際結婚における外国人配偶者の出身国の偏りについては後述する。

　以上をまとめると，脱「近代家族」の時代に，家族の多様化の一形態としてグローバル化があるといえる。そこには，より個人化された，性別役割分業からは自由になった家族成員がいる……はずである。しかし，本当にそうだろうか。以下では，日本の家族の「形成」と「分割」の事例をみていこう。

2　「形成」される家族

東アジアで増える結婚移民

　国際結婚の増減は，グローバリゼーションの進行の重要な指標の一つである（嘉本 2007: 50）。国際結婚の増加は日本だけでなく，東アジア諸国に共通する現象であり，その背景には社会の少子高齢化と結婚仲介業の普及があるといえよう。ここではまず台湾と韓国の事例を紹介したい。

　台湾では，1980年代から業者の仲介によるベトナム人女性との結婚が増えた。経済発展と工業化により農村は空洞化し，農村男性や技能をもたない男性の結婚難が顕在化した。そこで「嫁不足」対策に外国人女性との縁組が始まったのである（ウ 2010: 24）。2020年現在，台湾の国際結婚比率は8.9％で，外国人妻の出身国はベトナム，インドネシア，フィリピンの順である。統計上「外

国籍」とされないものの，中国大陸，在外華僑，香港・マカオの女性たちもいる。在台湾ベトナム人結婚移民の調査をした文化人類学者の横田祥子によると，低学歴のベトナム人女性と低収入の台湾人男性との縁組が多く，結果的にベトナム人女性は一部を除けば台湾の低階層に吸収されているという（横田 2008: 106）。

　また，韓国では1998年に結婚仲介業の規制緩和とともに国際結婚が広まった。2021年の国際結婚比率は6.8％で，外国人妻の出身国は中国（朝鮮族が多い），ベトナム，フィリピン，日本，アメリカの順である（大韓民国統計庁）。結婚移民の多くが結婚後数年で韓国へ帰化をし，生まれた子どもたちは韓国国民となる。人口増加の担い手として，結婚移民を含む世帯は「多文化家族」と価値づけられた。2006年，政府は「多文化・多民族社会への移行」を宣言し，2008年には「多文化家族支援法」が制定され，各地で「結婚移民者支援センター」が設置されて結婚移民の韓国語および韓国文化の学習を支えている（2010年3月，韓国・忠清南道にて調査）。

　しかし，国際結婚の大半が韓国人男性と外国人女性との縁組で，支援される根拠が「韓国国民を産む女性」ということに対して，文化人類学者の金賢美は，根本にある家父長主義的志向性に疑問を呈している（金 2009 : 94-96）。また，在韓ベトナム人結婚移民への聞き取り調査を行った地理学者のパン・ティ・ビンらは，「経済的な豊かさに惹かれて韓国人男性と結婚したが，結婚後は意外にも貧しい暮らしで送金ができないことに悩む女性が多い」ことを明らかにしている（Pham, Kamiya and Park 2014: 22）。

日本における1980年代以降の国際結婚

　さて，日本ではどうか。欧米の先進諸国や先に挙げた2国に比べ，日本ではまだ国際結婚比率が3.3％（2021年，全国平均）と低い。とはいえ，近年，国際結婚は都市部でとくに比率が高く，東京23区5.6％，大阪市5.4％，相模原市4.5％となっている（2021年，厚生労働省）。

　国際結婚のあり方は，1980年代から大きく変わったといわれている。それまで日本人女性と外国人男性という組み合わせが多かったのに対して，それ以降，外国人（とくにアジア諸国出身）女性と日本人男性の国際結婚が急増した。

　厚生労働省人口動態統計によると，2021年の日本人と外国人配偶者との婚姻件数は1万6496件で，日本人男性と外国人女性の組み合わせが9814件，

日本人女性と外国人男性の組み合わせは 6682 件であった。男女比はおよそ 3 対 2 となる。しかし，それぞれの結婚相手の出身国は少し異なる。日本人男性と結婚する外国人女性の出身国は，①中国（3072 人），②フィリピン（1780 人），③韓国・朝鮮（1284 人）の順だが，逆に日本人女性と結婚する外国人男性の出身国は，①韓国・朝鮮（1561 人），②アメリカ合衆国（1049 人），③中国（903 人）の順である（2021 年，厚生労働省）。

いずれも上位 3 カ国に中国と韓国・朝鮮が入るのは，両国との地理的近接性や日本在住の当該国出身者数による出会いの機会の多さからおよそ説明がつく。また，結婚相手となる外国人男性のトップが韓国人となっているが，その背景には在日コリアンの存在がある（第 4，11 章参照）。在日三世・四世の多くは言葉も文化も日本人とほぼ同じである。外国人とは意識せずに交際し，結婚するときに初めて国籍の違いが顕在化するというケースが少なくない。では，結婚相手となる外国人女性の 2 位がフィリピンで，外国人男性の 2 位がアメリカというのは，なぜだろう。

その背景には，国際結婚をめぐる社会経済的要因と法的要因がある。そしてこれが，国際結婚のジェンダー的偏りの原因ともなっている。以下では，日本人男性と女性，それぞれにとっての国際結婚の意味づけを考えていきたい。結論を先取りすれば，「上昇婚のグローバル化」が進んだのである。

国際結婚の社会経済的要因：特に男性にとって

1980 年代を振り返ってみよう。経済的要因としては，1985 年に行われた日米のプラザ合意にもとづく円高傾向がある。海外旅行は低価格化し，近隣諸国の人々にとっては日本で働き日本円を稼ぐことが魅力的なものとなった。この時代，日本から海外への旅行者が増え，海外から日本への旅行者および出稼ぎ労働者が増えた。日本各地で外国人女性，とくに，「興行」の在留資格で来日し半年間働くフィリピン人女性が増え，彼女らと客の日本人男性との間の国際結婚が急増する（第 6，8 章参照）。

一方，1980 年代の終わりには，現在の人口減少の予兆として「嫁不足」の問題が浮上した。当時，農村には若い男性が多くいたが，結婚相手となる女性は少ない。ならば，海外から嫁いでもらおうというものだ。こうして，村や町の役場が主導で「農村花嫁」が迎えられ，その後も特に東日本でアジア人女性の結婚移住が続く（落合・リーリャウ・石川 2007: 306）。しだいに，行政主導で

はなく仲介業者による国際結婚が一般化した（賽漢卓娜 2011: 95; 郝 2012: 231）。当時，女性週刊誌でも取り上げられたほど，農村花嫁たちには好奇の目が向けられたが，それから20年余が過ぎ，彼女らにはすでに孫が生まれている（2010年11月，東北地方での聞き取り）。

　また，経済学者の安里和晃は，農村世帯の国際結婚をケア人材確保の側面から解釈している。すなわち，当時の日本では，高齢者介護は通常，家族の誰かが担うものであった。だからこそ，農地等の家産を継ぐ次世代を産み，家事・介護といった再生産労働の担い手となる「嫁」の確保が重要視され，日本人がだめならば外国から「嫁」を，との論理が受け入れられたのだという（安里 2014: 637）。たしかに，日本で介護保険が導入されたのは2000年なので，農村で嫁不足が深刻化する1980年代末は在宅介護サービスなどもなく，介護の人手（＝嫁）不足が各世帯にとって喫緊の課題だったのだろう。当時の日本の農村男性にとって，アジア人女性との国際結婚は，「足りない何か＝女性」を補うためのものだった。

上昇経路としての国際結婚：特に女性にとって

　一方，日本人女性にとっての国際結婚は，「もう一つの何か＝上昇経路」を求めてのものだったといえよう。

　1986年の男女雇用機会均等法施行により女性の社会進出が進み，安定雇用と収入は男性だけのものではなくなった。すると，どうなるか。社会的地位が上昇した女性たちは，日本人同士の結婚で「上昇婚（ハイパガミー）」を実現する機会が減少する。「自分より上」の男性が相対的に減るからである。その結果，イメージとして「上位にいるようにみえる」白人の外国人男性との結婚が価値づけられ，「グローバルな上昇婚」（嘉本 2008: 29）が魅力となった。

　また，海外留学やワーキングホリデーで現地に滞在するなかで外国人男性と知り合い，「結果的に」結婚移住者となるケースも増えた。社会学者の濱野健は，オーストラリアの日本人女性移民を「移住地での生活に価値を置く消費志向型移住」と呼んでいる（濱野 2014: 150）。

　また，これは法的整備とも関わる。1985年に日本の国籍法が改正され，子どもの日本国籍取得が父系主義（父親の国籍を子どもが継ぐ）から男女両系主義（両親のどちらかの国籍を継ぐ）となった。この直接的影響を受けたのは，外国人（在日韓国・朝鮮人を含む）男性と結婚した日本人女性たちである。かつて国籍

法が父系主義の時代は，このような国際結婚家庭で生まれる子どもたちは日本国籍が取得できなかった。改正国籍法により，子どもたちは日本国籍も取得できるようになり，女性たちは安心して国際結婚し，海外あるいは日本で子育てをすることができるようになった。わが子の日本国籍取得は，国際結婚による日本社会からの「離脱感」あるいは「疎外感」を和らげた。

女性の移動形態としての国際結婚

「グローバルな上昇婚」は国際結婚のキーワードの一つといえそうだ。つまり，結婚により地理的に移動する結婚移民の大半は女性で，当然ながら，移動にはリスク（家族・友人との別れ，社会的地位の一時的喪失）がともなう。そのため，縁組は常に「女性にとって移動する価値があるかどうか」が問われるのである。したがって，日本という先進国で「嫁」を迎える男性のもとには，より貧しい国から女性がやって来る。逆に，日本という先進国を離れて「嫁」になる日本人女性は，さらなる上昇婚の目的地を必要とする。そして，日本人女性にとっての目的地の一つが，結婚相手国第2位のアメリカ合衆国なのだろう。

とはいえ，すべての縁組を経済的要因だけで説明するのも無理があろう。上述の「農村花嫁」のなかには早々に離婚し，帰国した人もいた。国際結婚をした日本人女性たちも，後述するように，子どもの教育目的で第三国に移住したり，離婚したり，子どもを連れて帰国したりする人がいる。家族のグローバル化のありようもまた多様なのだ。

3 「分割」される家族

国境を越える母子世帯

「家族のグローバル化」は，日本人夫婦からなる家族にも及ぶ。数のうえではまだ少ないが，日本の教育および学歴社会に疑問を投げかけているということから，この兆候は重要だと考えられる。近年，「グローバル人材」への注目が高まっている。日本の人口減少にともなう国内市場の縮小が企業の海外進出に拍車をかけており，教育界でも，この時代に合った人材の育成が求められている。日本では2011年から小学校高学年での英語教育が始まったが，今後はさらに低学年からの英語教育が検討されている。2010年に一般社団法人保育

英語検定協会が設置され，幼稚園教諭あるいは保育士を対象とした「幼児教育・保育英語検定（幼保英検）」が始まった（幼児教育保育英語検定ウェブサイト）。乳幼児からの英語教育も需要が高まっている。

　また，海外の高校で2年（大学により要件は異なる）以上，教育を受けた生徒は，日本の大学へより入りやすくなっている。いわゆる帰国生に入試で特別枠を用意する大学は増えている。2022年現在，その数は347大学（短大を含む）にのぼる（海外子女教育振興財団2022）。その29年前にあたる1993年は，228大学（海外子女教育振興財団1994）だったので，この間に119大学の増加となった。

　先に，アメリカ合衆国を「上昇婚の目的地」と書いたが，結婚に限らず，英語圏の先進国であるアメリカは子どもたちをもひきつける。ネイティブ同様に英語を話し，アメリカで大学を卒業すると，世界規模の企業社会で役立つ「グローバルな文化資本」（学歴と人脈）が得られると期待されるからだ。もちろん，すべての人々にその結果が約束されるわけではないが，その「期待」は人を動かす。このような目的で日本から海外へ移動する母子世帯が近年，目立っている。

　国際結婚は単身女性の移動により家族が「形成」されるのに対し，教育を目的とした母子世帯の移動は，家族の「分割」をともなう。つまり，企業の海外駐在員として赴任する場合を除けば，夫婦と子どもという核家族の世帯単位で海外移住するには家計の担い手の転職というリスクがともなう。したがって，夫が日本で経営者あるいは安定職に就いている場合，子どもの教育を目的として母子だけが海外へ移住するという選択肢もあるというわけだ。

英語圏へのライフスタイル移民

　富裕層の母子が早期の海外留学を選択し，その結果，子どもの海外経験が帰国後にエリートコースへの迂回路になることがよくある。このような世帯の分割と母子の移動は，社会的地位を得ることを目的とした「教育移民」として研究されてきた（Chee 2003ほか）。しかし，近年の日本からの移住者の特徴は，一緒に移動する母親自身も海外生活を好むという点にある。

　社会学者の長友淳は，1990年代以降のオーストラリアへの日本人移民を「ライフスタイル移民」と表現している。ライフスタイル移民とは，「生活のより良いありかた（better way of life）を重視して移住する」人々と定義される

（Benson and O'Reilly 2009: 3）。長友によると，1980 年代までの日本人移民は退職者等，年齢層が高かったのに対し，1990 年代中期以降は，①比較的若く，②中間層出身で移住に経済的必然性がなく，③移住が理想の人生やライフスタイルをかなえる「手段」となる人々が増えたという（長友 2013: 13）。さらには，在豪日本人コミュニティのなかには，オーストラリア人男性と離婚後に同国へとどまる日本人母子世帯が含まれる。その理由として，教育環境，気楽なライフスタイル，現地での充実した社会保障と職業的安定，男女平等的価値観が挙げられている（長友 2013: 229-31）。

　「ライフスタイル移民」に教育移民的要素が加わったのが，ハワイへの母子移住である。ハワイで暮らす日本人母子世帯の母親にインタビューを行った教育社会学者の五十嵐洋己は，その移住動機を「子どもがグローバルな文化資本を得ること」と「子どものウェルビーイング（幸福）」としている（Igarashi 2014: 9）。既存研究と比較すれば，かつてのアジアからの「教育移民」が母親の「犠牲」（自身がキャリア職を捨てるなど）をともなうのに対し，日本人母は，日本での受験戦争から逃れ，自身もハワイでの男女平等主義的でゆったりとした生活を楽しむことを重視する。

　こうした「親子留学」は比較的富裕層の選択と考えられてきたが，ミドルクラス世帯にも広がりつつある。花岡めうみは，サラリーマンの夫を日本に残して子ども 2 人とマレーシアへ移住して子どもたちを現地のインターナショナルスクールに入れた。この体験をつづった著書で，マレーシア移住のメリットを「①（子どもが）世界を舞台に活躍する強い日本人になれる，②（家事労働者を安価に雇えることで）自分だけの時間を手に入れることができる，③ PTA，茶話会，ママ友戦争がない」とまとめている。当初はハワイへの移住を考えたが，生活費と学費が高いため，次善策として東南アジアを考えたという（花岡 2014）。

　やはり，英語で教育を受けることへの価値づけは大きい。単身でグアムに留学した日本人高校生に聞き取りをした教育社会学者の芝野淳一は，彼（女）らにとってのグアム留学は「セカンドチャンス」だと表現する。日本での高校生活を何らかの理由で中断しても，留学仲介業者を通じてグアムへ渡り，十分な英語運用能力をつけて卒業することができれば，その先には日本での「帰国子女枠での大学進学」が待っている（芝野 2013: 90）。それは大きなインセンティブになりうる。上記のハワイ移住の日本人母も，わが子が帰国子女枠を利用し

て日本の有名大学へ進学したり，日英バイリンガルで活躍する将来を思い描く
だろう。英語圏への母子移住には希望があるのだ。

イスラームの教育移民

　他方，英語教育だけでなく，宗教的な価値づけから海外移住を選ぶケースが
ある。国際結婚家庭のイスラーム教育移民である。本章の前半で取り上げた
「国際結婚」により「形成」された家庭が，その何年か後には「分割」される
という事例だ。社会学者の竹下修子によると，バングラデシュ，パキスタン，
イランなど，イスラーム圏出身の単身男性による日本への出稼ぎが発端となり，
イスラーム圏出身の男性と日本人女性との婚姻件数が 1990 年代から増えた。
2000 年代にはその子どもたちが学齢期に入り，イスラームの教育が最大の問
題になっているという。子どもたちを日本の公立学校に通わせると，食事，服
装，男女関係が「日本化」せざるをえず，世俗化を嫌う父親は母子をイスラー
ム圏へと移住させる。しかしその移住先は，父親の母国ではなく，アラブ首長
国連邦のシャルジャだという。

　竹下の調査対象となった国際結婚家庭の外国人夫（父親）たちは日本で中古
車輸出業を営んでおり，アラブ首長国連邦のドバイやシャルジャにビジネス拠
点をつくり兄弟に経営を任せている。すなわち，母子の移住先のシャルジャに
は夫の親族ネットワークがある。そこで子どもを現地の学校に入れ，自然に英
語を習得させイスラームの価値観を学ばせる。竹下は，「日本とシャルジャを
結ぶ親族ネットワーク・ビジネスネットワーク，およびシャルジャ移住後に形
成された日本人ムスリマ・ネットワークといった社会関係資本を活用した教育
戦略を展開しており，かつトランスナショナルな社会空間を視野に入れた教育
戦略が展開されている」と評価する一方，「いつかは家族揃って住めるように
という希望を抱きながら，しかしそれがどの国なのか未確定の状態で国境を越
えた家族が形成されている」と指摘している（竹下 2007: 83-6）。

「原発避難」の海外移住

　これに対し，少し趣が違うのが，「原発避難」とも呼べる母子の海外移住で
ある。2011 年 3 月 11 日の東日本大震災による福島第一原子力発電所の事故で，
関東地方までが放射能汚染に見舞われた。その後，被災地在住者だけでなく首
都圏在住者も「安全な食料と水と空気を求めて」西日本へと避難している（宝

田 2012: 267-8)。その延長で，日本人が永住権を取得しやすいフィリピンやパラグアイへ移住する母子世帯があった。

フィリピンで移住希望者の相談に乗る元企業駐在員の志賀和民によると，震災後，母子世帯の問い合わせがあいついでいたという。志賀は「2013年からフィリピンの教育制度が変わって6・4・2制と国際基準になり，現地のハイスクール卒業後に日本の大学へ進学できる」と勧めている（志賀和民「フィリピン「疎開」のすすめ──子どもを国際人に育てたいならフィリピンへ！」『橘玲×Zai Online　海外投資の歩き方』2013年5月7日）。

南米・パラグアイの事例も興味深い。同国は1959年，日本との間で移住協定を結び，広島県や高知県からの農業移民を受け入れた。国内各地に日本人移住地があり日本語が通じる。その一つ，イグアス移住地には2012年だけですでに5人の新来移住者があった。Aさん（女性）は東京で整骨院を営んでおり，「日本は地震大国で日本中に原発が散らばっている。（中略）将来を考えたら，今のうちに海外へ移るほうが良い」と判断し，整骨院の同僚家族とともにパラグアイへの移住を決めたという（「3・11以後の新移住者＝パラグアイのイグアスへ『放射能汚染が怖い』，素晴らしい移住地に感謝」『ニッケイ新聞』2013年5月20日）。パラグアイの場合は，既存の日本人コミュニティが彼（女）ら新来者の受け皿となったことは間違いない。

グローバル化する家族の背景

次世代を担う子どもにはさらなる付加価値をとの思いが，母子を英語教育の地へと動かし，かたや稼ぎ手は日本に留まり母子へ送金する。伝統的な連鎖移動（単身男性の妻子呼び寄せ）とは異なる現象が起きているのである。

ハワイ，マレーシアとシャルジャの事例はともに「稼ぎ手の夫が日本に残り，母子へ送金する」という性別役割分業が成り立っており，この意味では「近代家族」の慣習が続いている。「逆・単身赴任」あるいは近代家族のグローバルな展開ともいえよう。

この背景には，日本の教育に疑問をもったり，その学歴社会に生きづらさを感じる人が増えたことがあるだろう。また，在日外国人および国際結婚が増加した結果，多様な文化的背景をもつ人々との接触が増え，海外移住への心理的ハードルが下がったこと，そして物理的距離を克服するための道具としてのインターネットによる情報の低コスト化があることが指摘できる。業者仲介によ

る国際結婚を例にとれば，業者はウェブサイトをもっており，そこから好みの女性を選んでお見合いを申し込める。恋愛結婚においても，交際期間中はスカイプやZoom等のビデオ通話を使えば無料で顔を見ながら話ができるし，互いのフェイスブックをチェックすれば日々の生活がわかる。また，近年は国際結婚に関するトランスナショナルなデータベース構築がなされており（濱野2013:98），結婚手続きや移住後の生活についてある程度の見通しをもつことができる。母子移住者にとっても，海外移住に関する数多くの情報提供サイトを熟読し比較検討することで移住のリスクを軽減することができる。

　さらには，海外送金の低コスト化も見逃せない。1990年代ならば，海外送金は銀行の窓口業務であり，1回あたり数千円の手数料がかかった。それが，現在ではコンビニエンスストアのATMから500円で送金できる。銀行以外の送金ビジネス「資金移動業」が2010年に解禁されたからだ（「送金サービス急拡大　規制緩和で『銀行』以外が攻勢　ビジネス多様化進む」『日本経済新聞』2013年10月14日朝刊）。国際電話や海外送金といった「海外居住のためのインフラ」が，2000年代に入って次々と規制緩和の対象となり，「国境を超えた家族の維持」がより低コストになっている。

4 家族のグローバル化への介入

　家族が個人化し離散するための便利な道具が揃った現在，これから「家族」という単位はどうなるのだろう。山田は，近代家族に含まれていた諸機能（生活の責任，弱者のケア，親密的関係）を分解し，それらを家族から切り離すことが進むと「行き着くところは，家族の消滅論」だという（山田 2014: 655）。たしかにそうかもしれない。かたや，あたかも家族のグローバル化と国境を超えた家族の離散に「待った」をかけるかのように，国内外の法が変わってきた。ここでは，2008年の国籍法改正と，2014年に日本が締結したハーグ条約について言及したい。

国籍法改正
　2008年の国籍法改正により，国際婚外子に日本国籍取得の道が開かれた。国籍付与の前提が生地主義（生まれた場所の国籍を得る）ではなく，血統主義

（親の国籍を子が継ぐ）なのは依然として変わらないが，認知が出生前でも後でも日本国籍取得可能となった（Column ⑧参照）。また，2013 年には相続の非嫡出子差別に最高裁違憲判決が出された。近年になり，彼（女）らに国籍取得，日本での居住と教育権，相続権があいついで発生したことになる。

その結果として「日本人」が増加した。2009 年 1 月から 2013 年 6 月までに 4417 人が新たに日本国籍を取得している（法務省ウェブサイト）。日本人男性が海外駐在中に，あるいは日本に出稼ぎに来た外国人女性と男性客との間で，多くの婚外子が生まれた。時を経てその子どもたちが国籍を取得し，近年はフィリピンから母子単位での来日があいつぎ，母親は介護施設や食品加工工場で働いている（高畑 2013: 953-56）。

ハーグ条約締結

国際離婚の増加にともない，その後の面会と親子関係のありかたが問われるようになった。「国際的な子の奪取の民事上の側面に関する条約（ハーグ条約）」は，2013 年 5 月に国会で条約締結が承認され，同 6 月実施法案が成立，2014 年 4 月には条約締結がなされ発効した。日本は 91 番目の締約国となり，2022 年 11 月現在，締約国は 103 カ国にのぼる。

ハーグ条約にもとづく子の返還申し立ての端緒となる一例が，海外在住の国際結婚夫婦が離婚成立前に，日本人母が子を連れて日本へ帰国するというものである。発効以来 2023 年 1 月までに，日本から外国への子の返還が求められた事案のうち 114 件について子の返還の可否が確定した。また，外国から日本への子の返還が求められた事案では，93 件が結論にいたっている（外務省ウェブサイト）。

海外在住の日本人夫婦や，在日の国際結婚夫婦にもハーグ条約は適用される。子どもの連れ去り元と連れ去り先の両国がハーグ条約締約国であれば，条約にもとづき，両国の中央当局が仲介，支援をして子どもを元いた国に戻すことになる。しかし，同条約の運用には十分な注意が必要であろう。

在日外国人支援団体のネットワーク「移住労働者と連帯する全国ネットワーク」は，条約締結前の 2013 年 4 月，衆議院法務委員会に対して「ハーグ条約実施法案に関する要望書」を提出した。そこでは，過去の支援経験にもとづき，「国際結婚等の破たんにより子どもを連れて国境を越える女性たちの多くは，夫から DV（家庭内暴力）や子どもの虐待等のやむを得ない事情を抱えて逃げて

いるケース」であるとし，日本が締約国になると「とりわけ DV 被害女性や虐待を受けた子の利益を著しく損なう深刻な懸念がある」としている（移住労働者と連帯する全国ネットワーク 2013: 14）。

　移住女性支援団体『カラカサン』共同代表の山岸素子が指摘したように，在日の国際結婚家庭で DV などの問題があった場合，子どもを連れて一時的に母国へ帰り，家族からの精神的なサポートを得てきた女性は少なくない。しかし，条約締結後は父親の同意なしに母親が子どもを連れて母国に帰省すれば「違法な連れ去り」とされる。その後に離婚や親権等を裁判で争えば，子どもの連れ去りはマイナス要因にもなるだろう。現在でさえ弱い立場にある移住女性と子どもの権利が，ハーグ条約締結によりさらに後退することが懸念される（山岸2014: 34）。

グローバル化した家族へ介入する法と条約

　「国籍法改正」と「ハーグ条約締結」は，いずれも国際的に離散している（いた）家族の再構成を促すという点が共通している。

　国籍法改正により，日本人父から遺棄され海外に居住していた婚外子が生後認知により来日可能となる。子どもが就学年齢ならば，外国人母も養育者として来日・定住が可能だ。これは国際婚外子の権利拡大と解釈できよう。同時に，「日本人」の定義を広げ，結果的に「日本人」を増やすことともなる。他方，認知する人とされる人の間に DNA 鑑定が求められないことから偽装認知の可能性は否定できず，『『認知の悪用』がそのまま通用してしまう」との懸念も提起されている（百地 2009: 125）。しかし，民法上の運用原則を考慮すれば，性善説で進めるのが筋であろう。

　また，ハーグ条約は，連れ去られた子を元の居住国に戻し，国境を越えた親子の面会交流を保証するものである。私的領域（夫婦および子どもとの同居／別居）に国家が介入している。そこで「望ましさ」の前提とされているのは，離婚後は共同親権で，子どもが両親の間を往来するという，欧米型の近代家族（核家族）の居住形態である。離婚後は母親が子どもの親権をもち養育する場合が多い日本では，ハーグ条約の「原則」には違和感があろう。「望ましさ」と「現実」が引き裂いた 1 枚の布を，条約という糸で多少無理にでも縫い合わせようとしている。家族のグローバル化により，必然的に家族規範も変容を迫られている。

5 グローバル化する家族とその課題

　さて，近代家族がこれまで個人化し多様化したこと，グローバル化により
「形成」され「分割」されながら多地点で暮らす家族が出現していることは事
例で明らかになったと思う。最後に，①グローバル化にともなう家族の多様化
は個人を「自由」にしたのか，②家族という単位が今後また求心力をもつ可能
性はあるのか，の2点について考察しながら本章のむすびとしたい。

　第一に，個人の自由について。日本人にとっての国際結婚は，かつては女性
が多かったのが，1980年代以降は男性が多くなるという変遷をみせた。この
背景には日本の経済および雇用環境の変化（男性の不安定就労の増大）があり，
一方で女性が社会進出を果たしつつも「上昇婚」へのこだわりを持ち続けた，
いわば「家族」という私的領域のつくり方への個々人の志向性は，意外と保守
的であることを示すのかもしれない。あるいは，「非婚化」がさらに進む現在，
国際結婚というよりも全体的に「結婚」に対する関心が薄れているのだろうか。

　また，ハワイでの教育／ライフスタイル移民あるいはフィリピンやパラグア
イへの「原発避難」移住といった母子単位での海外移住は，女性が意思決定者
となる移動の活発化を象徴するものである。一見，大変に「自由」で「幸せ」
な海外生活のようにみえるが，それは十分な貯えや日本にいる稼ぎ手からの送
金がある，または海外移住後もリモートワークで十分な収入が見込めるからこ
そ可能となる。芝野（2013）や先に紹介した志賀（2013）が指摘したとおり，
子どもが英語圏（あるいは非英語圏のインターナショナルスクール）で高校を卒業
し，帰国生枠で日本の有名大学へ入るという「セカンドチャンス」あるいは
「教育的成功の道筋」がみえているからこそ，その道をたどらせようとして彼
（女）らは母子単位の海外移住に踏み切ることができる。日本社会のしがらみ
から一時的には「自由」になりつつ，近代家族的な性別役割分業（稼ぎ手とし
ての夫）を保ち，かつ日本の学歴社会にもしばられているともいえよう。

　第二に，家族はまた社会の単位として求心力をもつのかという点。Zoom等
のビデオ通話の普及で，遠距離でも家族間のコミュニケーション維持がより容
易となったものの，多地点で暮らす家族は，常に離散の危険性をともなう。教
育移民の結末は必ずしも成功物語ばかりではない（芝野 2013: 91-2）。また，ハ

ワイに渡った日本人母子には，離婚間近あるいはその準備中という家庭も少なくない（Igarashi 2014: 7）。ハーグ条約は日本人同士の家庭にも適用されるので，将来的には，海外移住した日本人母と日本に残った日本人父との間での子どもの連れ去り／引き渡しのトラブル仲裁も出てくるだろう。「家族」という単位は常に流動性と可変性に富むからこそ，急速に多様化，個人化，国際化してゆく家族を，法が追いかけて「どこかの国に所属する，単位としての家族」を保たせようとしているかのように見える。

　したがって，冒頭の問いに返ると，「家族は個人化・多様化しているものの近代家族的志向性は存続しており，個人は常に国家および国内外の法にしばられるとともに，新たに出現した『グローバル社会』に適合的な人材となる／人材を育てることが課せられている」と結論づけられる。個人は自由になったというよりは，「取り組むべき宿題が増えた」と筆者は考えている。

　今後は，子どもの福祉を中心的価値として，いかに国家あるいは国際社会が「家族」を守れるかが問われる時代，そして子どもおよび家族としての人権の概念がより重要性をもつ時代となる。本章の冒頭では，グローバルな家庭に育って活躍する若者たちの事例を紹介した。しかし，彼（女）らが芸能界やスポーツ界で活躍するにともない，残念なことに，彼（女）らのSNS等には「日本人に見えない」等の心無いダイレクトメールが届くという。彼（女）らには，スポットライトと言葉の刃が同時に向けられている。本章では，大人の視点からの解釈・分析となったが，同じテーマを当事者である国際結婚あるいはライフスタイル／教育移民の子どもたちはどう解釈しているのだろうか。ぜひ問うてみたい。

　また，本章では若年層から中年層の「家族」に焦点を当てたが，高齢者にとっての「家族のグローバル化」という課題もある。日本人夫婦が退職後に海外移住したり，日本人夫が退職後に外国人妻の国へ移住したり，在日外国人が高齢化して異文化間介護の問題が出るという状況がある。これも今後の日本社会にとって大きなテーマとなるだろう。

　国際結婚にともない，本人あるいは子どもの国籍が変わることがある。1985年の国籍法改正で日本国籍の取得が父系主義（父親の国籍を子どもが継ぐ）から両系主義となり，親のどちらかが日本国籍をもっていれば，子どもも日本国籍をとれるようになった。ただし，血統主義の原則はそのままで，アメリカなどがとる生地主義（領土内で生まれた子どもに国籍を与える）とは異なる。さらには，両系主義となった国籍法にもいくつか問題があった。

　第一に，国際婚外子の日本国籍取得である。1980年代後半から増加したアジア出身の単身女性労働者と日本人男性との間に婚外子が誕生した。しかし，当時は胎児認知（出生前に役所で認知届を出す）をしなければ日本国籍が取得できなかった。こうした国際婚外子の増加にともない，生後認知による日本国籍取得を求める声があがった。当事者が民事訴訟を提起し，「認知の時期により日本国籍取得の可否が決まるのは法の下の平等に反する」と訴え，2008年の最高裁判決で認められた。翌2009年に施行された改正国籍法では，生後認知により日本国籍を得られるようになっている。

　第二に，成人二重国籍の問題である。現行の国籍法は成人二重国籍を認めていない。外国人男性と結婚して相手の国に移住しても日本国籍を保持する日本人女性が増えた。ここにはジェンダー平等の意識が反映されているといえよう。しかし，何らかの事情で相手国への帰化が必要になれば，現行法では日本国籍を喪失してしまう。また，国際結婚家庭に生まれた子どもは，出生時に二重国籍となっても，20歳になるまでにどちらかの国籍を選択しなければならない。老後は日本で暮らしたいという女性もいるだろうし，母親の国である日本との縁を保ちたいという子どもたちもいる。1979年に発足した当事者グループ「国際結婚を考える会」では，2004年から「二重国籍の請願活動」を行い，法務大臣に何度も要望書を提出している。

　外国人の配偶者あるいは親をもって初めて意識するのが国籍の問題だ。いずれも当事者による訴訟や請願活動が国を動かしてきた。生活の場と所属意識が複数国にわたる人が増える時代，日本では成人二重国籍の容認が次なる課題となっている。

第**6**章
グローバル化のなかの福祉社会

福祉は誰のものか？

　2014年7月18日，最高裁は，永住外国人の生活保護をめぐって「外国人は生活保護法の対象ではない」という判決を示した（『朝日新聞』2014年7月19日）。これを受けて，インターネットでは，最高裁の判断を「歓迎」「支持」する書き込みが多数みられた。これらの書き込みは「なぜ税金で外国人に生活保護を支給しないといけないのか」「自分の国になぜ帰らないのか」と，在日外国人に対する生活保護の支給に反対している。このとき投稿者たちは，社会保障は国民の権利である，ということを揺るぎのない前提とする一方で，外国人も日本人と同じく納税者であることについては一顧だにしなかったようである。しかし，人の移動が活発化し多くの国で移民が暮らすようになっている今日，この前提は「正しい」ものとして通用するものなのだろうか。そもそもグローバル化が進む今日，これまで一国単位で成り立ってきた福祉は，どのように変容しているのだろうか。本章では，それらの問いについてみていこう。

1 移民の社会的権利

「国民の権利」としての生活保護？

　最高裁の判決を理解するためにも，まずは，生活保護法とその外国人への運用の歴史的展開についてみておこう。1950年に制定された現在の生活保護法は，日本国憲法第25条「すべて国民は，健康で文化的な最低限度の生活を営む権利を有する」にもとづき，「国民の権利」としての生存権を実現する制度として生活保護を位置づけた。これは，生存権を初めて権利として位置づけたという点で日本における公的扶助制度の歴史において画期的なものとされてい

る。1946年に制定された旧生活保護法にいたるまで，生存権は権利としては
位置づけられていなかったからである。一方で，旧生活保護法においては外国
人も法の対象とされていたが，現行の生活保護法はその対象を国民に限定した。
つまり権利である以上は，国民以外の外国人には認められない，ということに
なったのである（小山 1992）。ただしこの点は，当時においても旧法からの
「一歩後退」であり，社会保障の内外人平等の原則を含む「国際連合憲章及び
国際〈世界〉人権宣言との関係において研究さるべき問題」と認識されていた
（小山 1992: 85-96。〈 〉内は引用者）。

　その後，1952年のサンフランシスコ講和条約発効を前にして，旧植民地出
身者は，それまで有していた日本国籍を喪失し外国籍になったが，その多くを
占めた朝鮮人は，当時貧困に苦しんでいた。こうした状況を背景に，54年に
厚生省（当時）はあらためて通達を出し，生活に困窮する外国人への準用とい
う方針を確認した。ここで「準用」とは，外国人は法の対象ではないが，困窮
している者については日本人に準じて必要な保護を行ってよいということであ
る。ただしこれは，権利にもとづくものではないという位置づけなので，外国
人に不服申立の権利は認められていない。

　のちにみるように，1980年前後の国際人権規約や難民条約の批准・加入に
あわせ，政府は，さまざまな社会保障に関する法改正や運用の変更を行ったが，
生活保護法については，すでに「実質的に内外人同じ取り扱いで実施」（1981
年5月27日，国会における政府答弁）しているとして，法改正を行わなかった。
一方，1990年に，アジアなどからの出稼ぎ労働者の急増を受けて厚生省（当
時）は，口頭指示によって生活保護の対象を，永住者や日本人の配偶者など一
定の範囲の外国人に狭めた。これは，権利にもとづかない外国人の生活保護が，
行政の方針次第でいかに簡単に変更されるのかを示している。つまり生活保護
は，「内外人同じ取り扱い」では決してないのである。

　以上のように，これまで政府は外国人の生活保護について，権利としてでは
なく準用として対応してきたが，冒頭にみた最高裁判決は，そうした政府の方
針を追認するものである。それゆえ判決後も，外国人の生活保護の準用という
方針が変わるわけではない。

　このように，政府や裁判所は，憲法第25条が「国民の権利」であることを
根拠に，生活保護法の対象を国民に限定してきた。しかし一方で，「国民は，
法律の定めるところにより，納税の義務を負ふ」という憲法第30条の「国

民」は，外国人も含むと解釈してきた。つまり在日外国人は，納税の義務はあるが，生存権という権利は保障されていない，ということになる。この点を踏まえれば「なぜ税金で外国人に生活保護を支給しないといけないのか」よりは「なぜ外国人は税金を払っているにもかかわらず，生存権が認められないのか」と問うべきではないだろうか。このようにいうと，では「自分の国に帰ればいいのではないか」という人もいるかもしれない。しかし今回の裁判の原告だった在日中国人女性は，日本生まれの日本育ちだ。つまり国籍国と生活の本拠は異なっている。このような場合，国籍国を「自分の国」と決めることはできるだろうか。そして現実には，この女性のように，国籍国と生活の本拠が異なるケースは珍しいことではない。まず日本の国籍法は血統主義なので，原告女性のように，外国籍の両親から生まれた子どもは，日本生まれであっても外国籍になる。その子が，日本でずっと生活した場合は，帰化しないかぎり国籍国と生活の本拠が異なってくるだろう。また外国生まれの移住一世であっても，日本で社会関係を築き，生活の本拠が日本となっている人々も少なくない。こうした現状は，日本にいる移民にかぎらない。自分の国籍国を離れて海外で生活をする人々が，地球上で２億人以上にのぼるといわれている今日，彼らにとっての「自分の国」は必ずしも国籍国とはかぎらないのである。

シティズンシップからデニズンの権利へ

　前項でみたように，政府や裁判所は，憲法第25条に規定された生存権を国民の権利としている。このとき生存権は，国家の成員すなわち国民というメンバーシップにもとづく権利として位置づけられている。このように，生存権をメンバーシップと結びつけて論じたのは，イギリスの社会学者 T. H. マーシャルである。マーシャルは，生存権にあたるものを「社会的権利」と呼び，それをシティズンシップの一部として位置づけた。彼によると，シティズンシップとは「ある共同社会の完全な成員である人びとに与えられた地位身分」であり，その地位身分をもつ人々は「権利と義務において平等である」とした（マーシャル／ボットモア 1993: 37）。そのうえで，シティズンシップを，人身の自由，言論・思想・信条の自由，所有権など個人の自由を保障する公民的権利，選挙権に代表される政治的権利，教育，医療，年金などが保障される社会的権利に区分している（第１章参照）。

　マーシャルは，このなかで社会的権利が，資本主義社会における階級的不平

等を解消し，メンバーの実質的な平等を可能にするものと考えた。それゆえ人々は，社会的権利を通じて，同じ社会のメンバーであるという感覚をもつことができるという。つまり社会的権利は，人々の福祉を保障すると同時に，社会的な連帯の基礎ともなるのである。ただしマーシャルがいう「共同社会」とは当時，国民国家を意味しており，その成員とは国民のことを指していた。つまりシティズンシップは国民の地位のことだったのである。実際，福祉国家は，西欧では20世紀半ばまでに確立したとされるが，その当初，社会的権利は国民の権利とみなされていた。

　しかし1970～80年代にかけて，西欧では，移民の定住化が進むなかで社会的権利（および一部の政治的権利）が彼らにも認められるようになっていった。戦後，急速な経済発展のなか人手不足に直面した西欧諸国は，移民労働者の導入を行ったが，1973年のオイル・ショックとそれにともなう経済不況に直面し，多くの国々で移民労働者の新規受け入れを中止した（カースルズ／ミラー 2011）。この結果，彼らの多くは帰国を思いとどまり，家族を呼び寄せこれらの国々に定住することになった。こうして帰化することなく定住化するようになった移民は「デニズン」（定住外国人）と呼ばれるが（ハンマー 1999），彼らには，居住要件にもとづき社会的権利や一部の政治的権利が認められるようになった。つまりいまや，これらの権利は，住民の権利として位置づけられているのである。また国際レベルでも，1966年に国連で国際人権規約が採択され，1976年に発効した。そのうち「経済的，社会的及び文化的権利に関する国際規約（社会権規約，またはA規約ともいう）」は，社会保障は内外人平等の権利であると位置づけている。

日本における「住民の権利」としての社会的権利

　このような，社会保障の内外人平等という考え方は，日本でも取り入れられるようになった。たとえば，1950年代末に制定された国民年金法や国民健康保険法は，当初国民のみを対象にしていたが，70年代頃から在日コリアンらによる民族差別を撤廃する運動のなかでこれらの在日外国人への適用を求める声が高まり，自治体によってはこれが認められていった（田中 2013: 162-74）。その後，1979年の国際人権規約の批准や82年の難民条約の加入という「外圧」の影響によって，日本政府は，いよいよ社会的権利の在日外国人への適用を迫られることになった。社会保障の内外人平等を規定したこれらの条約の締

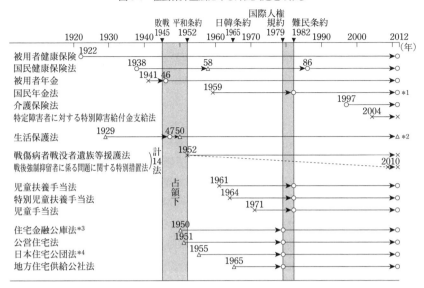

図6-1　社会保障立法にみる外国人処遇の推移

(出所)　田中（2013: 169）を元に作成。
(注)　○印は国籍条項がなく外国人に開放，△は国籍条項はないが運用上外国人を排除，×は国籍条項により外国人を排除。
＊1　国籍条項は撤廃されたが，経過措置が不充分なため無年金者が生まれた。
＊2　外国人への支給は権利としてではなく，恩恵であるとされている。
＊3　2005年，独立行政法人住宅金融支援機構法に移行した。
＊4　1981年，住宅都市整備公団法に，1999年都市基盤整備公団法に，2003年独立行政法人都市再生機構法に移行した。

　結にあたって，政府は，国内法の改正や運用の変更などをせざるをえなくなったのである。

　こうしてまず1979年の国際人権規約の批准をきっかけに公営住宅への入居を外国人にも認めるようになった。その後，難民条約の加入にともない，国民年金法や児童手当法などの改正を行い，国籍要件を撤廃した。つづいて86年には，国民健康保険法も改正し，こちらもようやく在日外国人の加入が認められることになった（図6-1）。このようにして日本でも，社会的権利は，原則として住民の権利として位置づけられるようになった（田中 2013: 172-4）。

2　移民の貧困と社会的排除

生活保護からみえる在日外国人の貧困と社会的排除

　前節でみたように，今日，社会的権利は，原則として定住外国人にも認められるようになっている。しかしこの権利の拡大には実際には積み残しがある。また社会的権利が認められている場合でも，移民やその子どもが経験する貧困や社会的排除に直面するリスクは高い。この点をふたたび，移民の生活保護の実態からみてみよう。一般に，日本社会の代表的な制度的セーフティネットは「雇用（労働）のネット」「社会保険（主に年金や保険）のネット」「公的扶助（主に生活保護）のネット」の3段階に区分できる（湯浅 2008）。このように重層的なセーフティネットのうち，雇用や社会保険のセーフティネットが機能しなかったときに適用される生活保護は「最後のセーフティネット」と呼ばれている。つまり生活保護の受給者とは，雇用や社会保険のセーフティネットから漏れてしまった人ともいえるのである。

　日本全体の生活保護世帯数は2000年代に急増し，2010年代に高止まりの傾向を示しているが，外国籍者を世帯主とする生活保護世帯数も同様の傾向を示し，2020年には4万5638世帯になった（図6-2）。ただしひとくちに外国籍生活保護世帯といっても，その実態はさまざまである。そこで世帯主の国籍と世帯類型別にみると，受給世帯数が多い韓国・朝鮮，フィリピン，中国，ブラジルでは，各世帯類型の占める割合が異なっていることがわかる（図6-3）。具体的には，コリアンは高齢者の割合が6割を超える。ブラジル籍の場合，その他の世帯が多かったが，近年，高齢者の割合が急増し，2018年以降，最も多い世帯類型となった。一方，フィリピン籍は母子世帯の割合が5割以上を占める。そこで，これらの国籍者に着目し，それぞれの貧困の背景について考えてみよう。

在日コリアン高齢者

　コリアンの生活保護世帯の多くは高齢者世帯である。もともと高齢者は，生活保護世帯が多くなる傾向にある。くわえて在日コリアン高齢者には，国民年金から排除されてきたという特有の理由がある。

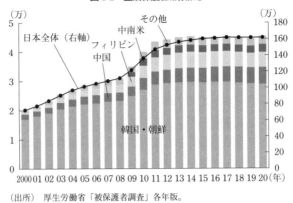

図6-2　生活保護世帯数推移

（出所）　厚生労働省「被保護者調査」各年版。

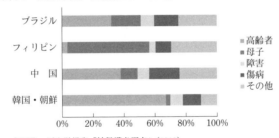

図6-3　世帯主国籍・世帯類型別・外国籍生活保護世帯数（2019年）

（出所）　厚生労働省「被保護者調査」（2019）。

　前節でみたように，難民条約の加入をきっかけとして1982年に国民年金法の国籍要件が撤廃され，外国籍者も同法の対象となった。しかし国民年金は，20歳から60歳のうちに最低25年間（当時）の加入期間がないと受給できなかったので，当時35歳を超えていた人々は受給資格を得られなかった。また当時20歳以上の障害者も障害基礎年金の受給が認められなかった。その後，85年の法改正によって86年の4月に60歳未満の人は受給資格を得られたものの，いわゆる「カラ期間」（加入期間としては算定されるが，支給金額の基準となる年数には含まれない期間）として算定され，また追納措置などの是正策もとれなかったため，高齢であればあるほど年金に加入しても非常に低額しか受給できないことになった。さらに，同年にすでに60歳に達していた人々は完全に無年金となった。なお一般的には，このようにあらかじめ無年金が発生することがわかっている場合は，経過措置がとられる。たとえば，小笠原諸島や沖

縄が「本土復帰」した際の当該地域の住民，中国帰国者，北朝鮮による拉致被害者については，加入できなかった年金について手厚い経過措置や国による支援がなされてきた（田中 2013）。こうした例と比較すると，在日外国人の高齢者や障害者の無年金を解消するための措置はいかにも不十分もしくは欠如していた。それゆえこれは，「住民の権利」とされたはずの国民年金についても，いまだに内外人平等が完全には達成されていないことを示している。

そこで，在日外国人高齢者・障害者の無年金訴訟が各地でなされてきたが，いずれも原告敗訴がつづいた。京都高齢者裁判の原告団長をつとめた在日コリアンの女性は「……原告になったことについては，私も子どもも孫も皆，税金払っていながら，なぜ年金もらえへんのやと，そこから出ました」と口頭弁論で述べていた（中村 2005: 231）。しかしこの疑問は，結局，裁判によっては解かれなかったのである。こうした政府・司法の対応を背景に，少し古いデータだが 2004 年段階で，外国人の無年金高齢者は 3 万 5000 人，障害者は 5000 人と推計されていた（中村 2005）。その後，20 年弱が経ったが問題は解決されたわけではない。というのも，もともと在日コリアンは自営業者が多く，厚生年金と比較して給付額が低い国民年金への加入者が多いうえ，現在の高齢者も，上記の経緯より途中からしか年金に加入できなかったため，その給付額もさらに低額にとどまっていると推察されるからである。すでにみたように，年金という社会保険は，高齢者の暮らしを支える大事なセーフティネットである。しかし在日コリアンの高齢者は，このネットから排除・周縁化されてきた。それが，在日コリアンの高齢者に生活保護受給者が多い背景の一つになっている（庄谷・中山 1997）。

ブラジル籍生活保護世帯

2008 年末のリーマンショックによって，ブラジル人をはじめ南米出身の移住労働者は大量の解雇や雇い止めにあった。当時なされた複数の調査では，彼らの失業率は 26 〜 47% にのぼるほどだった（樋口 2011）。ブラジル人の生活保護世帯が急増したのも，この大量解雇がきっかけである。ブラジル人世帯は夫婦の共稼ぎが多いこともあって，リーマンショック以前は生活保護が少なかった。それが 2009 年より急増し 2011 年には 1532 世帯と 2007 年の約 6.2 倍になった（厚生労働省「被保護者調査」各年版）。ブラジル人を含む南米出身者の多くは，1990 年の改定入管法（出入国管理及び難民認定法）施行にともなって日系

　　国境を越える人の移動が盛んになり，国民国家を超えるさまざまな社会現象が
生まれるとき，普遍的に人間の権利を保障するシステムは不可欠となる。その原
点となるのが，国際人権規約である。

　　1948年12月10日に第3回国連総会で採択された「世界人権宣言」を受けて，
1966年に「経済的，社会的及び文化的権利に関する国際規約」（社会権規約，い
わゆるA規約）と「市民的及び政治的権利に関する国際規約」（自由権規約，い
わゆるB規約）が，国際人権規約として第21回国連総会において採択された。
具体的には社会権規約は労働基本権，社会保障，教育および文化活動に関する権
利を，自由権規約は生命に対する権利，身体の自由，表現の自由，裁判を受ける
権利，参政権，平等権，少数民族の権利などを定めている。法的拘束力をもたな
かった世界人権宣言に対して，国際人権規約は各国からの報告を専門委員会が検
討し勧告を行うことができる。また，国家の枠を超えて個人が権利侵害を訴える
ことが可能であるが，1979年に両規約を批准した日本は，個人通報を認める選
択議定書にはいずれも加入していない（2023年現在）。

三世にまで認められた比較的安定した在留資格をもっている。しかし彼らの雇
用の側面に着目すると，その多くは，長年働いても派遣や請負といった非正規
雇用のままだった。この結果，リーマンショック時に企業によって大量に解雇
されてしまった。つまりこのとき明らかになったことは，ブラジル人にとって
雇用のネットがいかに脆弱だったかということである。

　　また，彼らの社会保険のネットも脆弱だった。たとえば，リーマンショック
直前の2007年に静岡県がブラジル人を対象に行った「静岡県外国人労働実態
調査」では，雇用保険の未加入者は全体の43.2%にのぼっていた。ブラジル
人にかぎらず非正規雇用者は雇用保険（失業保険）に入っていないケースがめ
ずらしくない。主にコスト削減のために非正規雇用の労働者を雇う企業にとっ
て，労働者の雇用保険まで「コスト」として削られてしまうのだ。こうして
「失業しやすく雇用のネットからこぼれ落ちやすい非正規労働者ほど，実は社
会保険のネットにも引っかかりにくい」という実態がある（湯浅 2008: 31）。

　　さらにブラジル人の場合，他の社会保険からも排除されがちだった。近年は
以前と比較すると，ブラジル人の保険加入は拡大していると考えられるが，前
述の静岡県調査では，健康保険の未加入率は26.2%，年金は49.0%にのぼっ
ていた。このうち年金未加入の理由としては，「日本の公的年金制度がわから

ない」のほか，「金銭的負担が大きい」が多かった。企業・労働者が支払いを折半する厚生年金の場合，企業としても，企業負担分の一部を給料として従業員に支払った方が都合がよく，非正規雇用のブラジル人にとっても，働いている時点でみれば，年金に加入しない方が時給が高いことになる。つまり短期的にみれば，年金加入は金銭的負担が大きいようにみえる。また，それ以外の未加入の理由である「途中で脱退した場合の一時金が少なすぎる」「加入期間が長すぎる」からは，移民特有の背景があったこともわかる。年金は，前述のように 25 年以上（2017 年 8 月より 10 年以上に短縮）加入しないと受給資格が得られなかったことにくわえ，途中で脱退する場合は，これまで支払ったうちのごく一部しか返金されない。これらの規定は，移動する人々に不利に働き，日本とブラジルの間でトランスナショナルな生活を送るブラジル人の年金加入を抑制する原因となってきた。なお年金制度が一国単位で成り立っていることによる，こうした制度不備は，移動する人々の多くが直面する問題である。そのため各国で，社会保障協定を結び，2 国間で保険期間の通算などを行うようになり，日本とブラジルの間でも 2012 年に協定が締結された。

　このように，在日ブラジル人の場合，雇用のネット，社会保険のネットがそれぞれ脆弱だったことが，リーマンショック以後，生活保護に頼らざるをえない世帯の急増につながった。これは，在日ブラジル人に限った話ではなく非正規雇用労働者一般に共通する状況である。つまり雇用のネット，社会保険のネットが結びついている日本の制度ゆえ，そこで周縁化された層は容易に貧困層に転落しうるのだ。

　さらに近年は，ブラジル人世帯主の生活保護世帯に占める高齢者世帯の割合が急増している。リーマンショック後の 2009 年には生活保護世帯 939 世帯のうち高齢者世帯は 50 世帯（5.3%）だったが，2019 年には 453 世帯（32.0%）になった。この背景には，上述のように，90 年代から 2000 年代にかけて彼らの年金の未加入が放置されてきたため，高齢者になったときに受け取れる年金がないか，あったとしても低額だという実態があると考えられる。在日コリアン高齢者やブラジル人高齢者の貧困は，年金制度からの制度的・実質的排除が一時期だったとしても，その影響は長期に及ぶことを示唆している。

　こうした在日外国人の貧困状況を目の当たりにして，「生活保護に頼らず，ブラジルに帰ればいいのではないか」という疑問も生じるかもしれない。実際，厚生労働省は，リーマンショック時に失業した日系人とその家族の帰国費用を

「支援」する一方で，制度利用者には今後日系人資格での再入国を認めないとする「帰国支援事業」を実施した。しかしこの政策は，日系人のあいだに憤りと悲しみを呼び起こした。「人手不足の時代に日本に呼ばれて来て，ずっと日本人が嫌がる仕事をしてきたのに，失業した途端，片道切符で追い返されるなんて」と受け止められたのである。結局，この再入国禁止規定については批判があいつぎ，2013年に一定の条件のもとで廃止された。一方で，生活の目処がたたなくなり，多くのブラジル人が帰国したことも事実である。リーマンショック前の2007年には約31万人に達していた在日ブラジル人人口は，2015年には約17万人にまで減少した。その後，再び増加に転じたが，21年でも約20万人とリーマンショック前の3分の2にとどまっている。

フィリピン籍母子世帯

　フィリピン籍の生活保護世帯は，20年前の1991年には32世帯のみだったが，90年代半ばより増加をはじめ2001年には801世帯，2019年には5124世帯となった。そのうち2635世帯（51%）が母子世帯である。母子世帯の割合は2000年代後半には80%を超えていたが，近年は子どもの成長・独立にともないその割合は低下している（厚生労働省「被保護者調査」各年版）。今後，ブラジル人同様，フィリピン籍生活保護世帯においても高齢者世帯の割合が増加することが予想される。

　さてフィリピン籍母子世帯の多くは，子どもの父親である日本人男性と離別したのち，子どもたちと暮らす家族である。1980年代半ば以降，日本人男性とフィリピン人女性の結婚や，パートナーとなって子どもをもうけるケースが増加していた。しかしその後，離婚も増加し，離別したフィリピン人女性たちのなかで，日本で母子世帯として暮らすようになった者も少なくなかった。とはいえ日本では，子どもを抱えて安定した仕事に就くことは今なお多くの女性にとって難しい。日本の雇用ネットは，正社員の場合比較的安定しているが，長時間労働や転勤など，子育てや介護と両立しつつ働くには非常に難しい慣行を伴っているからである。こうして，子育てをしている女性の多くが非正規雇用となる実態がある。

　また，ブラジル人の場合でもみたように，社会保険のネットは雇用ネットと連動している。その結果，子育て責任を負いつつ主要な稼ぎ手でもある場合は，雇用ネットも社会保険のネットも脆弱になりがちであり，貧困に陥りやすい。

実際，日本のひとり親世帯は，就労率が高いにもかかわらず貧困率は48.1%（厚生労働省 2019）と非常に高い点に特徴がある。同様に，在日フィリピン人女性も既婚者と比較して，離別者の就労率は高い（髙谷・稲葉 2011）。くわえて彼女たちは，日本人以上に安定した仕事に就くことが難しいので，母子世帯の貧困率も——国籍・エスニシティ別の貧困率は公表されていないものの——日本全体以上に高いのではないかと推測できる。また女性たちは，元パートナーからドメスティック・バイオレンス（DV）を受けた経験をもつ場合も多く，トラウマなどから自立がより困難になっている実態がある。

福祉システムの不平等な影響

以上，みてきたように，在日コリアン，ブラジル人，フィリピン人は同じ生活保護世帯といっても，そこにいたった背景は大きく異なっている。彼らは，国籍，エスニシティごとに特徴的なかたちで，貧困に直面しているのである。このとき在日コリアン高齢者に典型的なように，制度的差別によるものもある一方で，在日ブラジル人やフィリピン人母子世帯のように実質的な周縁化を経験している場合もある。後者の場合——在日外国人は，より先鋭化されたかたちで生活の困窮を経験しがちだとはいえ——日本社会の同じような境遇におかれた人々と共通する困難も少なくない。たとえば，ブラジル人の場合，非正規雇用労働者のセーフティネットの脆弱さという面が大きく影響してきたし，フィリピン人母子世帯は，ケア役割を担いつつ主要な稼ぎ手でもある層が貧困状態におかれやすいという事実と関係している。

以上のように形式的な権利は保障されていても，それが貧困や社会的排除の解消に寄与しない例は，諸外国における移民やエスニック・マイノリティにもみられる。たとえば，ヨーロッパのなかで貧困率が高いイギリスでも移民やエスニック・マイノリティの貧困率は非常に高い。失業率についても，2000年代になされた調査によると，バングラデシュやパキスタン，ブラックカリビアンなどの若者の失業率は，白人イギリス人と比較して2倍から3倍以上高い（Schierup, Hansen and Castles 2006: 125）。このように貧困や周縁化が特定のカテゴリーの人々に偏って生じているということは，福祉システムが公正なかたちでは機能していないことを意味している。

コロナ下における移民の生活困窮と貧困

　こうした福祉システムの歪な働きは，コロナ下における移民にも不均等なかたちで影響を及ぼした。コロナが進行中ということもあって，その影響はまだ包括的には把握されていないが，福祉システムからあらかじめ排除されたり，周縁化されてきた層がより大きな影響を受けたと考えられる。つまりコロナ下における移民の生活困窮や貧困は，彼らがコロナ以前から構造的に脆弱な位置におかれてきたという事実を浮き彫りにしたといえる。

　たとえば，コロナ初期に出された緊急事態宣言による飲食店等の休業・時短，国内外の移動の制限などの規制は，とりわけ飲食店やホテルなどのサービス業で働く移民たちの失業や勤務時間の減少による収入減に直結した。また正社員と比較すると，非正規雇用の労働者や技能実習生の方が休業補償などの補償を受けられなかったという報告もある（豊中市・財団法人とよなか国際交流協会2022）。同時に言葉の問題や情報周知の不十分さによって，移民たちの支援制度へのアクセスが実質的に妨げられてきた面もあった。

　さらに，技能実習生や留学生の困窮も目立った。彼らは，日本での滞在資格が雇用契約や在学期間と結びつけられているが，コロナ初期には，契約が終了あるいは学校を卒業しても国境封鎖により帰国便が確保できないという状況がみられた。一方で，彼らは他の就労系在留資格保持者同様，生活保護も認められていないため，生計手段を確保できないまま日本に留め置かれ，友人の家，市民団体や宗教施設運営のシェルター，監理団体が用意した寮などで糊口をしのぐ状況が続いた。

　くわえて，在留資格がなかったり，3カ月以下の在留資格しか認められていない移民の状況はさらに深刻である。在留資格がない移民は，原則として，難民申請者も含めて入管収容所に収容されるが，コロナ下におけるクラスター発生を警戒して，多くの被収容者が仮放免（収容が一時解かれること）された。その数は，2020年以降に6000件を超えたとされている（2021年3月NPO法人移住者と連帯する全国ネットワーク省庁交渉における法務省提出資料による）。しかし仮放免者は生活保護の加入はもちろん，働くことや健康保険の加入も認められていない。また普段彼らの生活を支えている友人やコミュニティのメンバーも，コロナ下において経済的に不安定になり，仮放免者を支えることが困難になったケースも散見される（北関東医療相談会2022）。こうしたなか生活に困窮したり，体調を崩す仮放免者が相次ぎ，移民コミュニティや市民社会が彼らの生を

支える状況が続いている。

　生活保護が認められていない移民は長期的に増加傾向にあり，2021年には在日外国人約276万人のうち約125万人（約45％）に及んでいる。2021年，コロナ下の生活困窮者への対応を問われた菅義偉首相（当時）は，「最終的には生活保護」と答えたが，そのとき，この「最後のセーフティネット」から排除された移民のことはまったく想定されていなかったといえるだろう。

3　グローバル化のなかの移民の社会的権利

制限される労働力の脱商品化

　リーマンショック時の南米出身者の大量失業を目の当たりにし，日本社会では「日系人の受け入れは失敗だった」という認識が強まったように思われる。つまり移民が定住できるかたちでの受け入れは，景気変動によってかえって「社会的コスト」をもたらしてしまうというのである。2012年以降，技能実習生の増加がより顕著になり，また2019年には特定技能制度による移民労働者の受け入れが始まったが，これらは，一部を除いて就労・滞在期間が限定され，家族帯同も認められないかたちでの受け入れである。このように期限の区切られた雇用契約と滞在がセットになった受け入れ制度は香港やシンガポール，台湾などアジアでも一般的である。また西欧でも，EU拡大にともなって増加した中欧や東欧からの移動などで短期受け入れ制度や国際的な請負制度が広がっている（Schierup, Hansen and Castles 2006: 45）。

　こうした制度が意味していることは，移民労働者に受け入れ社会での「脱商品化」を認めないということである。ここで脱商品化とは，人が市場に依存せずに生活を維持できることを指している（エスピン＝アンデルセン 2001）。エスピン＝アンデルセンは，マーシャルがシティズンシップの一要素として位置づけた社会的権利を，資本主義社会において人々の脱商品化を保障するものと考えた。資本主義社会では，多くの人々は，自らの労働力を市場で商品として売り，言い換えれば労働力を商品化し，生活を営んでいる。これに対し社会的権利は，失業保険や生活保護に典型的なように，人が市場に依存しないで生活を送ることを可能にする。つまりそれは，労働力の脱商品化を保障しているのである。このように整理した場合，雇用契約と滞在がセットになった移民労働者

が制限されているのは，この脱商品化である。たとえば外国人技能実習生（第3章参照）は，解雇などで職を失った場合，原則として帰国しなければならない。また彼らに生活保護の準用は認められていない。あるいはシンガポールの移民家事・介護労働者の契約も数年単位であり，雇用主が望めば更新も可能であるものの，何年働いても永住権を得られるわけではなく契約を失えば帰国しなければならない。またどちらの場合も，家族の帯同は認められていない。つまり受け入れ社会からみて，「社会的コスト」がかからない移民労働者とは，「社会的権利」すなわち脱商品化が認められない，徹底して商品化された労働者のことである。言い換えれば，社会的権利が住民の権利とされている今日，こうした移民労働者は，「定住＝住民となること」をあらかじめ阻止されていることによって，社会的権利の対象から排除されているのである。

福祉ショービニズムと移民

　冒頭にみた永住外国人の生活保護受給に対するインターネット上の批判のように，福祉を脅かす存在として移民をシンボル化し，排除や移民規制の根拠とする主張は「福祉ショービニズム（福祉排外主義）」と呼ばれる。この福祉ショービニズムは欧米でも広くみられるようになっている。

　1990年の冷戦終結とソ連の崩壊をきっかけとした東欧・中欧諸国での政治的・社会的混乱や他地域における民族紛争の勃発などを背景に，多くの庇護希望者や非正規移民が，西欧諸国をめざすようになった。一方，冷戦時代は東の共産主義諸国からの難民受け入れが政治的にプラスの意味をもっていた西欧諸国にとって，冷戦の終結はそうした動機を弱めることになった。こうして西欧諸国は，庇護希望者や非正規移民に厳格な対応をとるようになった。このような対応は「要塞ヨーロッパ」として批判を浴びた一方で，受け入れ社会では，福祉サービスが庇護希望者や非正規移民を惹きつけているとみなされ，彼たちを，福祉へのアクセスから排除・制限するようになった。

　西欧では，すでに1980年代半ば以降，社会構造の転換を背景に排外主義的な草の根運動や新しい右翼政党が目立つようになっていたが，90年代に入り一部の国では連立政権の一部に右翼政党が入るまでに伸長した（山口・高橋1998）。それら政党の主張は一様ではないが，デンマークやノルウェー，オランダで躍進した右翼政党は，福祉国家を支持する一方で，その範囲が移民に及ぶことに反対し厳格な移民規制を主張するという「福祉ショービニズム」の性

格が強い（水島 2012）。これらの国では，福祉政策において就労の義務や社会への参加を強調するようになっているが，難民や庇護希望者は，受動的な成員，すなわちこれらの義務を果たさず社会のメンバーに値しない人々とみなされ，攻撃のターゲットになっているという。一方，日本でしばしば「福祉ショービニズム」の主なターゲットとされるのは，すでに3，4世代を通じて日本に定住している在日コリアンをはじめとする永住者である（樋口 2014）。このように，福祉ショービニズムによって「敵」とされる移民は，その国の国際関係や歴史によって大きく異なる。マーシャルがいうように，社会的権利は社会的連帯の基盤とみなされているので，「敵」とされた移民は，実際に福祉に「依存」しているかどうかにかかわらず，その連帯に対する脅威としてしばしばシンボル化されるのである。

4 ケアの担い手としての移民

グローバルなケアの連鎖

　前節までは，移民の，福祉サービスの受給者としての側面に焦点を当ててきた。しかし移民は，実際には，サービスの受給者であるだけではない。むしろ多くの国々で，移民は，ケアの担い手として働いている（第8章も参照）。たとえば急速な経済発展を遂げた香港やシンガポールでは1980年代頃から，フィリピンやインドネシアからの移住家事労働者を受け入れ始め，いまや社会にとってなくてはならない存在となっている（上野 2011）。当初は，女性の就労を促進するという目的が主だったが，近年では高齢者介護の役割も強まっている。また台湾でも90年代に入り，主に高齢者介護の担い手として受け入れが始まった。しかし前節でみたように，移住家事・介護労働者は徹底して商品化された労働者であり，受け入れ社会での社会的権利は不十分なかたちでしか認められていない。彼女たちはあくまでもケア労働者として働いている限りにおいて滞在が認められているのである。

　一方でケアを提供する移民たちにもケアを必要とする家族がいる。しかし受け入れ社会では家族の呼び寄せは制限されることが多いため，彼女たちの家族の多くは出身国で暮らしている。またそれらの国では，福祉制度が十分に整備されていないことも少なくないので，移民の親の介護や子育ては，その他の家

移住家事労働者のあっせん会社の店頭（シンガポール）

族メンバー，それが難しい場合は国内の家事労働者に頼ることが多くなる（Parreñas 2001）。こうして先進社会の女性や家族を，移住女性がケアし，移住女性の出身国に残される家族のケアはまた，その社会のより貧困な女性にまかされる，という「グローバルなケアの連鎖（グローバル・ケア・チェーン）」（Hochshild 2000）が生じている。ケアは，いまやジェンダー化，人種化，階層化された不平等を織り込みながらグローバルなかたちで分業されているのである。これは，先進社会は，ミドルクラスや富裕層の女性や家族の生活を維持するために，移民女性によるケアに頼る一方で，彼女たち自身のケアにかかる人手と費用を，ますます女性たちの出身家族と社会に転嫁していることを意味している。つまりこのケアの連鎖は圧倒的に非対称であり，その末端には貧しさゆえにケアを十分なかたちで受けられない人々がいる。

送り出し社会の戦略

しかし同時に，移民からの仕送りは，送り出し家族のみならず国家にとってもますます重要な収入源となっている。たとえば世界銀行によると，世界有数の移民送出国であるフィリピンでは，移民からの仕送りは，2012 年に 231 億米ドル，GDP の約 10% を占めている。フィリピンからの移民の半数以上が女性であり，前述のようなアジアをはじめ世界各地で働く家事労働者のほか，アメリカやヨーロッパには看護師として働く女性も少なくない。

なかでも数が多いのが家事労働者であるが，彼女たちの仕事は一般に非熟練

労働とされ社会的評価が低く，就労先でさまざまな人権侵害にあうことも珍しくない。このように低い社会的地位しか与えられない家事労働者に対し，フィリピン政府は，労働者保護をうたってきた。そのなかで近年重視されているのが，政府が提供する訓練によって，移民自身が身につけたスキルを「技能」として政府が認定するという戦略である（小ヶ谷 2009）。家事労働者についても，2006年，アロヨ大統領（当時）は，従来のメイドとは異なる「スーパー・メイド」の養成を打ち出した。こうして「付加価値のある家事労働者」の送り出しという戦略によって，海外労働市場でのフィリピン人労働者の地位を高めようとしているのである。こうしたスキルの向上は，移住家事・介護労働者本人にとってもより安全な地位につながるかもしれない。同時に，この方針は，移民にその脆弱性を自ら克服するよう求めるものであり，自国民保護という政府の義務の後退ともいえる（小ヶ谷 2009）。

アジアの家族主義と移民によるケア

　移住家事・介護労働者は東アジアにかぎらず，多くの社会でケアの役割を担うようになっている。ただし東アジア諸国では，当該社会で働く移民労働者のなかに占める家事・介護労働者の割合が非常に高い点に特徴がある。つまりこれらの国々は移住家事・介護労働者に大きく依存している。

　ではなぜ東アジアで，移住家事・介護労働者が大きな役割を果たすようになったのだろうか。これらの国は，1980年代以降急速な経済発展を経験したが，同時に急速な高齢化や人口減少も目前に迫り，国家による福祉サービスを充実させる余裕がなかった。つまり多くの西欧諸国が19世紀末から20世紀中盤にかけて安定した人口増加と経済成長を背景に福祉国家を建設できる余裕があったのに対し，東アジアでは，こうした人口的・経済的条件が揃わなかったことが，福祉国家の整備に大きな制約を課すことになった（落合 2013）。こうして東アジア諸国は，福祉義務を主に家族に割り当てる「家族主義」（エスピン＝アンデルセン 2001）をとることになった。たとえば，シンガポールでは，親孝行法が制定されているように，高齢者の扶養は家族の責任として位置づけている。とはいえ，前述のように，シンガポールや香港，台湾では，実際にケアを担っているのは，家族というより，移住家事・介護労働者である。家族にとっては彼女たちを雇うことが，家族としてのケア責任であると理解されているのである（安里 2013）。また国家も，家族によるケア責任の強調を維持しつ

つ，税金の控除や移民政策を用いて，家族が移住家事・介護労働者を「活用」できるよう水路づけている。こうして市場と家族を活用することによって，国家は，福祉サービスに対する支出を抑制しているのである。ただし，こうした移住家事・介護労働者の「活用」は，経済的に余裕がない層には手が届かないので，そうした層の家族の負担はきわめて大きい。

　日本でも，2000年代半ばから，経済連携協定（EPA）のもとで，限られた人数ではあるが，介護・看護労働者の受け入れを行ってきた。また2014年以降，女性の就労を促進するための方策として，家事労働者の受け入れが戦略特区で始まり，2017年には外国人技能実習制度に介護職が追加され，介護現場での技能実習生の就労が可能になった。さらに，在留資格「介護」の創設や特定技能制度による受け入れも始まった。これらは，日本でも高齢化と人口減少が進むなか，国家による福祉サービスを抑制するために，家族と市場を介して移住家事・介護労働者に頼ろうとする動きのようにみえる。

グローバルな現実を直視する

　20世紀の福祉は，社会的権利が普遍的な権利であるという理念のもとに展開されてきた。その権利は，当初は国民の権利だったが，20世紀後半には住民の権利として，その社会に暮らす移民にも拡大していった。最高裁がいかに一国主義的な判断を下そうとも，いまや社会保障の内外人平等は「グローバル・スタンダード」といえよう。しかし一方で，多くの国で，この「グローバル・スタンダード」を逃れる移民の受け入れがなされるようになっている。つまり移民の定住を認めないことで彼らの脱商品化の契機をあらかじめ排除することによって，彼らの社会的権利を排除・制限する受け入れが広がっている。にもかかわらず同時に，高齢化や女性の就労の促進を背景に，多くの先進社会が，ケアを移住家事・介護労働者に依存するようになっている。このようなグローバル化のなかの福祉の現状からみえてくるのは，移民の社会的権利は「社会的コスト」として拒否しつつ，ケアを担う移住労働者には来てほしい，という先進社会のご都合主義的な欲望である。こうした欲望の追求が，送り出し社会と移民，そして受け入れ社会自身にも何をもたらしているのか――「生活保護をもらうよりなぜ帰国しないのか」と書き込む前に知らねばならないグローバルな現実がここにある。

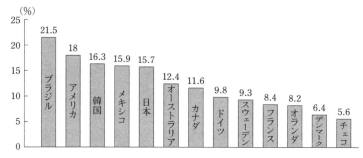

相対的貧困率の国際比較（2019年）

（出所）　OECD（2019）より，OECD加盟国から抜粋して作成。

　貧困（poverty）とは，社会学では，当該社会で人間として尊厳ある最低の生活を維持できず，経済的だけでなく，精神的・身体的（健康上）にも困難を経験する状態である。

　他方，グローバル化が進み，貧困の国際的な現れ方が問われ，各国政府や国際機関・組織（国連，ユニセフ，OECDなど）が貧困への対策（所得再配分政策や，援助など）の必要を感じるとき，比較可能で，計算しやすく，データの得やすい「貧困」の基準が必要になる（相対的貧困）。日本も採用しているOECDの基準がそれで，当該の国または集団において世帯の可処分所得（収入から税や社会保険料を差し引き，年金，社会保障給付などを加えた額）を世帯のメンバー数で調整し，低い方から高い方へと並べ，中位（メディアン）の額の50％のラインに達しない世帯を「貧困」と規定している。この貧困世帯の全世帯に占める割合が貧困率である。OECD諸国間の若干の比較を上記の図で試みている。

　一般に貧富の差が大きいとされる国では貧困率が高くなる傾向があり，アメリカは高く，日本もそれに近い位置にある。それに比べ西欧・北欧諸国では低く，日本の半分程度である。この違いはいろいろな角度から説明できるが，所得再配分のしくみの有無は大きく関係する。家族，子ども，住宅などに関わる公的給付の大きさ，公的な教育関係支出の大きさ，所得と負担（税その他）の比率などがその指標となる。たとえば日本とフランスを比較すると，家族関係の給付総額，GDP比ではフランスは日本の3倍以上であり，教育関係総支出ではフランスで90％が公的予算でまかなわれるのに対し，日本では65％にすぎない。

第7章
移民／外国人の子どもたちと多文化の教育

複数文化の間を生きる子どもたち

　教育を，「未成年者への系統的な社会化」（É. デュルケム）として，社会生活に必要な知識，能力，態度を諸個人のなかに形成する作用と考えるか，それとも人間の知的，精神的，身体的成長さらに完成をうながす働きととらえるか。教育観にはいくつかの流れがあり，それらは対立するかにみえても，いずれの観点も欠かせない。それだけ教育とは重要な営みである。国際移動し，複数の社会・文化背景のもとに生きる子どもたちにとっても，そうである。

　親にともなわれA国から来日した少年は，編入した学校で日本語を学び，やがて日本語で学んでいく。では，A国で母語によって学びとった言語と文化は重要ではなくなるのか。そうではない。家族とのコミュニケーションでは母語はもちろん必要だが，それだけでなく，学校で出会う日本語タームもしばしば母語で得ているコンセプトを手がかりに理解する。ただ，日本の学校は母語保持の教育を保障してくれないから，母語を使えなくなる子どももいる。また個人の生活スタイルの自由が認められたA国に比べ，制服があり，持ち物検査があり，より集団規律に従うことが求められ，学校生活への適応は容易ではない。保護者はとまどい，迷ったあげく外国人学校へ転校させる。しかし日本に定住する可能性が出てくれば，わが子の教育戦略の練り直しを迫られる。高校進学を視野に入れ，再度日本の中学校に編入するか，試験による中学修了資格の取得をめざさせる。

　子どもにおける文化と国籍の関係も一括りにできない。国際結婚の父母から生まれた子どもは，国籍は日本となることが多い。また一家で帰化している場合もある。いずれの場合も，日本人ではあれ，外国人の子どもとあまり違わない二文化の間での生活を経験している。以上のような諸状況を踏まえながら，移民・外国人の子どもの教育とそれに関わる課題をみていきたい。

1 外国人の子どもの就学の状況

どんな学校に学んでいるか

　義務教育年齢（仮に 6~14 歳とする）の外国人の子どもはどんな就学状況にあるのか。過去 15 年ほどの推移をたどると，表 7-1 のようになる。

　それにしても，6 〜 14 歳の外国人在留者数と学校の外国人在籍者の間になぜこれだけの差があるのか。2015 年をとってみると，小・中学校の外国人在籍者は合計 6 万 8108 人となるから，同年齢の在留外国人 10 万 6073 人の約 64% にすぎない。子どもをホスト国の学校に通わせる道を選ばない親がいるのは，たとえば日本人学校に通わせる在外日本人の行動から推して理解できる。外国人学校，たとえば欧米各国の設ける学校，国際学校，また朝鮮学校，中国系学校，ブラジル人学校などもある。また，データそれ自体の信憑性の問題もあり，従来の外国人登録者数は，実際の在住者に正確に対応しておらず，帰国した者や他市町村に転出した者が即時に抹消されないため，しばしば誤差をともなう。だが，それを考慮してもなお，数万人の差の存在は説明できない。どの学校にも通っていない不就学者およびどの学校に通っているか不明の者が一定数いるのではないかと推定するよりほかないのである。

不就学の問題と教育を受ける権利

　欧米諸国の多くは，国籍にかかわりなく一定年齢の子どもには就学を義務としている。しかし，日本では外国人には就学義務が課されず，このため当該年齢層の外国人の子ども全員の就学を促すにいたらず，どの学校にも在籍しない子どもも相当数いると思われる。欧米では外国人または民族マイノリティの子どもの最も懸念を呼ぶ教育上の問題というと，学校挫折（school failure）であり，これに数々の研究がささげられてきたが（Rumbaut and Cornelius 1995 など），日本では，まず問題とされたのは「不就学」だった。

　ここでは「不就学」の語は，いかなる学校にも就学していない者（不就学）だけでなく，就学しているかどうか確認できない者（就学不明者）を含め，広い意味で使う。調査によれば，義務教育年齢の外国人における不就学者は 1 万 2305 人と 10%を超えている（表 7-2）。

表 7-1　日本の学校における外国人児童生徒在籍者数

	2005 年	2010 年	2015 年	2020 年
小学校	42,715	43,178	45,721	71,163
中学校	20,460	23,332	22,387	28,003
6 〜 14 歳の 在留外国人数（推定）	113,507	110,641	106,073	137,884

（出所）　文部科学省「学校基本調査」，法務省「在留外国人統計」。

表 7-2　小学生・中学生相当の外国人の子どもの就学状況（2019 年 5 月 1 日現在）

区分	就学者数（外国 人学校等含む）	1. 不就学	2. 出国・転居 （予定含む）	3. 就学状況 確認できず	1〜3 の計	合計
小学生相当	71,611	399	2,204	5,892	8,495	80,106
構成比	89.4%	0.5%	2.8%	7.4%	10.6%	100.0
中学生相当	29,782	231	813	2,766	3,810	33,592
構成比	88.6%	0.7%	2.4%	8.2%	11.3%	100.0
合計	101,393	630	3,017	8,658	12,305	113,698
構成比	89.2%	0.6%	2.7%	7.6%	10.8%	100.0

（出所）　文部科学省「外国人の子供の就学状況等調査」。

　佐久間孝正は外国人の子どもの不就学には 5 つほどの原因の型があるとし，①本人の学習意欲の欠如，②頻繁な移動や滞在予定の不明など親・家族の行動，③いじめなど人間関係，④日本語指導や受け入れ態勢の不備，⑤「構造化された不就学」，を挙げている（佐久間 2006: 74）。①〜④もそれぞれ重要だが，⑤のそれは「制度」に関連する不就学であり，ほかと次元がちがうので，最初に述べたい。

　制度的要因でまず挙げられるのは，前記の就学義務の外国人への適用除外である。なぜ外国人には就学義務を課さないのか。それには 1952 年の国籍切り換えで日本人から外国人とされた朝鮮人の扱いにかかわる歴史的な理由があるが（佐久間 2005），今日では，国民の育成を一つの主目的とする義務教育を外国人にも及ぼすのは適当ではないから，と理由づけされることが多い。

　また別の制度的要因として，親が超過滞在など非正規状態であると，子どもの不就学を帰結しやすいという事実がある。非正規滞在者は日本の学校には就学できないという明文の規定はない。しかし非正規滞在者であることを知られ

1　外国人の子どもの就学の状況

るのを恐れる保護者にとり，就学手続きに役所におもむくことは困難となる。NGOや法曹の支援があって子どもの就学が実現する場合もあるが，少数のようである。

　定住外国人の増えている今日，将来日本社会の市民となる子どもたちが就学の機会を逸することがあってはならない。就学義務化があってこそ，すべての子どもの就学への十分な働きかけができ，外国人の教育を受ける権利も実現されるという意見も強まっている（宮島 2013）。

2　移動する子どもたちへの教育的対応

歴史，移動の経緯により異なる教育のタイプ

　各社会はそれぞれ歴史的背景，理念，制度のなかで人の受け入れを行ってきた。社会がもともと言語や文化の違いに対応できる教育システムをもっていると，外国人の子どももそのなかに受け入れられやすいが，そうでない国もある。外国人・移民の側もそれぞれの言語・文化的背景をもち，ホスト社会との文化的絆の有無や，出稼ぎ的滞在か定住予定かにより，それに応じた教育への要求をもつ。子どもたちの学校教育への受け入れのタイプを，やや類型的に述べると，次のように整理できよう。

　第一に，文化的背景は異なるが，滞在が一時的で，帰国またはほかの地域・国へ再移動するとみられる子どもには，何の措置も講じないか，または帰国に備えて母語・母文化の教育が行われる。その場合，母国の援助で運営される外国人学校（たとえば海外各地の日本人学校）に教育が委ねられることがあり，それは概して先進国の場合である。また，ホスト国が母国と結び，帰国の援助や奨励のため母語教育を提供する場合もある。たとえばフランスは，移民の子どもへの母語の教育については，協定を結んで母国が派遣する教育者が放課後にその授業を行うものとした。

　第二は，文化的背景は異なっても，植民地出身者のようにすでに初等教育で同化的教育を受け，移動後に旧宗主国のなかでも同様の教育を受けるケースは少なくない。旧宗主国の言語をすでに母語ないし母語に近い言語としていて，選択肢をもたない場合もある。たとえばイギリスにおけるアイルランド移民は，子弟も英語による教育のみを受けている。フランスのアルジェリア移民も，フ

ブラジル系，ペルー系などの子どもの学ぶ民族学校（静岡県内）

ランス語が使えるという前提の下に渡仏後に特に言語的配慮を受けることがない。

　なお，植民地出身移民受け入れの亜種というべきものに，移民の母語・母文化の保持やそれによるコミュニティの維持を認めるという対応がある。イギリスでは，インド亜大陸の旧植民地の出身者に，その集住都市の学校で母語教育（ヒンディ，グジャラート，ウルドゥー，ベンガル語など）を認め，放課後等に一部の宗教教育も認めてきた。保護者の要求に応えるという形式をとるが，植民地統治方式の伝統，「分割し，統治する」の踏襲という面もあるといわれる。

　日本ではどうだったか。朝鮮人子弟を，戦前には「皇民化政策」の下で，戦後は一言語主義の日本の公教育の下におき，同化的教育の対象としたことは周知の通りである。このため母語が日本語となっている者も少なくない。それに対し，自民族の言語・文化をわが子に伝えたいとする人々は，別に民族学校をつくり教育活動を展開してきた。

　第三に，滞在の長短をとわず外国人・移民の子どもに対し，公教育ではホスト国の国家一言語の教育を行うもので，多くの国が事実上そうである。欧米では，フランス，ドイツもそうであり，社会の統合（integration）と平等の重視という見地から，自国語による自国民の子どもと同一のカリキュラムが適用される。日本の公教育でもほとんど日本語一言語の選択肢しかなく，カリキュラムも同一である。ニューカマー外国人の子どもの就学が増えた1990年代の初めから，文部省（当時）は一定の基準で公立小中学校に「国際教室」を設置，

担当教員を配置し，今日にいたっているが，この教室の趣旨も日本語の特別指導にあり，そこで母語が使われる場合でも日本語指導をより効果的に進めるためである。

　第四には，定住移民型の第二世代への多文化的な教育が挙げられる。型としては前記のイギリスの植民地出身移民の教育もこれに属する。ホスト国の学校でその国の言語，カリキュラムでの教育を受けるが，それらをバイリンガルで，または継承語・文化の教育を並行して授けるというもので，英，米，カナダ，オーストラリアなどはこの特徴をもつ。これらの国の制度は比較的分権的で，地域，州，市町村などの枠組みで行われている。「多文化教育」（multicultural education, MCE）というタームがあてられ，国ごとに多少違いがあるが，大きな目でみて共通する点は，母語・母文化，そしてコミュニティを保持することが，ホスト国の生活への適応を阻害するものではなく，アイデンティティを保ちながら自律して生きていくのを可能にすると考える点にある。

在日コリアンの教育を振り返って

　ここで長い滞日歴をもつ在日コリアンの子どもの教育に少々触れておく。

　歴史的経緯には先に若干触れたが，来日から数世代を経，永住資格を認められ，児童・生徒の大半（約8割）は日本の学校に通い，ほかは民族学校に通っている。民族学校の高等部と大学校も含めると，高校・大学進学率で現在日本人と遜色はなく，都市居住者がほとんどだけに日本の平均進学率をも超えるといわれる。生活が困難で将来の進路に差別が予想されてもわが子の教育を重視するというその文化は，彼らを特徴づけた。同化的で単一化のプレッシャーの強かった日本社会の，とりわけ学校世界では，多くの子どもの母語は日本語となっている。だが，アイデンティティの保持と継承言語・文化への要求は強いものがある。日本の公教育は正課内ではそれを認めず，大阪市，京都市の一部の学校に民族学級が設置されているが，別に各地に民族学校を設立し，二言語二文化教育を通しての普通教育を行ってきた。こと教育のあり方に関しては，定住マイノリティのアイデンティティ，文化，人権についてコリアンたちの提起した問題の意義は大きい。それでも，日本の学校で学ぶコリアン児童・生徒には通名を用いる者が多い。神戸市の調査（2007年）では，本名使用率は25.9%にとどまっている（韓・藤川 2008: 4）。高校，大学の卒業後日本企業への就職が少ないなど，依然として差別問題は残っている。

表 7-3　日本語指導が必要な外国人児童・生徒数および比率（公立学校，2018 年）

	小学校	中学校	高等学校
A：在籍外国人児童または生徒	59,094	23,051	9,614
B：日本語指導が必要な児童または生徒	26,092	10,212	3,677
B/A	44.2%	44.3%	38.2%

（出所）　文部科学省「日本語指導が必要な児童生徒の受入状況等に関する調査」。

3　学習の環境と社会的条件

　移民や外国人の子どもの学習参加が容易でないことは，文部科学省調査による「日本語指導が必要な児童生徒」が，4 割前後と，高率であることからもうかがえる（表 7-3）。この「日本語指導が必要な」者とは，同省の基準では「日常会話ができても，学年相当の学習言語が不足し，学習活動への参加に支障が生じている者」を含むから，これは学力あるいは学業達成の指標となる。

　そこには言語のハンディキャップ以外に，日本人の子どもではあまり問題とならない不利な環境的・社会的条件も関わっている。

頻繁な移動，経済的不安定

　その一つは移動の頻繁さである。日本でも親の転勤のため転校を重ねる子どもにおける学校適応の困難が問題になるが，来日外国人の場合，移動のもたらす影響はより深刻である。まず他国から日本へと言語や教育文化の異なる世界への大きな移動がある。文化の違いだけでない。親の意向で郷里や友だちから引き離され，来日させられたと本人が感じていて，これに納得していなければ，学校への適応拒否の行為さえとられる（趙 2010: 86-88）。また日本国内でより時給の高い職場を求め移動する出稼ぎ型家族では，子どもは継続性のある学習ができず，不登校状態におちいる例が少なからずある。さらに，一家で帰国し，2 年後に再来日，年齢相応の学年に編入され，授業は小 6 の算数から方程式の学習へと飛躍していて，まったくついていけなかったケースもある。

　経済的要因が影を落とす場合もある。外国人児童・生徒の指導にかかわる教育関係者（中心は国際教室担当教員）への最近のあるアンケート調査でも，73%

の回答者から「就学援助を必要とする，経済的に厳しい家庭がある」という見方が示された（坂本ほか 2014: 46）。公立学校に通っていても給食費，修学旅行積立金，学用品代，制服代などにお金はかかる。就学援助は，経済的困窮家庭への学習費の公的補助の制度（学校教育法第 19 条）であり，外国人家庭のその利用率は，地域によっては 5 割を超える。

　派遣等で時給で働く親たちの場合，長時間労働に従事せざるをえず，このことも間接的に子どもの教育に影響する。わが子の教育への十分な配慮や学習の援助を行うゆとりも時間も奪ってしまうからである。

家庭の統合度：子どもの教育への関心と支援

　家族内関係の問題も無視できない。古典的指摘としては，R. コールマンがアメリカにおけるマイノリティ生徒に成績格差をもたらす「親・家族要因」に注目し，そのうちで，「家庭の構造的統合度」（structural integrity of the home）を重視している（Coleman 1990: 80）。つまり，父母間の不和，一方の不在，養育放棄などがあると，子どもの教育への配慮，支援，励ましがなされなくなるという。イギリスの移民子弟の学校的成功の要因の研究でも，「家庭，親」にかかわる要因のうち，「動機づけと励まし」「子どもの教育への強い関心と献身」および「学校と通学が大事だと説くこと」という三態度要因が重要であることが，インタビューにより明らかにされた（Rhamie and Hallam 2002）。

　日本では，不就学や不登校が比較的多いとみられるフィリピンやブラジルの子どもの家族的背景を推定すると，非嫡出児比率が高く（ブラジルの場合），離婚率が高く（日本-フィリピンの国際結婚の場合），連れ子と継父の複雑な関係などの家族問題があるようである（大曲・樋口 2011）。統合度の低い家庭生活が，子どもの学習への配慮や支援をむずかしくしている，との推定が成り立つ。

　もちろん家族が一つになって子どもの通学，学習を支援し，その学業達成が成功している例もある。ただ，一般的にはニューカマー外国人にとって家庭が効果的な学習の支援の場となることはむずかしい。地域学習室などによるボランティアたちの学習支援によって，これが補われることが必要だろう。

4 多文化の教育の必要

二文化的背景にある子どもたち

　最初にも触れたように，外国人や移民の子どもたちは程度の差はあれ二文化的背景の下におかれている。たとえホスト社会に生まれた子どもでも，親，親族，コミュニティを通して文化的影響を受ける。日本の学校は日本語モノリンガルの世界だから，学ぶ期間が長くなるにつれ，家庭で母語が使われても，母語の受動化が進みがちである。それでも無になるわけではない。彼らのアイデンティティの維持のためにも，彼らがそのなかで生きていくであろう社会文化関係が単純に一方に還元されない以上，二文化を保持することは意味がある。

　「継承語（文化）」（heritage language〈culture〉）という概念もあり，厳密には子どもにとっては母語ではないかもしれないが，親やコミュニティが子どもに教え，受け継がせたいと欲する言語・文化がそう呼ばれる（カミンズ／ダネシ 2005）。たとえばカナダでは，州によって，正課内または放課後に，ウクライナ語，ヨーロッパ諸語，中国語など継承語教育が行われ，それらが公用語（英語，仏語）の習得に支障となるものでないことが確認されている（同：83）。

　日本では公私立の学校（学校教育法第1条で定める）では，前述のように多文化の教育はきわめてまれである。外国人学校（民族学校），すなわち韓国・朝鮮系，中国系等の学校ではこれが重要なものと位置づけられ，実践されているから，全体として多文化の教育の体制がないわけではない。だが，それらの学校の多くは対等な学校法人とは認められず，公的な財政援助がある場合でも限られている。地域的偏在もあり，在籍者数も限られている。

学習言語の獲得と母語

　言語学的にも多文化の教育の意義は確認されている。子どもたちは，片言からでもホスト国言語（第二言語）を覚え，言い回しのパターンを増やし，短期間で表現力や他者との応答力を身につける。しかし学校で学習に参加するには，日常語ではない第二言語，つまり学習言語を理解し，使えなければならない。たとえば，「分数」「重力」「成功」「進歩」などの，日常の世界から離れた抽象度の高い言葉がそれである。言語学者J.カミンズは，子どもたちは日常生活

言語を1〜2年で使えるようになるが，学習言語については5年程度を要するとしている（Cummins 1981）。もちろん習得の時間の長短の問題というよりは，言語の質が異なるのである。

　では，学習言語を子どもはどのように獲得するのか。何の手がかりもなく一からその把握に進むのは困難であり，より可能な道は，前もって獲得している言葉や観念の置き換えによる接近である。たとえば「重力」という概念をつかむのに，英語やポルトガル語やベトナム語でそれに当たる言葉をすでに知っていれば，対応づけまたは置き換えによりおおよその理解にいたる。その場合複数の言語資源が使われるわけであり，特に母語は重要で，母語を忘失させず維持・発達させるためにも，多文化の教育の必要が唱えられる。

　ただし，当の児童が，母語が確立していない幼時に移動した場合，母語はそうした資源とならない。事実，幼児期に来日し10年も日本に滞在する子どもで，日常的会話でよどみなく日本語が使えても，学習言語の理解では遅れを生じていることがしばしばある。そうした場合，多文化の教育自体が困難となり，また子どもに母語，母文化に関心をもたせることもむずかしくなる。

学ぶ場の共有あるいは分離

　多文化の教育にも，事実上2つの型，（筆者の分類だが）共有型と分離型が生まれている。前者は同じ学校内など共有の場において複数の文化が教えられ，学ばれることであるが，これを成功させるには1つ条件がある。それはマイノリティの子どもたちの母文化がマジョリティの側から否定的にみられ，言及されることがないことである。さもないと，マイノリティの子どものなかに自文化の否定的イメージが取り込まれ，かえって自らの文化的素性を隠すようになってしまう。今日，移民の多くが途上国出身であるだけに，学校内の関係でも文化的優劣の表象がもたれやすい。その原因を学校側がつくることもある。

　たとえば，S. マニッツの挙げるドイツの例では，教師自身が教室内でトルコ人生徒に，「あなた方の文化は伝統的で，遅れている」といったあてこすりを行うことがある（マニッツ 2008: 151-52）。一部の生徒はそれに反発するだろうが，それらの言葉を自己内に取り込み，母国文化に否定的イメージをつくる生徒も生まれる。いずれにせよ，そうした言説や雰囲気は多文化の教育の基盤を掘り崩す。こうしてしばしば多文化の教育は分離型に近いものとなる。特定民族の集住コミュニティのなかの学校で多文化の教育が行われ，それ以外の学

```
┌─────────────────────────────────────────────────────────────┐
```
Column ⑪　外国人学校（民族学校）

　日本における外国人学校には，さまざまな種類のものが含まれる。「外国人学校」という法的規定はない。英語圏をはじめとする欧米出身の生徒や英語圏での在住経験のある生徒を対象としたインターナショナル・スクールや，日本に居住する外国人，エスニック・マイノリティや移民の子どもたちを対象とする学校などがある。日本政府や出身国の政府が，これらの学校を学校教育に関する法体系のなかで，どのように位置づけているかで，カリキュラム，政府からの補助金の支給，卒業後の上級学校への進学可能性などの点で異なる。たとえば，在日コリアンの子どもたちを対象としてきた民族学校には，韓国系の学校と北朝鮮系の学校がある。韓国系の民族学校のいくつかは，学校教育法が定める一条校と位置づけられ，ほかの私立学校と同様に扱われている。他方で，北朝鮮系の民族学校は，学校教育法の各種学校と位置づけられ，大学をはじめとする上級学校への進学が制度的に認められていなかったり，私立学校に支給される日本政府からの補助金が受けられなかったりなど，不利益が存在する。こうした学校では，移民やマイノリティの出身国の言語で教育が受けられ，子どもたちの民族的アイデンティティを育み，出身国とのつながりを維持するトランス・ナショナルな生活様式の形成に大きな役割を果たす。その反面，経営基盤が不安定，施設が貧弱，高い学費の負担など，多くの問題も抱えている。

校では同化的または単一文化的教育が行われ続ける。

日本の学校では

　日本の学校に対しても多文化の教育への要望はあり，たとえばブラジル人の保護者からは「選択科目として小学校でポルトガル語の授業があればよい」「少なくとも週2回，ポルトガル語の授業をしてほしい」といった希望が表明される（豊橋市 2003: 60）。学校のなかでの理解や許容度はどうだろうか。異文化への直接のスティグマ化はなされなくとも，異質であることが見知らぬ国と結びつけられ，奇異の念がもたれ，からかわれることがある。そうなると，自分の言語や文化について誇りや肯定感をもつのがむずかしくなる。外国人，日本人の双方の児童・生徒を対象とした国際理解教育が真に求められる理由も，そこにある。

5 　進学と社会参加

中等教育以上が必須に

　定住，あるいは永住の意志をもつ外国人家族などが子どもの将来を考えるとき，今ではホスト社会のなかで中等教育以上へと進み，職業生活など社会参加をめざさねばならない。義務教育修了者の98％が高校へと進む日本では，外国人生徒も，将来の進路を開くためには進学しなければならないのだ。

　学校教育が必ずしも単線型ではない国々では，中等教育レベルで移民などエスニック・マイノリティの子どもは，成績または教員の進路指導などにより特定の学校またはコースに振り分けられることが少なくない。フランスでは，大学等へと進む前提となる普通リセではなく，職業教育リセに進む確率が高い。ドイツでは基礎学校（グルントシューレ）の後，有名な3分枝システムにより，成績に応じて基幹学校（ハウプトシューレ），実科学校（レアルシューレ），ギムナジウムに分かれる（そのほか総合制学校〔ゲザムトシューレ〕もあるが，州による偏在がある）。トルコ系など移民の子どもたちは基幹学校に集中しがちだが，これはよく「落ちこぼれの学校」ともいわれ，ここから熟練労働者の道に進むのはむずかしい。日本では早期の学校分枝はないことになっているが，周知のように学校間格差の問題は中等教育を通して存在する。外国人生徒はそのなかでどんな地位におかれているだろうか。

　表7-4をみてほしい。日本の高校に在籍する外国人生徒は，対中学校在籍者比率では上昇してきているが，50％台である。これは中学校在籍者に対する割合である。ところが，高校就学年齢を仮に15~17歳とした場合の，この年齢者への割合をみてみると（B/C），30％にも達しない。朝鮮学校，韓国系学校，中国系学校，国際学校などで高等部に在籍する者が数千人いるとしても，合わせても4割程度だろう。もっとも，国籍による在籍率の差は非常に大きく，ブラジル，フィリピンなどはもっと低率である（国籍別の高校在籍率については，鍛治 2011: 38-41 を参照）。

低進学率とポジティヴアクションと

　この低進学率については次のような要因が挙げられてきた。第一に，外国人

表 7-4　外国人の中高在籍者数と進学率

	2010 年	2015 年	2020 年
A：中学校在籍外国人数	23,2766	22,281	27,878
B：高校在籍外国人数	11,857	12,979	14,959
B/A	53.0%	58.3%	53.7%
C：15〜17 歳年齢外国人数（推定）	47,205	56,597	56,654
B/C	26.1%	22.9%	26.4%

（出所）　文部科学省「学校基本調査」，入管協会「在留外国人統計」。

生徒の場合，中学レベルで「日本語指導を必要とする」者が約44％を占めるように，学習を進めるうえでハンディキャップを負う者が少なくないこと。第二に，高校やその入試制度について本人，親の知識が十分ではなく，受験準備も困難であること。第三に，滞在予定や経済的条件に不安定な要素があり，高校進学を困難とみる家庭もあること。そして第四に，生徒を取り巻く人間関係が限られていて，モデルとなる先輩なども少なく，進学の目的意識を十分にもてないこと，など。

　それでも，高校進学は必要，進学したいとする意識は徐々に浸透しつつある。これに応えようという教育関係者，教育委員会からは，その進学を支援する試みが生まれ，各県で「日本語を母語としない生徒のための高校進学ガイダンス」開催や，ポジティヴ・アクションともいえる外国人生徒の特別入試制度が行われるようになった。

　なお，高校進学には義務教育の段階とは異なり，「適格者主義」の原則があり，学校教育法では，高等学校は，「中学校若しくはこれに準ずる学校」の修了，またはそれと同等以上の学力があると認められた者のみが入学できるとする。なお，日本の高校進学率98％ということは，すでに適格者主義が建前化していることを物語るのだが，それでも選抜試験（入試）は必ず行われる。低進学率にとどまっている外国人生徒の進学を奨励するため，特別な選抜入試制度を設ける都府県も増えている。受験科目数を3教科プラス面接（一般入試では5教科）と減じるなどし，合格者枠を××名と定め，これを数校から十数校の公立高校に配分するのである（たとえば神奈川県の在県外国人等特別募集制度では，3教科プラス面接で，募集定員は115名，10高校に配分となっている［2021年度］）。こうした特別募集もあって，全国でみても外国人の高校進学者は増えてきた（表7-4）が，ただし，一般募集を含めて，合格する外国人全体の2割以

上（日本人生徒では数％）は定時制へ進むことを余儀なくされている（宮島 2014: 143）。

　次の重要な課題は，高校に合格し入学した生徒への対応である。進学者中に日本語指導が必要な生徒が相当割合で含まれているため，高校でも彼・彼女らへの日本語と学習の支援の体制がつくられなければならない。小，中学校とは異なり，日常生活言語よりもはるかに学習言語を中心とした指導となるわけで，この課題にどう応えていくか。たとえば「加速度」とか「尊王攘夷」などのタームを説明する段になると，担当教科の教員の協力なしには不可能であろう。

6 学習の動機づけと社会的要因

モデルの不在：進学への動機づけに影響

　中等教育は，外国人や移民の子どもたちにとってむずかしい時期である。学習内容が高度になるだけでなく，将来の職業や進学を念頭におき，学ぶコースを考えなければならないからである。ヨーロッパでは，先に述べたように学校の制度的分枝があったり，学校側の強い進路指導（オリエンテーション）があって，移民の子どもたちが職業コースへと振り分けられることは多々ある。日本ではそうした拘束力は弱く，建前は本人次第ということで，普通科の高校に進む者が多い。だが，具体的に進路や目標をつかめているわけではなく，このため学習へのモチベーションを維持するのも容易ではない。将来の進路をどのように見出し，職業的ないし社会的参加の道を見出せるか。これは大きな問題である。

　あるインドシナ系のコミュニティでキーパーソンに対して行われた聞き取り調査では，子どもたちの身近にいる大人はたいてい工場労働者で，そのため大人になったときどんな仕事に就き，どんな人生を歩むか，多様なイメージができておらず，進学への意識は強くなく，高校で終わりと思っている子どもも多い，という感想が語られている（かながわ国際交流財団 2013: 30）。とすると，ここから予想されるのは，マニュアル労働者または中下級サービス労働者の地位の再生産であろう。親など身近な人間関係のなかの人物に自分の将来イメージをみるほかない者は，工場労働者と自分を重ねるので，進学に備える学習のモチベーションがなかなか形成されがたい。じっさい，外国人・移民の教育，学習を進める上での1つのむずかしさは，ネイティヴの，その社会で生まれ

育った子どもに比べ，社会（関係）資本に恵まれず，差別も感じとり，これこれのキャリア，しかじかの職業といった参照例がなかなか見出せない点にある。

社会関係資本の作用

　では，社会（関係）資本を積極的に利用し，進路へのイメージをもつことはできないだろうか。R. パットナムは，社会資本（social capital）を定義し，「諸個人間のつながり，すなわち彼らから生まれる社会ネットワーク，互酬性の規範，信頼性」と書く（Putnam 2000: 19）。つまり，本人の相互行為可能な範囲のなかに有用な助言者やモデルとなる人物が存在し，援助を受けたり，模範・目標になってくれることなのである。たとえば進学したきょうだいや親戚の者，同国出身で進学や就職に成功した先輩，助言が得られる教員やボランティア支援者，等々の存在のもつ資源性がそれである。

　これらの点で外国人・移民たちは相対的に不利な条件におかれている。しかしそれは絶対的なものではない。社会資本は，「相続的資本」に限られず，「獲得的資本」でもありうる（宮島 1994: 159-60）。保護者や生徒がそのなかに生きる社会関係がより広がれば，社会資本は豊かになるのであり，それは彼・彼女らの行動にもかかっている。親しい日本人の級友をつくること，教員，地域学習室指導者などに助言を求めること，高校進学ガイダンスに出席して刺激を受けることなどを通じ，自らで狭い関係性の殻を破ることはできる。また外国人生徒の狭い経験世界を広げてやろうと，卒業生先輩を学校に招き，話を聞かせたり，引率してハローワーク（公共職業安定所）の見学をさせたりと，努力している教師もいる。

コロナ危機と学校：翻弄された外国人の子どもたち

　2019 年末からおよそ 3 年以上続いた新型コロナ（COVID-19）感染危機は，外国人の子どもの教育環境，学習環境を悪化させた。そもそも教育という営為は教える者と教えられる者の間の安定した，連続性のある人的つながりなしに，成り立つだろうか。特に，日本語指導が必要，教科の理解を進めるため丁寧な個別の指導も必要という子どもたちに，そうした関係性はとりわけ必要だろう。ところが，コロナ感染危機が切迫し，突然学校は臨時休業となり，プリント配布だけの自宅学習となり，さらにオンライン授業になる。対面の，心の通うコミュニケーションによる指導がなくなり，「見捨てられた」「どう勉強を続けた

らよいかわからない」と感じた子ども多かった，と教員たちから聞く。

　オンライン授業に切り換わったとき，多くの外国人家庭では，機器を買い整えられず，通信環境も整わず，授業へのアクセスを諦めたケースがあったと聞く。学校から機器（タブレット）を貸与され，持ち帰っても，使用法がわからず（親も使用法を読めず）結局使われなかった例もあるという。しかし何といっても一番の問題は，オンライン授業，プリント配布の自習などが，相互的なインタラクションのない，一方向の伝達や教え込みになりがちな点である。「聞いて，わからないことがあっても質問ができない」と不満を訴える生徒。出身国や文化背景が異なる子どもの教育ニーズに応じて，個別の指導をしたいと思っても，オンライン授業では，画一的な語りかけしかできないと悩む教員たち。この間に外国人の子どもの学校離れ（不就学）が増えたのではないかとの懸念さえ抱かせる。

　パンデミック感染を避けるためやむなくとられた，デジタル通信による授業や学習指導を，むしろ，便利で，効率的な教育のツールだとみなす考えが強まり，多用されることが起こらないか。しかしそれは上記のように，外国人／移民の子ども，特別の支援を必要とする子どもなどには，過酷な教育環境となるおそれがある。コロナ禍の経験が強いた学校教育システムの変化には，「これでよいのか」という問い直しが求められている。

グローバル化と在外日本人の子どもたち

　二文化的背景のもとにある子どもといえば，在外日本人の子どもたちもそうであろう。経済のグローバル化などで，海外在留邦人は 130 万人を超え，うち，就学する義務教育年齢の子どもは 8 万 4000 人に及ぶ（外務省「在留邦人子女調査」2018 年）。その子どもたちはどんな経験をしているか。

　在外日本人は一応「長期滞在者」と「永住者」の 2 カテゴリーに分けられ，前者は期限のある滞在者で，可能であれば子どもを日本人学校や補習校に通わせる。永住者では，移住家族で子どもの国籍留保をしているケース，国際結婚による永住ケースが主で，子どもに重国籍者も多い。現地校または国際学校で学ぶ者が多く，週末など補習校に通うという組み合わせで学ぶ者もいる。ただし長期滞在者子弟でも，割合では現地校，国際学校に通わせるケースが少なくない。

　現地校で教育を受けた子どもには二文化を生きる独自性があり，筆者がこれ

まで出会っての印象でも，自己表現，自己選択がはっきりしている者が多い。学習言語は日本語ではない場合が多く，日本に帰国すれば苦労するだろうが，異なる文化を正面から経験し，思考のオルタナティヴをもっていると感じる。彼らに，型にはまった日本人イメージを超える部分があることは注目される。

　しかしその子どもたちをみる日本側の，とりわけ教育界の眼は「帰国子女」のそれで，彼・彼女らがどう日本社会に適応できるかという角度からみる。文科省はかねて帰国子女の受入校を定め，そこでは特別入試が行われてきた。

　この制度は親の意識，海外日本人社会のあり方に照応している。日本人駐在員多住地では「外国のなかの日本」が生まれ，親たちは子どもが帰国後の日本で受験競争に有利に参入できるよう，できれば日本人学校や補習校で日本のカリキュラムで学ばせたいと考える。あるいは英語で学ぶ国際学校を選ぶ。日本に顔が向いている親にレールを敷かれる子どもは，現地の文化，言語，人にあまり接さずに滞在を終わることもある。グローバリゼーション下で日本人が海外に出ていくなか，日本の制度，文化の“輸出”も進み，それに包まれてかえって同質文化経験にとどまるという逆説も生じている。

　ただ，先に述べたように，海外の生活環境と教育風土で育った子どもには，日本的風土では育ちにくい積極性，自己表現性，偏見なき文化理解がある。にもかかわらず，帰国してくると，日本の学校は，「英語のできる生徒」という意味では歓迎するが（中国帰りやメキシコ帰りだとあまり注目されない），そのほかの面にあまり目を向けない。授業内や学校行事などで「個性的」行動が示されると，「帰国剝がし」と俗にいわれるような学校側のマーク，そして注意が行われる。適切な対応だろうか。これらの生徒が自尊または自己肯定の感情をもち生きられる社会とならないかぎり，日本は多文化に開かれた社会となりえないだろう。

第8章 人の国際移動とジェンダー

人の移動をめぐる問いかけ

「人はなぜ移動するのか」「国境を越える人の移動はどのような社会変動の帰結であり，それによって社会に何をもたらすのか」。

こうした問いは日本の国際社会学においても，常に中心的な位置を占めてきたといえるだろう。しかし，ここでいう「移動する人々」は，果たして一枚岩でありえるだろうか。国際社会学や，広く欧米の国際移動論・移民論においては常に，移動する人は，主にエスニシティや国籍による差異，あるいは階級や階層を基準に議論されてきた（第4章参照）。しかし，1970年代に広く社会科学において台頭してきた「ジェンダー」という分析軸もまた，「人はなぜ移動するのか」そして，「国境を越える人の移動がどのような社会変動と関係しているのか」という問いを考えるうえで，きわめて重要である。また，エスニシティや階級，世代といった分析軸は，ジェンダーの視点と組み合わされることで，より立体的な意味をもつようになる。

本章では，ジェンダーの視点から今日の人の国際移動をとらえ，そこから現代社会のどのような特性を読み取ることができるのかを考察していく。

1 「移動の女性化」と国際分業

「移動の女性化」のメカニズム

現在，国境を越えて移動する人は約2億8000万人といわれている。そのなかでも，1980年代以降，移動する人々のなかで女性の数や比率が増大する，「移動の女性化（feminization of migration）」という現象が広くみられるようになってきた（カースルズ／ミラー 2011）。なかでも家族をともなわない「単身」

での女性の移動が増加している。くわしい理由はあとで述べるが，先進国のみならず新興工業国における女性の高学歴化や共働きのライフスタイルの確立，さらには高齢化の進展などが，「人間のメンテナンス」としての家事労働や介護労働に代表される再生産労働部門において移住女性労働への需要を生み出してきたのだ。代表的な移住者の送出国であるフィリピンや，スリランカ，インドネシアなどから，主に家庭内で住み込みで働く家事労働者（domestic worker）や，エンターティナー，看護師や介護士などの職に就くために中東諸国や東南アジア，そして北米やヨーロッパなど世界中に女性たちが移動している。また，第5章でも取り上げたように，結婚のために国境を越えて移動する女性たちも増加している。

　本章ではまず，こうした「移動の女性化」という現象が生まれてくるメカニズムを「再生産労働の国際分業」という視点からみていく。そこでは，国境を越えた貧富の格差が，ジェンダーと，エスニシティや国籍の差と重なって，人の移動をともなう新しい不平等の構造が生み出されていることがわかる。またこうした新しいタイプの国際分業に，労働者の受入国，送出国双方の国家的な関心が深く関わっていることにも触れる。

　後半では，「人の国際移動はジェンダー関係を変化させるのか」という，人の国際移動とジェンダー分野における研究課題が，何を明らかにしてきたのかをみていく。

資本と労働の移動

　「移動の女性化」がどのような意味を現代世界においてもっているのか，という点についてみていこう。ここでは，「再生産労働の国際分業（international division of reproductive labor）」という観点から，今日の国際移動における女性の比率の増大を考えていく。

　古典的な国際分業とは，原材料や天然資源を植民地やその後の発展途上国から収奪し，その消費や加工は植民地宗主国や先進国で行う，というかたちで16世紀以降展開してきた。原材料を貧しい場所からできるだけ安価で入手し，それをより豊かな社会のなかで加工し享受する，という貧富の格差を利用した資本主義の原型ともいえる。その後，1970年代頃からは，「新国際分業（new international division of labor: NIDL）と呼ばれる新しい国際分業のかたちが出現する。これは，先進国の側からみれば「産業の空洞化」と呼ばれる現象で，電子

部品や縫製などの生産ラインを労働者の賃金が安い発展途上国に移転し，そこで加工した製品を，先進国を中心とした世界市場で販売・消費していくというかたちの分業である。新国際分業は，多くが輸出加工区（export processing zone: EPZ）と呼ばれる途上国政府が設けた経済特区のなかに多国籍企業が生産拠点を移動させるかたちで展開された。そこで主に雇われたのは，「器用な指先」をもち「従順」であるとされた途上国の若年女性であった。新国際分業は途上国の輸出志向型の開発政策の一つでもあり，国家政策がジェンダー化したかたちの国際分業を推し進めたともいえる。フェミニスト政治学者の C. エンローが指摘するように，たとえばナイキのスニーカーの生産拠点は，1960 年代はアメリカ南部で移民女性や有色女性を雇用するスウェット・ショップ（苦汗工場）で行われていたのが，1970 年代に入るとシンガポールや韓国へ，1980 年代後半から 1990 年代になると中国，そして 2000 年代にはバングラデシュやベトナムへと，より賃金の安い場所へと移転している。そこで常に雇われるのは主として，低賃金で，かついつでも解雇可能な短期間契約労働者としての女性労働者であるのだ（エンロー 2004，第 10 章も参照）。

　こうした新国際分業が国境を越える人の移動と関連している，と論じたのは S. サッセン（1992）である。彼女によれば，多国籍企業は生産拠点をより労働コストの低い途上国の輸出加工区に移転し，そこに若年女性労働者が大量にしかも短期的に雇用される。こうした大量の女性雇用によって，彼女たちの出身共同体の伝統的な労働構造が解体される。さらに女性労働者たちは工場労働によって「西欧化」の洗礼を受けたために短期契約労働制度によって解雇された後に出身の共同体に戻れず，行き場を失って先進国への移民のプールを形成する。こうした女性労働者たちの労働が先進国において求められる場は，資本と情報の中枢が集中するニューヨークやロンドン，東京などのグローバル都市におけるビル清掃などのオフィス管理サービスや，そうしたグローバル都市のミドルクラスの人々のライフスタイルを支える，家事労働者，あるいはセックスワークも含む対人サービス業である。こうした資本と労働の移動の帰結として，冒頭で述べた「移動の女性化」が世界的に引き起こされている，と考えることができる。

新国際分業から再生産労働の国際分業へ

　サッセンの議論は「移動の女性化」すべてを直接的に説明できるわけではな

い。しかし，新国際分業に引き続いて，もう一つの新しいタイプの国際分業——再生産労働の国際分業——が生まれていることが，ここでは重要である。「再生産労働の国際分業」とは，人間の再生産活動，代表的には家事や育児，介護，性的サービス，さらには生命の再生産という意味での生殖を含む領域において，国際分業が展開していることを指す。「生産的労働力を維持するために必要とされる労働」（Parreñas 2001: 61）としての再生産労働の国際分業が，古典的な国際分業や新国際分業と異なるのは，具体的な再生産労働が行われる「場」が先進国や新興国内であり，再生産労働を安価で担う労働者が，国境を越えて途上国から先進国へと移動するという点，すなわち人の国際移動をともなった国際分業である，という点である。そして，「再生産労働＝女性労働」という先進国，途上国双方におけるステレオタイプにもとづいて，それらの労働の担い手として，途上国の女性たち（一部には男性も含まれる）が，先進国や新興国のミドルクラス以上の家庭で，住み込み（あるいは通い）でその家庭の家事や育児，介護などを担う家事労働者として移動していく。これが，「国境を越えて移動する女性の数が男性を上回る」という「移動の女性化」現象を具体的に引き起こしているのだ。

　香港やシンガポール，台湾といった新興国・地域では，フィリピン人やインドネシア人が住み込みの家事労働者としてミドルクラス家庭を支えている。パリの高級住宅街では，通いで清掃やベビーシッティングを行う，非正規滞在のフィリピン人女性たちが行き交い，ミラノの高齢者施設ではルーマニアやポーランドの女性たちがイタリア人高齢者を介護している。アメリカでも，かつて政府高官が非正規滞在の家事労働者を雇用していたことで辞職に追い込まれたことがあるなど，先進国・新興国の家事・介護労働部門への移住女性労働者の集中は世界中でみられている。また，日本で2000年代半ばまでみられていたエンターティナーのような，性・娯楽産業への女性労働者の移動も，こうした再生産労働の国際分業の一つの形態ということができる。2008年より開始されたフィリピンやインドネシアとの経済連携協定（2国間での自由貿易活性化を目指した包括的な経済連携: EPA）にもとづく介護福祉士・看護師「候補生」の受け入れや，「女性の社会進出のための対策」としての「外国人家事支援人材」の導入，技能実習や特定技能に「介護」分野を拡大するなどの日本における最近の動向は，日本社会が家事・介護部門での再生産労働の国際分業にすでに組み込まれ始めていることを示唆している（第6章も参照）。

売春と国際経済の関係について論じたタン・ダム・トゥルンは「再生産（reproduction）」には３つの次元があると説明する。それは，①「生命の再生産」，②「ライフサイクルを通じて人間を維持したり，持続させたりする活動」，そして，③「①と②の活動を通しての社会システム全体の再生産」である（伊藤 1996: 250）。再生産労働の国際分業がより明確に現れているのは，この議論の②にあたる次元で，そこには家事・育児・介護といった活動に加えて，性－情愛サービスも含まれる。社会的存在としての「人間」をメンテナンスするために必要な活動を担う労働としての再生産労働が，より安価に雇用できる途上国の，主として女性労働者によって担われるようになったのが再生産労働の国際分業の内実といえる。

新しいグローバルな不平等とその強化

ウォーラーステインに代表される世界システム論をフェミニズムの視点から分析した M. ミースは，「新国際分業」下において，途上国の女性労働者の搾取的な労働によって生産された商品を，先進国の消費者として購入するというかたちで，先進国と途上国の女性たちが不平等に結びついていると論じた（ミース 1997）。しかし，「再生産労働の国際分業」の下では，移住家事・介護労働者とその雇用者として，途上国と先進国の女性の間にはさらに直接的な権力関係が発生し，「女性」間のグローバルな分断が顕在化する。「家事・育児・介護＝女性の仕事＝低賃金」というジェンダー化された図式が，人の移動をともなってますます強化され，同時に，こうした仕事に従事する女性＝移住女性と，彼女たちの存在によって仕事と家庭の両立というライフスタイルを実現できる先進国のミドルクラス女性たちとの間に，新たなジェンダー・階層・エスニシティやナショナリティにもとづく不平等構造が再編されていく。そこに欠落しているのは，家事や育児，介護を男女で平等に分担する，あるいは男女ともにワークライフバランスを実現できるような社会システムを構築する，という発想であることはいうまでもないだろう。

社会学者の A. R. ホックシールドは，こうした再生産労働の国際分業を，グローバルな「ケアの連鎖（care chain）」と名づけた（伊藤・足立 2008）。先進国・新興国における女性の高学歴化，共働きの増加，さらには高齢化が家事・介護の担い手，すなわちケアの担い手としての女性の国際移動を引き起こす。そして多くの女性たちは，自らのケアの対象である子どもやそのほかの家族を

香港への出稼ぎの書類手続きをするフィリピン農村部の女性

出身社会に残し，国内の低階層の女性や親族女性がそのケア役割を担う。ここに，女性の労働とされるケア労働を通じてグローバルで不平等な連鎖構造が生まれる。

　こうした再生産労働は，経済危機によっても需要がそれほど変動しない。たとえば，代表的な移住家事労働者の送出国であるフィリピンにおいては，1998年のアジア通貨危機や，2008年頃の世界的な不況下にあっても，男性を中心とする建設労働部門ではフィリピン人労働者への需要が激減したが，女性労働者が多い家事・介護分野での需要に大きな変化はみられなかった。先進国の高齢化や女性の高学歴化は，移住女性による再生産労働への需要が今後ますます増えていくことを予測させるが，再生産労働は，担い手のジェンダーやエスニシティ，そして滞在上の地位などによって，常に危険にさらされやすい（vulnerable）労働でもある。実際，移住家事労働者が多く働く中東産油国や，香港，シンガポールでは，家事労働者への肉体的・性的虐待や賃金未払いなどの問題が絶えない。2005年に条件が厳格化された在留資格「興行」でフィリピンから日本へ移動していた女性たちが集中した接客業も，中間搾取が生じやすく危険にさらされやすい職業であった。同時に，フィリピン人を中心にしたエンターティナーによる日本人男性への接客は，先進国の男性による途上国の女性への直接・間接的な性的支配という構図をはらんでもいた（DAWN 2005）。また，COVID-19パンデミックで注目された「エッセンシャル・ワーク」には，こうした移民女性たちが担うケア労働や看護，そしてサービス業の多くが含ま

れていた。パンデミックの経験を通して，移民女性たちの担うこうした再生産労働の社会的重要性と，これらの職種のリスクの高さがあらためて浮き彫りになった（Triandafyllidou and Nalbandian 2020）。このように，再生産労働の国際分業は，古典的国際分業，そして新国際分業と同様にグローバルな貧富の差を利用した分業であると同時に，その不平等をジェンダーの視点からも強化・再編する構造といえる。今日，古典的国際分業，新国際分業，そして再生産労働の国際分業は，それぞれが「うろこ状」（サッセン 2004）に重なり合うかたちで同時的に進行している。

2 移動する女性たちをめぐる制度・政策

　再生産労働の国際分業は，グローバル資本主義の論理だけで動くわけではない。そこには，国家の政策が強く働いている。言い換えれば，再生産労働の国際分業は，グローバル化のなかで引き起こされるジェンダー化された人の移動に国家がどのように関与しているのかという，ナショナルな力学とグローバルな力学との交差を明らかにするものでもある。

　ここでは，アジアにおける代表的な移住家事労働者の受入国である香港とシンガポールの例から，国家と再生産労働の国際分業との関係についてみてみたい。

移住家事労働者の受け入れ政策

　香港は 1969 年から，シンガポールは 1978 年から，それぞれ移住家事労働者を政策的に受け入れてきた。いずれも，女性の労働参加を進めるうえでの方策であり，最近ではシンガポールの場合に顕著なように，在宅での高齢者介護の担い手としての期待も高い。香港では全世帯の約 1 割，シンガポールでは 6 世帯に 1 世帯の割合で移住家事労働者が雇用されているという。しかし，両政府とも，移住家事労働者をどんな世帯でも自由に雇えるようにしているわけではなく，世帯収入による条件（たとえば香港では世帯月収が 1 万 5000 香港ドル〈約 26 万円〉以上）や，外国人雇用税（levy）負担を雇用主に求めている。シンガポールでの外国人雇用税は，家事労働者以外の移住労働者を雇用する場合にも課されているが，家事労働者への課税額が一番大きい。これらのことから，

両政府ともに，移住家事労働者の数が必要以上に増えないようにコントロールしていることがわかる。また，シンガポールでは，16歳以下の子どもか67歳以上の高齢者，あるいは障がい者がいる世帯に対しては外国人雇用税を引き下げており（2022年現在，通常は月額300シンガポールドルのところ，上記条件にあてはまる世帯では60シンガポールドル），必要な世帯では雇いやすい条件にするなどの細かいコントロールが，国家によってなされていることもわかる。

　両政府とも，移住家事労働者は雇用主世帯に「住み込み」であることが条件であり，家事労働者の滞在資格で就労している労働者は，それ以外の滞在資格に変更したり，あるいは永住権を取得することはできない。2013年3月，1986年から香港で住み込みの家事労働者として就労を続けてきたフィリピン人女性が永住権を求めた裁判の判決が下された。そこでは，香港で通常外国人に認められる「7年間以上の"通常の居住"による香港での永住権資格の取得」に，住み込み家事労働者は当てはまらないとの判断がなされた。つまり明確に，「一定期間の居住後に永住権を取れる外国人」と，「住み込みの移住家事労働者」の間に線が引かれ，後者は前者にはなりえないという判断が下されたのである。受け入れ社会のミドルクラス以上の生活を影で支え，また雇用主にとっては一種のステイタス・シンボルでもある移住家事労働者，なかでも滞在歴の長いフィリピン人が，受け入れ社会からはっきりとその市民権を「拒絶」されたことを象徴するこの事件は，必要な労働力でありながら，社会的には定着させたくない存在として位置づけられている移住家事労働者の存在を，あらためて浮き彫りにした。

　シンガポールでは，移住家事労働者は現地シンガポール人と結婚することができず，また半年ごとに妊娠検査が義務づけられ，妊娠が判明すると帰国しなければならない。こうした検査は他の移住労働者には義務づけられておらず，ここでも移住家事労働者に限定して，国家による身体への介入や，労働者自身の再生産活動の禁止が行われていることがわかる。以上のことから，両政府にとって，移住家事労働者は，必要であるが数的には必要最低限にとどめ，かつ社会的には定着させたくない労働者であることが読み取れる。

　再生産労働の国際分業は，こうした受け入れ国家の戦略——自国内における再生産労働の負担を，低賃金で雇用できる移住女性家事労働者の管理的な導入によって転嫁させようとする——によっても支えられているのである。その裏で，家事労働者への虐待や，劣悪な労働条件が放置（たとえばシンガポールでは，

2013年に初めて，移住家事労働者に週休一日を保証する制度が整えられた）されてきたという事実を忘れてはならない。

日本の場合

　日本もまた，再生産労働の国際分業において国家として積極的な役割を果たしてきた。在留資格「興行」を得る条件として，フィリピン政府によって認められた「芸能人資格」を取得し，そのうえで実態としてはナイトクラブなどでの接客業にほとんどの女性たちが従事していたという事実は，2004年にアメリカ国務省の「人身売買報告書」よって「人身売買の温床」との指摘を受けることになる。その後すぐに日本政府は「興行」での入国資格審査を厳格化し，在留資格「興行」で主要に入国していたフィリピン人女性の数は激減した。しかし，アメリカからの指摘を受けるはるか以前から「興行」で入国したエンターティナーの女性たちが接客業に就いていることや，そこで中間搾取や人権侵害が横行していることなどは報告されてきており（DAWN 2005），また実際に入国管理局に助けを求める女性たちもいたという（坂中 2005）。抜き打ち的な取り締まりは行われたものの抜本的な対策がとられることがなく，また，摘発された場合には，本来責任を問われるべき業者や仲介業だけでなく，「資格外就労」を行ったとして労働者自身が帰国させられるといった施策を振り返ると，日本政府は性・情愛サービス分野での再生産労働の国際分業の負の側面を，放置するというかたちで強化する役割を担い続けてきたともいえる。

　日本で初めて介護や看護の分野で事実上移住労働者への門戸が開かれたのが，2008年からの経済連携協定による看護師・介護福祉士「候補生」の受け入れである。母国で看護師などの資格をもっている人々にも日本での国家試験合格という高い条件が課され，その試験準備期間に「候補生」として研修・就労が認められたこの制度では，国家試験合格のための教育・学習活動への国からの援助は当初はほとんどなく（現在では改善されたものの），結果として「候補生」や彼ら・彼女らを受け入れた介護施設や病院といった現場に多くの負担が強いられた。経済連携協定による介護福祉士・看護師「候補生」受け入れについては，高齢化にともなう介護分野での人手不足を補うものである，とする介護現場側の立場と，「国際協力の一環としての特例にすぎない」とする管轄省庁である厚生労働省の立場は異なっている。しかし，技能実習制度の「介護」分野への適応拡大や，在留資格「介護」の新設，そして新設の特定技能の在留資格

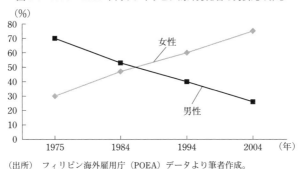

図8-1　1970～2000年代のフィリピン海外労働者の男女比の推移

（出所）　フィリピン海外雇用庁（POEA）データより筆者作成。

での「介護」分野の受け入れ開始など，日本における介護分野の人手不足は明らかだ。しかし，介護現場での労働環境の改善などはみられておらず，パンデミックによってますます労働環境は厳しさを増している。日本においては「受け入れ」の枠組みは追加されているものの，そこに再生産労働をどのように国家として維持していこうとするのかのビジョンはみえない。政府が2014年に打ち出したフィリピンからの「家事支援人材」の導入も，果たして本当に，「女性の活躍」を支えるものになるのだろうか。

送出国にとっての再生産労働の国際分業

　再生産労働の国際分業にナショナルな関心から関与しているのは，移住労働者の受入国側だけではない。送出国もまた，再生産労働の国際分業の重要なアクターの一つである。たとえば「出稼ぎ立国」として名高いフィリピンは，マルコス政権下の1970年代半ばから国家政策として「海外雇用政策（overseas employment policy)」を打ち出してきた。開始当初は中東での建設労働の需要が大きく，男性労働者の数が多かった海外労働者であるが，1980年代半ば以降は，アジアの新興国における家事労働者に対する需要が増大したことにより，「海外労働者の女性化」が見られている（図8-1）。

　すでに述べたように，家事労働者は危険にさらされやすい職種であり，1980年代半ば以降，フィリピン人家事労働者の人権侵害が相次いで報告されるようになった。こうした状況のなかで，たびたび家事労働者としての渡航を禁じる措置もとられたが，逆に，「どうして私たちの働く権利を奪うのか」と労働者側からの反発もあり，いずれもそれほど効果はなかった。社会学者の大

石奈々は，自国民の移動への国家からの介入の仕方は男女で異なっており，とりわけ女性の移動に関しては「権利保護」という観点からより管理や規制が強まることが多いとしている（Oishi 2005）。送出国による人の移動への関与もまた，ジェンダーによって異なっているのである。

1995年に「移住労働者と海外フィリピン人に関する95年法（The Migrant Workers and Overseas Filipinos Act of 1995: RA8042）」を制定し，「労働者の権利保護」を政策として掲げざるをえなくなったフィリピン政府は，「"技術のある（skilled）"労働者を海外に送り出すことで，労働者の人権侵害を防ぐ」という方策をとるようになる。すなわち，家事労働者をはじめとする労働者への人権侵害は，彼ら・彼女らが「技術を持たない（unskilled）」ことに起因しているとする考え方である。その後，海外で働く家事労働者の「専門職化」が進められ，家事労働者としての国家資格の取得が新規渡航者には義務づけられるようになった。また，先進国における高齢化による需要の増大を見込んで，フィリピン国内では職業化されていなかった「介護労働者（caregiver）」の技能標準を定め，海外での介護労働力への需要に応える動きも2000年代前半から始まった。2019年に渡航した海外フィリピン人は約215万人で史上最高となったが，新規渡航者のうち，約26万人が家事労働職であった。また，COVID-19によって一時的に大きく減少した海外雇用に回復の兆しが最初にみえはじめたのは，介護職である（フィリピン海外雇用庁〔POEA〕統計）。世界的な不況下でも，建設労働や工場労働に比べて需要が減らない再生産労働部門は，先進国における高齢化や，女性の労働参加率の増加などによってますます今後も需要が増えるであろう。安定的な外貨獲得を狙う送出国にとって，再生産労働の国際分業は，ナショナルな期待がかけられる現象であり続けている。

3 人の国際移動はジェンダー関係を変化させるのか

ジェンダー視点による移動研究から

最後に，ジェンダー視点からの移動研究がもつ研究上の含意について確認しておこう。「人はなぜ移動するのか」「人の移動は，どのような社会・経済・政治的帰結を生むのか」という問いは，人口学，社会学，政治学，経済学，人類学，歴史学などさまざまな学問分野において，「移民・移動研究（migration studies）」として研究が重ねられてきた。しかし，欧米を中心にした移民・移動研究においては「移動する人間＝男性」との暗黙の了解があり，移民は「性別のない」存在として長く理解されてきた。もしくは，国境を越えて移動する女性は，「（男性）移民」の被扶養者，つまり妻や母である，というステレオタイプ・イメージがあった。移民理論の古典として有名な M.J. ピオリの研究 *Birds of Passage*（『渡り鳥』1979）のタイトルになぞらえて，"Birds of Passage are also women"（「渡り鳥には女もいる」）（Morocvasic 1984）と題した論文を発表した M. モロクワシチによれば，ヨーロッパの移民研究において，女性移民は，「非生産的・文字が読めない・孤立している・外界から隔離されている・子だくさん」といったステレオタイプのもとで，「社会問題」として言及されるのみであったという（Morocvasic 1983）。 移動する女性たちは，その労働の経済的貢献度や移民過程における役割について検討されてこなかったのだ。

　1970 年代になると，多くの社会科学の分野でフェミニズム思想の影響が強まるようになる。それは移動研究も同様で，70 年代から 80 年代初頭に「女性と移動」を主要な関心とするフェミニスト的視点からの移動研究が登場してきた。しかしこれらの視点はこれまで分析の対象とされてこなかった「移民女性」を視野におさめることで，あたかも女性のみが「ジェンダー化された存在」であるような態度をとりがちであった（小ヶ谷 2007; Hondagneu-Sotelo 2003）。

　1980 年代後半から 90 年代前半になると，「女性と移動」研究は，「ジェンダーと移動」研究の段階へと移行していった。そこでの問いは，移動そのものがどのようにジェンダー関係を変化させるのかさせないのか，というものであった。ホンダグニュ＝ソテロ自身の著作である『ジェンダー化された推移——メキシコ移民の移動経験』（1994 年）は，男性が先行して移動しその後家族を呼び寄せるというパターンが多いメキシコからアメリカへの移民過程において，女性が国境を越える移動によって新たな収入源を得たりすることで，家庭内でのジェンダー関係が移住の過程とともに変化していくことを明らかにした。また，子どもの学校やコミュニティでの活動などを通して，移民女性は移民男性よりもホスト社会との接点を多く持つようになる場合もある。国際移動の過程やホスト社会への統合の度合いなども，ジェンダーによって異なるのだ。

　前節までで論じてきた「移動の女性化」は他方で，家事労働・介護職を中心に女性が先行して移動し，その後夫や子どもたちが呼び寄せられる，という女

性先行型の家族の移動も引き起こす。たとえば，住み込み介護労働者として2年間働くと，その後市民権への申請と家族呼び寄せが可能になるカナダや，当初は非正規で入国した家事労働者がその後の一斉正規化（アムネスティ）によって家族を呼び寄せることが可能なイタリアなどでは，こうしたケースが多くみられる。こうした「女性先行型」の移住における世帯およびコミュニティ内部でのジェンダー秩序の再編については，シバ・マリヤム・ジョージ（2011）のインドからアメリカに移動した看護師研究が興味深い。ジョージが調査したインド人女性看護師と夫たちの間では，出身社会における伝統的なジェンダー・イデオロギーと，アメリカの労働市場における現実の間に齟齬が生じる。なかには，夫が家事や育児を担わなければならなくなる場合も出てくるが，そこでは経済的意思決定に関しては妻が夫の顔を立てる，など多様な戦略が取られていた。

「移動の女性化」が進み女性の単身移動が増えると，そのことが移住女性の社会経済的地位の向上を自動的にもたらすように思われがちである。しかし，すでに述べたように新たなジェンダー関係の不平等をもたらしている「再生産労働の国際分業」において，移動する個々人をとりまくローカルなジェンダー規範もまた，決して消滅するわけではなく，国際移動を通して再編され，時には強化されることがあるのだ。

女性の単身移動とジェンダー規範

ラセル・パレーニャス（2008）は，子どもたちによる親の海外出稼ぎをめぐる語りを分析するなかから，父親・母親の海外出稼ぎがそれぞれ異なって評価されており，それはフィリピンでのローカルなジェンダー規範にもとづくものであることを明らかにしている。「一家の灯」としての母親は家庭にあって家族をケアする役割が「本来的」であるとみなされており，父親は家計を支える「一家の大黒柱」がその役割とされる。しかし，ひとたび母親が海外出稼ぎに出ると，「一家の灯」としての母親役割は満たされず，伝統的な父親役割とも，母親役割とも齟齬をきたすようになる。逆に，父親が海外に出て，国内では得られない収入を得ることは，本来の父親役割を十全に果たすことになる。このように，「女性化」が浸透しているフィリピンからの海外出稼ぎにおいても，依然として「母親の不在」は「海外労働の社会的コスト」といわれることが多く，ジェンダーによってその評価は大きく異なっているのだ。2000年のフィ

リピン映画『母と娘』（*Anak*）は，こうした海外出稼ぎに出る母親たちの長期不在が，「家族のため」でありながらも，子どもたちがその現実を受け止めきれずに母親との間に軋轢を生じさせ，母親が葛藤するという現実を描き，大ヒットした。

　また職業移動の観点からみても，フィリピンからの海外出稼ぎはジェンダー間でその意味を異にする。家事労働職に集中する女性労働者の場合，出身社会で同じ家事労働職に就いていた人はほとんどいない。しかし，男性の場合には，自らのもつスキルや資格が海外雇用でそのまま活かされる場合が相対的に多い。経済的地位は上昇しながらも，社会的地位は下降するという意味での「矛盾した階級移動（contradictory class mobility）」（Parreñas 2001）を経験する度合いは，フィリピンの場合では女性の方が多いと考えらえる（小ヶ谷 2002）。

　出身社会のジェンダー規範からの「脱出」が，女性の単身での国際移動をもたらす背景になっている場合もある。たとえば女性の職場での地位が低い，ジェンダー化された日本の企業文化から抜け出すことをめざして，1980年代後半から香港へ新天地を求めて移動した日本女性たちがいた（酒井 2003）。また，離婚制度がないフィリピンにおいて，夫から物理的に距離を置くため，あるいは夫婦関係の破綻による近隣の人々からの噂話などから逃れるために海外出稼ぎを決意する女性たちもいる。もちろん，シングルマザーとしての経済的負担を海外就労によってカバーしなければならないという目的もある。

　このように国境を越える人の移動がどのように既存のジェンダー秩序やジェンダー規範と相互作用しているのか，という視点は，あらためてジェンダー規範の「弾性」（変化が容易ではなく，かたちを変えながらも持続していくこと〔ジョージ 2011〕）を私たちに教えてくれる。

4 トランスナショナルな主体としての移動する女性たち

主体としての移住女性

　人の国際移動は国境を超えた新たなジェンダーにもとづく不平等構造をもたらし，また時には，ローカルなジェンダー規範を強化するような側面を持つ。しかし同時に，移動する女性たちが，さまざまな制約のなかでも自分たちの労働者としての権利を主張したり，新しいトランスナショナルな社会変動を引き

　社会学において社会運動は重要な問題関心であり続けてきた。それは，社会運動自体の変遷が社会変動を映し出し，さらに予見する鏡のようなものでもあるからだ。ポスト工業化社会における「新しい社会運動」としての学生運動やマイノリティ運動，フェミニズムの興隆が近代における個人のアイデンティティの多様化を描き出してきたとすれば，グローバル化が進展する今日において，一つの国民国家内では解決できない国境を超えた共通の課題の出現を明らかにするのが，国境を超える社会運動である。早くは環境問題など，一国単位の課題を超える問題への取り組みに始まり，近年では，多国籍企業や先進国首脳会議などが主導する新自由主義的グローバリズムによる経済格差の拡大や人権侵害などの「グローバルな課題」に，「グローバルな市民社会」として向き合う運動が増えてきている。「もう一つの世界は可能だ」とうたう世界市民社会フォーラムのように，グローバルな市民のネットワークが構築可能になったこともまた，グローバル化の一つの帰結である。

起こす主体であることも，忘れてはならない。既出のサッセンも，さまざまなかたちでグローバルに可視化されてきている移住女性を，グローバルな過程における新しい非国家的主体の一つとして着目している。

　たとえば，第2節で紹介した香港では，移住家事労働者が支援組織や労働組合とともに，自分たちの移住家事労働者としての権利向上のために闘い続けてきた歴史を持っている。さらには移住家事労働者自身による権利運動の内部でも，流入時期が早く，また相対的に条件がよいフィリピン人家事労働者が，相対的に労働条件が悪く組織活動の経験も少なかったインドネシア人家事労働者の運動を支援するような新しい関係も生じている（小ヶ谷 2008）。こうした家事労働者の運動は世界的にも広がっており，2011 年には ILO が「家事労働者のディーセントワーク（＝働きがいのある人間らしい仕事）条約（第 189 号）」を採択し，現在世界中で批准キャンペーンが展開されている。

　日本においても，日本人と結婚し「主婦」となったフィリピン人女性たちが，日本の公立小学校で英語教育の担い手として活躍していることも現在では珍しくない（高畑・原 2012）。日本におけるフィリピン女性たちの組織活動は，かつての「ジャパゆきさん」といったステレオタイプを壊したいという，一種の女性たちのアイデンティティ戦略でもある。

　また，2008 年に国際婚外子の日本国籍取得の権利を求めて国籍確認訴訟を

起こしたフィリピン人シングルマザーたちの行動は，子どもの国籍取得にあたって父母の婚姻を条件としない，改正国籍法を実現させた（第5章参照）。韓国でも，フィリピン出身でその後韓国籍を取得したイ・ジャスミンが国会議員に選出された。これらは，国境を越えて移動した女性たちが，移動した社会のナショナルな境界を変動させる主体となっている事例といえる。

　ローカルなジェンダー規範が国際移動のなかでも弾性をもつと同時に，それが移動主体によって書き換えられている現実もある。たとえば，海外出稼ぎが長期化したシングルの移住女性たちのなかには，親への送金を通して「親孝行な娘」規範を守り，その後，やはりローカルな規範を逸脱せずに結婚した後も，海外出稼ぎを続けることで，海外出稼ぎを一種の「キャリア」として周囲に認識させるにいたっているケースもある（小ヶ谷 2016）。

「国際移動とジェンダー」という課題

　国際移動を通してジェンダー関係はどのように変化するのか，しないのか。「国際移動とジェンダー」という，移民・移動研究において比較的新しい領域の研究は，この問いを追いかけ続けている。本章でみたように，その答えは必ずしも単純明快ではなく，複雑な様相を見せている。しかしながら，人の国際移動を，現代世界を読み解くための一つの切り口としてとらえるならば，国際移動とジェンダーをめぐる一連の課題は，グローバル化のジェンダー化された側面を描き出す有効な手がかりとなる。さらに，日本において増加する移民第二世代や，ミックス・ルーツの人々を取り巻く，エスニシティとジェンダーの交差性についても，「国際移動とジェンダー」が提起した論点は有効であろう。人の国際移動とジェンダーを交差させて考えることは，あらためてジェンダー規範やそれにもとづく社会関係や制度の複雑さと強固さを明らかにするともいえる。

第9章

難民の受け入れと「難民問題」

難民問題とはなにか

紛争，差別，暴力，迫害などから逃れて移動し，他国に庇護を求める人々は難民や避難民と呼ばれる。国連難民高等弁務官事務所（UNHCR）によれば，そうした難民の状況にある者は，2021年末の時点で，8931万人にのぼる。難民の人々の保護と支援の政策，制度，取り組みは国際社会の重要な課題として認識されている。では，日本では難民の受け入れ，保護，支援について，どのような経験が積み重ねられてきたのか。難民の受け入れは，日本社会にどのような影響や意識の変化をもたらしたのか。そして，難民条約締約国でありながら，欧米諸国と比べ，難民として認定される人々の数がきわめて少ないのはなぜなのか。

この章では，前半では日本における難民の受け入れの現状と課題を論じ，後半ではいくつかの研究アプローチを紹介しながら，「難民問題」とは誰にとっての，どのような問題なのかをやや理論的に考察する。

1 日本社会の難民

日本における難民の受け入れ

日本では第二次世界大戦以前から西欧やアジアの政変，革命，民族迫害などから逃れてくる難民の受け入れを散発的に行ってはいたが，制度的に整うきっかけとなったのは，1975年以降のインドシナ3国（ベトナム，ラオス，カンボジア）から逃れてきたインドシナ難民の到来である（本間1990）。この時期から国際的な人権問題としての難民保護に関する議論が急速に高まり，日本は1979年に国際人権規約を批准し，1981年に「難民の地位に関する条約（1951年）」

に，その翌年に「難民の地位に関する議定書（1967年）」に加入する。こうした国際条約を国内法へと適用するために，1981年には，1951年制定の出入国管理令を，「出入国管理及び難民認定法」へと改定した。

　当時この2つの国際条約により「内外人平等主義」，つまり，外国人にも自国の国民と同様の権利を与えることが求められた。たとえば，難民条約第23条には，「締約国は，合法的にその領域内に滞在する難民に対し，公的扶助及び公的援助に関し，自国民に与える待遇と同一の待遇を与える」とある。これにより，公共住宅に関連する法や，国民年金法，児童扶養手当法，特別児童手当扶養法，児童手当法，国民健康保険法などにおける制度的な外国人差別を撤廃することとなる。インドシナ難民の受け入れと国際条約への批准は，社会的権利の対象となる実質的なシティズンシップの範囲を見直す効果をもちえたのである（田中 2013［1994］: 162-174 ; 宮島 2021: 64-66）。

　インドシナ難民の受け入れは難民条約上の認定ではなく，閣議了解による許可の枠組みで実施されたが，日本社会にとってはこのように難民条約加入のきっかけとなり，難民をはじめとする外国籍居住者の処遇の改善に少なからず貢献した。その一方で，インドシナ難民はあくまで一時的な保護の対象という位置づけが続き，1979年までは厳しい定住条件が設けられ，定住に関する公的支援も限られてきた。さらに，1980年代後半からは難民の数の増加を受けて「偽装難民」が問題視され，入国を管理・制限する側面が強くなる（荻野2006）。こうした，難民に対する日本社会，政府の消極的な姿勢は，今日の難民受け入れにも引き継がれているといえるだろう。

　1980年代に制度として整えられ，現在では法務省出入国在留管理庁によって個別の難民申請者に対する難民認定申請（以下，難民申請）と審査・認定の手続きが行われている。しかし，日本の難民受け入れ制度の特徴として真っ先に挙げられるのは，その受け入れ人数の極端な少なさである。たとえば，当時「過去最多の認定者数」といわれた2021年は，新規申請者数2413人，申請処理数6150人，不服申立て処理数7411人に対して，認定者数74人（一次審査での認定者65人と不服申立てで認定された9人の合計）であった。表9-1には2016年以降のデータをまとめた。日本では難民認定の他に，「人道配慮」による在留許可という扱いもなされているが，難民としての認定と比べると，定住促進プログラム（日本語教育，職業紹介など）が適用されないほか，社会保障や家族呼び寄せ，永住許可取得の条件が制限的であることや，難民旅行証明書が付与

表 9-1　日本における難民認定申請数，不認定数，認定率

年	申請数	認定数	一次審査の不認定数	認定率（%）
2016	10,901	28	7,492	0.3
2017	19,629	20	9,742	0.2
2018	10,493	42	10,541	0.3
2019	10,375	44	4,936	0.4
2020	3,936	47	3,477	0.5
2021	2,413	74	4,169	0.7

表 9-2　他国との認定数と認定率の比較（2021 年）

	認定数	認定率（%）
ドイツ	38,918	25.9
カナダ	33,801	62.1
フランス	32,571	17.5
アメリカ	20,590	32.2
イギリス	13,703	63.4
日　本	74	0.7

（出所）　認定率は NPO 法人難民支援協会の用いる算出方法を参照し，日本については法務省入国在留管理庁（2022）より認定数÷処理数（第一次審査と不服申立処理数の合計から各取り下げた者等の人数を差し引いた数）として算出した。各国については，*UNHCR Refugee Data Finder* から Recognized ÷（Total decisions − Otherwise closed）として算出した。

されないなど，難民として認定される場合と同等の地位が与えられるわけではない。

　表 9-2 では 2021 年を例として，他の国々の認定率と比較した。さまざまな条件の異なる他国との単純な比較には検討を要するが，日本の認定数の少なさは顕著である。その際立った認定率の低さは，2017 年の状況に関する UNHCR の年次報告書において，1%を唯一下回った国として指摘されたほどである（UNHCR 2018:45）。

2 なぜ難民の受け入れが僅少なのか

認定数の少なさのその背景には，日本における難民認定基準が不透明なうえに，国際的な審査基準と乖離し，条約が限定的に解釈されている点や，難民認定制度の体制が不十分であることなどが指摘されている。特に条約解釈においては，UNHCRの「難民認定基準ハンドブック」を参照しないなど制限的な立場をとっており，難民の受け入れは，国際的な保護ではなく，むしろ入国管理の枠組内におかれている（山本 2016）。

難民および難民受け入れという課題への日本社会の関心の低さも問題としてあるだろう。政府や入管庁が難民保護の必要性や，国際社会の一員としての義務だとする趣旨の啓発やキャンペーンを行ったこともなく，子どもたちが学校や書籍・メディア，地域社会での活動を通して難民問題について学ぶ機会も限られている。この点，たとえばドイツでは市民社会の関心の高さが，難民受け入れの政策を支えていることと好対照をなしている。たとえば，2015年，2016年の難民の急増を受けて，ドイツでは市民と難民自身によるボランティア活動の拡大を通して難民の社会統合支援が強化された。

それでも，日本において，なんみんフォーラム，難民支援協会，移住者と連帯する全国ネットワーク，全国難民弁護団連絡会議，日本弁護士連合会をはじめとする市民・専門家の団体やネットワークは，国際的な保護を必要とする人々が適切に保護されない状況について，個別の難民の人々への支援とともに，絶え間ないアドボカシーと問題提起を続けてきた。2021年に難民条約加入から40年を迎えた日本の「難民行政」の課題は，これら市民社会のアクターに共有されている（生田 2021）。

こうした批判を長年受けつつも，法務省による難民認定制度の改善の兆しはいまだみえていない。2021年2月には，長期にわたる外国人収容問題の解決を目的に，出入国管理及び難民認定法の一部改定法案が第204回通常国会に提出されたが，事実上の難民申請の回数制限，送還，申請者や支援者の犯罪化を可能にする制度の導入が提案される内容であり，市民社会から広く批判された。2021年3月，スリランカ出身の女性ウィシュマ・サンダマリさんが名古屋出入国在留管理局の収容施設で亡くなるという痛ましい事件への批判ともあ

いまって，改定法案は結果的に取り下げられたが，再提出の可能性が懸念されている。また，これまでの入管施設における被収容者の死亡事例はウィシュマさんだけではなく，難民申請者も含めた外国人の長期の収容とその処遇は問題として残されている。

制度の課題が難民の人々へもたらす影響

　こうした制度上の問題の影響を受けているのは，いうまでもなく，難民・難民申請者の人々である。では，それはどのような人々だろうか。法務省出入国在留管理庁によれば，2021年の申請者2413人の国籍は50カ国にわたり，上位5カ国はミャンマー（申請者総数の25.4%），トルコ（21.1%），カンボジア（18.2%），スリランカ（6.5%），パキスタン（3.7%）であった。性別をみると，男性1707人（70.7%），女性706人（29.2%）と男性比率が高い。

　難民不認定となりながらも，帰国にともなう危険性から複数回にわたり申請する事例のなかに，トルコ出身のクルド人の人々がいる。難民認定制度の運用が開始された1982年から2020年の間に9409人のトルコ出身者が難民申請を行っており，その大半がクルド人とされる（生田 2021:12）。その多くは埼玉県川口市，蕨市にコミュニティを築き，日本社会で生活してきた。これまで認定者が1人もいない状態が続いていたが，2022年5月に，2014年に来日したクルド人男性が日本政府に対して難民不認定処分の取り消しを求めた訴訟において，札幌高裁はトルコにおける人権侵害の状況と迫害のおそれを認め，難民に該当すると認めた。法務省はこの判決を受け男性を難民と認定した。この初めてのクルド人の認定を受け，あらためて，日本において長期間実現してこなかった適正な審査の必要性が求められている（全難連 2022）。

　また，難民条約では難民や難民申請者を送還することを禁止する「ノン・ルフールマン原則」が定められ，国際的な人権保護の強い規範として機能している。しかし，日本においては，空港において難民申請の意思が伝わらず，送還の対象となるリスクや，長期の収容，労働の権利や社会保障からの排除によって，帰国を強いられる状況など（小坂田 2020），ノン・ルフールマン原則が必ずしも守られていない現状も，難民の人々の命に関わる重大な問題である。

　難民申請者や在留資格をもたない超過滞在者・非正規滞在者・仮放免者として，日本に滞在する人々にとって，生活の保障に対する権利や，就労資格，医療へのアクセスは限定されている。難民認定を得るのが容易ではない状況にお

いては，多くの難民が共通して抱える問題であり，貧困状態に陥る人々や社会
生活における困難を抱える人々もいる（古藤 2012）。たとえば，就労資格の得
られない仮放免中のクルド人が，およそ 500 人生活している埼玉県川口市は，
かれらの逼迫した状況を受け，2020 年 12 月に，就労を認める制度の構築など
最低限の生活維持を可能にする制度を求める要望書を法務省に提出した。また，
2020 年以降のコロナ禍においては，健康保険に入れない移民・難民の医療ア
クセスの問題が深刻化したことも報告されている（大川 2022）。

　そうしたなか，特定の国籍・背景の一部の難民に関しては，新たな保護の取
り組みが実施されつつある。2022 年 2 月のロシアによる侵攻から逃れるウク
ライナからの難民に対して，日本政府は政府専用機による日本への移送，査
証・在留資格の発行，住居，生活費の提供といった措置をとった。また，
2021 年 8 月のタリバンによるカブール陥落後に日本に逃れたアフガニスタン
難民のうち，在アフガニスタン日本大使館職員及びその家族である 97 人に対
しては，退避からおよそ 1 年後ではあるが，2022 年 8 月に集団的な難民認定
が行われた。しかし，こうした対応は評価される一方で，すでに日本社会にい
る難民申請者の認定手続や待遇との間には大きな格差がある。これまでに指摘
されてきた課題に対して，正面から取り組む政策的な前進とはいえないだろう。

3 難民とは誰か

　ここまで，「難民」ということばをあえて定義せずに，日本社会において難
民や難民申請者と呼ばれる人々をめぐる状況について述べた。実のところ，時
代や地域において多様に異なる背景をもって移動する人々を包括的に定義する
のは容易ではない。私たちが誰かを難民と呼ぶとき，そこにはどのような意味
合いがあるのだろうか。

難民条約上の定義と国際難民レジーム

　難民とは誰かについてさまざまな議論が重ねられているが，難民の地位に焦
点をあてた議論では，1951 年難民条約第 1 条のうちの次の定義が参照され，
その解釈や適用が検討される。

人種，宗教，国籍もしくは特定の社会的集団の構成員であることまたは
政治的意見を理由に迫害を受けるおそれがあるという十分に理由のある恐
怖を有するために，国籍国の外にいる者であって，その国籍国の保護を受
けることができない者またはそのような恐怖を有するためにその国籍国の
保護を受けることを望まない者及びこれらの事件の結果として常居所を有
していた国の外にいる無国籍者であって，当該常居所を有していた国に帰
ることができない者またはそのような恐怖を有するために当該常居所を有
していた国に帰ることを望まない者。

　条約上の難民の定義の要件を整理すると，(1) 国籍国の外にいる，(2) 迫害
を受けるおそれがあるという十分に理由のある恐怖を有する，(3) その迫害の
理由が人種，宗教，国籍，特定の社会的集団の構成員であること，または政治
的意見のいずれかであること，(4) 国籍国または居住国による保護を受けるこ
とができない，またはそれを望まないこと，となる。条約制定当時，第二次世
界大戦後のヨーロッパで発生していた難民問題を解決することを目的としてい
たこの条約には，「1951 年 1 月 1 日前に生じた事件の結果として」という時間
的制限と，この「事件」の範囲をヨーロッパにおいて生じた事件に限るか，他
の地域において生じた事件も含めるかについては，締約国の判断に委ねるとい
う地理的制限が設けられていた。これらの制限は 1967 年難民の地位に関する
議定書によって取り除かれ，今では難民条約とは，通常 1951 年条約と 1967
年議定書のことを指す。
　国際的な難民保護の始まりは，第一次世界大戦，ロシア革命，ドイツ帝国，
ハプスブルグ帝国，オスマン帝国の解体を受けた 1910 年代後半以降の 1920
年代の難民の発生にある。この時代の膨大な数の難民は，個々の国家が対応で
きる規模ではなく，先進諸国が難民の保護と第三国定住のための体系的な連携
を図る必要が生まれた（舘 2014）。
　しかし，当時の難民保護はあくまで短期的で限定的な問題と認識されており，
共通認識としての「難民」が誰を指しているのかが，国際的に定義されること
もなかった（Loescher 2021 : 27）。1930 年代に難民の保護に関する国際法整備
が進むが，国際社会にとって喫緊の課題として迫っていたのは第二次世界大戦
中・後のヨーロッパ内の難民の移動であり，これを受けて難民の保護を担う国
連機関の設立と，難民条約の制定の必要性が生まれた。

つまり，国際社会，もっといえば欧米先進諸国にとって，何が「難民問題」とされ，保護すべき「難民」とは誰なのかは，変容してきたのである。現在の国際的な難民保護の体制と構造（難民レジーム）は，1951年難民条約を軸にしつつも，その時代と状況によって問題とされる「危機」に対応するために変遷してきた歴史をもつ。1960年代には，アフリカ諸国の脱植民地化，ヨーロッパを越えた地域への冷戦の広がり，アジア，アフリカ諸国の内戦による強制移住が問題とされ，1970年代・80年代には東南アジア，メキシコ，中米，南アジア，「アフリカの角」（ソマリア，東部エチオピアを含むアフリカ東端の地域）などにおいて発生した難民状態の長期化への対応を迫られてきた。特に1980年代なかばから，発展途上とされる国々からヨーロッパや北アメリカへと移動する人の数が増加するにつれ，欧米先進諸国は移動の管理と制限に関心を移し，移動する人々の出身地，移動の理由・動機，経路や方法などによって異なるカテゴリーが用いられ始める（Loescher 2021 : 38-41）。

　また，多様で複雑化する人の国際移動は今日的問題を抱えている。紛争・戦乱，経済的困窮，自然災害（地震や干ばつ，洪水など）などを逃れ国外に移動する人々は「難民」と認められるだろうか。性暴力や強制婚・児童婚，教育や就労の機会からの阻害など，ジェンダーにもとづく差別や暴力によって国外に出る女性たちも存在する。前節でも，日本における限定的な難民認定の課題に言及したが，難民条約の「難民」の定義をどう解釈するか，また，どのような保護の枠組みを打ち出すことができるかは，こうした人々の人権の保護に対するその国のスタンスを示している。

4 人の国際移動のカテゴリー化とラベリング

難民の数のポリティクス

　本章の冒頭で「難民の状況にある者は，2021年末の時点で，8931万人に上る」と述べた。私たちの多くは，その数字を目にして，難民問題がいかにグローバルで大規模な問題なのかと理解するだろう。こうした世界の難民の数を表すのに頻繁に用いられる数字の多くは，UNHCRの年次報告『グローバル・トレンズ』を引用している。この報告書ではUNHCRが強制移動を経験する人々を異なるカテゴリーを用いて区別し，数えていることがわかる。たとえば

2021 年は，「難民」が 2710 万人，「国内避難民」が 5320 万人，「庇護希望者」が 460 万人，「ヴェネズエラ国外避難民」が 440 万人とされている。

　こうしたカテゴリーや数字は，私たちが「注目すべき」グローバルな難民問題をかたちづくる材料となる。誰を「難民」と呼び，誰を「難民」と呼ばないか，という判断は，人道支援団体，各国政府，政党など，それぞれの関心や意図によって異なる。そして，こうしたカテゴリーのいずれにあてはまるかによって，難民の人々の処遇や機会には違いが生じうる。

ラベリング

　社会学者の H.S. ベッカーは，社会規範に沿わない行為をする者に対して「逸脱者」というラベルを貼ること（ラベリング）自体が，「逸脱者」を生み出しているという視点を提供する。名指される人々をめぐる問題は，ある社会に自明のものとしてあるのではなく，ラベルを貼る者と貼られる者の間の相互行為によって構築され，意味づけされている（ベッカー 1993）。難民研究においても同様の視点で，誰が誰を「難民」と呼び，難民「ではない」人々と区別しようとするのかを批判的に問おうとするアプローチが存在する。

　R. ゼッターは，1970 年代，80 年代の大規模な難民の移動，特にキプロス，アフリカ諸国の事例をもとに，難民のラベリングについて議論を続けてきた。ゼッターによれば，難民の保護・支援は NGO や国連機関，政府といった，高度に制度化されたアクターが関わっており，そうした空間に存在する難民たちは，制度的なラベリングとその作用の影響を大きく受ける。ラベルを付与する側（難民保護・支援を実施する側）は，支援や在留資格について決定権をもち，付与される側（難民の人々）は管理の対象として無力な存在になりがちである（Zetter 1991）。こうしたラベリングは，70 年代，80 年代とは異なる背景で移動する難民の現代の状況においても，保護や支援の制度としての側面が難民の人々に与える影響について理解するための重要な視点であり続けている（Zetter 2007）。

　難民に関する複数のラベルは，異なるアクターによってつくられ，それぞれ振り分けられる。すると，同じ 1 人の難民が，移動の経験を通して異なるラベルを貼られるという事態も起こりうるのである。たとえば，シリア出身の難民は，シリア国内で戦火を逃れている際には「国内避難民」だが，隣国トルコに移動すれば，トルコの国内法に従って「一時的保護下のシリア国籍者」とし

て登録される。さらに，海を超えてギリシャの島へ渡ろうとすれば，多くの場合「不法移民・非正規移民」と呼ばれ，また別の機会にドイツに入国して難民申請をすれば，ドイツでは「庇護希望者」となるかもしれない。

　難民の移動をどう名指すかは，グローバルな先進諸国と途上国との関係性と切り離せない。移民・難民の移動は 1980 年代から，特にテロリズムの脅威といった国家の安全への懸念と国境管理の問題と紐づけられてきた。Z. バウマン（2010）は自由に国境を移動することのできる「旅行者」と，移動せざるをえないがそこには自由や選択の余地のない「放浪者」の区別を，グローバル化社会の特徴として挙げる。途上国から先進諸国をめざして移動する「放浪者」のラベルは，より複雑化した強制移住の原因とパターンを反映して断片化し，そこには先進諸国側の移民・難民の受け入れを制限しようとする政策が反映されてきた。このように難民，避難民，庇護希望者，移民として区別される人々や，かれらを保護・支援しようとするアクターの間での，ラベルをめぐる分断を避けるためには，強制移動がどのように経験されるものなのかについての理解が欠かせなくなってくる。

移民と難民の区別

　人の移動を管理・制限しようという文脈においては，移民と難民は 2 つの異なるカテゴリーとして用いられる。前者は特に「経済移民」と呼ばれ，社会経済的な理由で自主的に移動し，後者は政治的理由や紛争，暴力，迫害などを理由に強制的に移動せざるをえない人々として区別される。

　けれども，少し考えてみれば，人の移動を単純に区別することはそう容易ではないことがわかる。どこか別の国へ移動しようとする理由は，たとえば貧困，生活環境の悪化，迫害や差別，より良い就労や教育へのアクセス，家族統合などさまざまであり，また互いに密接に関わっている。「移民」が経済的な理由で移動を選択するのには，そうしなければ生きていけないというような，不可抗という意味で強制的ともいえる背景があったり，迫害を逃れて強制的に移動する「難民」でも，その行き先やタイミングについては，主体性をもった個人の自主的な意思にもとづく側面が含まれていたりする。たとえ移動する人々を 2 つのカテゴリーに分けてみたとしても，かれらの移動のルートや方法には，エスニック・コミュニティや親族ネットワークの活用，移住斡旋ビジネスの介入など，明確な相違よりも共有されるものの方が多いのである（Van Hear 2009,

Castles et al. 2012)。

　しかしながら，2000 年代に入ってから，特にアフリカ諸国や中東諸国から
の移住者の大量の到来に直面するヨーロッパ諸国では，「経済移民」を「偽装
難民」と呼んで「本物の難民」と区別することで，難民保護制度の「濫用」を
防ごうとしてきた。それは，難民という法的なラベルの付与が，保護と支援の
対象の決定と資源の分配を意味し，同時に，こうした選別は「偽装移民」の入
国を阻止する機能を強化しうるからである。こうした難民と非難民の線引きは，
日本の難民申請をめぐる報道においても，難民としての信憑性の欠如や，「偽
装難民」問題を描くのに用いられてきた（藤巻 2019）。

　こうした現実に則さない二項対立を避けるために，難民条約上の定義を軸と
した難民の概念を批判的に問い直し続ける一方で，「強制移動」という概念を
用いることで，より広範な移動せざるをえない人々を議論の対象とできる。強
制移動の枠組みには，「条約難民」にはなりえないかもしれないが，開発や気
候変動によって引き起こされた自然・社会環境の変化（たとえば，ダム計画，洪
水，ハリケーン，干ばつなどによる土地の喪失，コミュニティの解体），政変による貧
困や食糧危機，人身取引の被害などによって移動する人々が含まれる。2018
年 12 月 17 日，国連総会は，中東・北アフリカ地域や中米から欧米諸国への
難民が大勢移動している「難民危機」や，長期化する難民状態を踏まえ，国際
的な対応枠組みに合意した。ここには，難民の移動を引き起こす要因を「迫
害」の有無にかかわらず広く認識し，難民問題の解決に向けて政治，人道，開
発，平和に関わる広範なアクターの協力，特に人道支援と開発機関の連携の必
要性が確認されている。

5　難民にとっての「難民問題」

難民問題の解決とは

　難民の状況に対する望ましい解決は，「恒久的解決」と呼ばれ，3 つの種類
があるとされている。一つは，移動先の国での永住や帰化を通した「統合」，
もう一つは現在の避難先とは別の国への移動と定住（「第三国定住」），そして出
身国への帰国（「帰還」）である。いずれも，難民が一つの国家に再び根を下ろ
すことで，国際的な保護が不要となることを解決とみなしている。

ただし，この３つの解決のうち，どれが最善策とされるのかについては，必ずしも難民の人々が選びとってきたわけではなく，国際社会の利害関心が反映されてきた。たとえば，第二次世界大戦後，そして冷戦期において，共産主義・社会主義国出身の難民は，民主主義国にとっては自国の政治的価値観を支える存在になりえた。そのため，理想的な解決は，積極的にそうした難民を招き入れる第三国定住であった。しかし，1980年代後半から1990年代以降，冷戦体制が崩壊し，難民受け入れの政治的価値が薄まると同時に，かれらが国家にとっての負担や脅威としてみなされはじめると，望ましい解決は出身国に戻ってもらう帰還へと移り変わった。

　帰還を推し進めることは，難民を場合によっては危険な状況に送り返すリスクがあり，現在では，帰還は，難民の自主的な決断，かつ安全性が確保されている場合においてのみ遂行されるべき解決であることが強調される。しかし，難民の人々が出身国や出身コミュニティについての十分な情報や，帰国以外の選択肢を欠いた状況で，帰国を判断せざるをえない場合に，はたして自主的と呼べるのかという問題が存在している。

　また，たしかにこうした解決を通して，難民の人々が法的な地位を安定させ，ある国家の市民・国民として保護の対象になることによって，生活の基盤を再び築くことが可能となるだろう。その一方で，この「解決」の考え方には，人が一つの国に政治的・社会的・法的基盤をおいて生活すること，つまり移動していない状態が理想的であるという前提にもとづいた，定住主義（セデンタリズム）が共有されている。K. ロングは，この「恒久的解決」は必ずしも難民の保護や，難民にとっての問題の解決を意味しないと指摘し，人の移動そのものが問題視される前提を問い直す。たとえば，帰還において重要なのは，必ずしも物理的に自国に戻ることではなく，市民としてある国家との政治的紐帯を取り戻すことである。それは移動中の状態であっても，出身国以外の場に居住していても，「帰還」が果たせる可能性を示している（Long 2013）。

移動の経験：ジェンダーとセクシュアリティの視点から

　歴史的に，難民条約をはじめとする難民の定義は，男性の経験を理解するための枠組みのなかで形成されてきた。1980年代後半から1990年代にかけて，フェミニスト研究，個別の庇護申請に関わる弁護士や支援者らは，性暴力，ドメスティック・バイオレンス，女性器切除といった，女性の難民に特有の暴力

の経験やその恐れを条約における「迫害」として認識し，そうした迫害の危険にある女性が「特定の社会的集団」を構成しうる，という解釈を推し進めてきた。UNHCR は女性差別撤廃条約（CEDAW）などの関連する人権条約に依拠して，難民女性への対応の必要性を訴え，女性の庇護希望者に関するガイドラインやジェンダーに関連した迫害についての国際的保護のガイドラインなどを定めてきた。

　また，2010 年代からは，性的指向やジェンダー・アイデンティティを理由に，暴力，迫害，人権侵害の被害にあう性的マイノリティの難民への注目が高まってきた。こうした難民に対しては，レズビアン，ゲイ，バイセクシュアル，トランスジェンダー，インターセックス，クィア，その他の人々の総称を意味する「LGBTIQ+ 難民」という呼称が用いられている。たとえば，筆者はアメリカで実施した調査で，メキシコ，ヴェネズエラ，ジャマイカ，インドネシア，ロシア，ウクライナ，スリランカ，マリなど，さまざまな国・地域から，アメリカに渡った性的マイノリティの人々の移動と庇護申請の経験を聞き取った。性的マイノリティ，特に同性愛者を処罰する法律が存在する国もあり，多くの場合，幼少期から家族や，学校，コミュニティでの凄惨な暴力にさらされた経験をもつ人々である（工藤 2022）。

　難民・強制移動研究のなかでも，こうした人々の難民認定に関わる研究は蓄積が進んでいる。その背景として，実際の事例が相次いできたことや，性的マイノリティの人権についての国際社会における認識の高まりが考えられる。日本では国際的な潮流からは大きく遅れをとったが，2018 年に初めて，女性同性愛者に難民の地位が認定された。

　こうしたジェンダーやセクシュアリティ（人間の性のあり方）の問題は，難民個人の属性の問題としてではなく，人の国際移動を考える視点を提供する。つまり，女性の難民や「LGBTIQ ＋難民」へ着目することで，かれらのような「新しい難民」が近年誕生したのではなく，そもそも女性や性的マイノリティに対する差別や暴力が，かれらを社会の周縁部に追いやり，時にかれらの移動を促す要因として，また同時に移動を困難にする要因となってきたことを，私たちは理解することができる。

難民の声

UNHCR をはじめとする人道支援のアクターは，高齢者，障害をもって生き

る人々，性暴力のサヴァイヴァー，保護者・同伴者のいない子どもなど，脆弱性を抱える人々に焦点をあて，かれらの保護の促進を試みてきた。しかし，被害者性や脆弱性には還元されない難民の姿は，十分に理解されてきたのであろうか。

　人道支援においても，研究においても，難民状態にあるその人たちの主体性が尊重されてきたとはいいがたい状況が長く続いていた。2000 年以降あたりからは，その反省を踏まえて「難民の声」に耳を傾けることが重要視されてきた。たとえば UNHCR は 2006 年より「（難民の）参加型評価」を導入し，支援事業のリスク評価や事業実施の一連のサイクルに難民の人々との対話を組み込んできた。また，難民支援に関わる国際機関，NGO のキャンペーンにおいて，難民の声や，物語を広く社会に届けようという試みは，いまや主流のアプローチといえる。難民・強制移動研究においても，難民の人々の声はデータや事例として引用・分析されてきた。

　このように「難民の声」は，難民の主体性を担保する方法として積極的に取り上げられるが，そうした物語がどのように形成されるのか，また，どの難民のどういった物語に耳が傾けられるのかには，さまざまな要因や権力関係が埋めこまれている（Sigona 2014）。私たちが比較的よく目にするのは，出身国で苦難を経験した被害者としての難民や，そうした苦難を乗り越え，就学や就労，ビジネスでの成功を通して新しい人生を歩む難民の物語である。一方で，たとえば，支援や法的地位の選択肢を複数もち，それらを巧妙に選び取ってきた難民の経験や，支援団体の不十分な対応に対して抗議する難民の主張といった「難民らしくない」声にも十分に耳が傾けられているだろうか。

　ある個人，または集合としての難民の人々の状況や経験について，どのような視点から，誰の声を通して知りえたのかを批判的に振り返ることで，難民の人々にとっての「難民問題」の理解に近づくことができるだろう。

6 「難民問題」を考える視点

　本章では，「難民問題」が誰にとってのどのような問題なのかという問いを軸に，現代における難民・強制移動をめぐるいくつかの課題と視点について論じてきた。日本における難民問題については，認定率の低さや申請者のおかれ

る困難に焦点をあてることで，国際的な人権保護の水準との乖離という課題を浮かび上がらせた。

　日本社会における難民保護の必要性を議論するには，「難民」とそうでないものを隔てようとするラベルやカテゴリーには留意しながらも，難民問題への高い関心が社会に共有されることが必要となるだろう。先述のウィシュマ・サンダマリさんの事件への注目と批判は，難民認定をさらに制限する可能性のあった入管法改定案の廃案を求める動きとつながった。日本社会の多くの市民が，国際的な人権保護の課題について知り，考え，関わりをもつことが，難民受け入れ拡大のうねりを生じさせるためには，よりいっそう求められる。

　また，国際的な保護を必要とする人々の難民の地位へのアクセスの重要性を認識しつつも，難民保護をめぐって国際社会がそのレジームを形成，変容させてきたという事実を踏まえることで，「難民問題」が誰にとってのどのような問題なのかをあらためて確認し，より広範な強制移動の問題をとらえることも可能になる。

　そして，難民問題の「解決」が，誰にとっての望ましい解決なのかを問い直すことは，私たちがいかに難民の経験に即した，つまり難民の人々からみた「問題」として難民問題を，議論の中心におくことができるかを示している。難民と呼ばれる人たちの経験を理解するにあたって，ジェンダーやセクシュアリティの視点を取り入れ，難民の声に注意を払うことは大きな助けになる。

　日本社会の難民受け入れや，異なる地域や時代の難民・強制移動の現象や事例を考える際に，こうした視点や議論を当てはめることで，さまざまな立場と角度から「難民問題」が照らし出されるのではないだろうか。

第**10**章
途上社会の貧困，開発，公正

開発とはなにか

　A. センはかつてこう書いている。「開発とは人々が享受するさまざまの本質的自由を増大させるプロセスである。開発の目的は不自由の主要な原因を取り除くことだ。貧困と圧政，経済的機会の貧しさと制度に由来する社会的窮乏，公的な施設の欠如，抑圧的国家の不寛容あるいは過剰行為等である」（セン 2000: 1）。この言葉を一つの導きの糸としながら，これからの開発のあり方を考えていきたい。

　2019 年末から続く新型コロナウイルス感染症（COVID-19）の流行と 2022 年 2 月のロシアのウクライナ侵攻による世界経済への打撃の結果，2022 年の新興国・発展途上国の 1 人当たりの国内総生産（GDP）はコロナ以前の基調を 5% 近く下回ることが予想されている（World Bank Group 2022a : 6）。先進国においても，コロナ禍での経済的打撃と資源価格高騰により，もてる者ともたざる者の格差が拡大している。「倫理なき資本主義」（セン 2000）が牽引する今日の世界秩序において，「公正」とはいかなるものであろうか。これを実現させるために「開発＝発展」をどのように進める必要があるのか。「開発＝発展」を考えるにあたっては，マクロな視点のみではなく，メゾ（開発に直接・間接関わる制度，集団），さらにはミクロ（途上社会の住民の生活）をつなぐ国際社会学の視点が求められる。

　本章では，まず問題への導入という意味で日本と途上社会との関係に触れ，次いでグローバル化のなかの途上社会の貧困，開発の実態について主にマクロデータを用いて社会学の視点から概観したのちに，公正な「開発＝発展」を問う社会学のアプローチについて考察することとする。

1 日本と途上社会

滞日アジア系外国人の増大が意味するもの

　アジアから日本への人の移動は増加し，滞日外国人に占めるアジア系の割合は，2012年の74％から2020年（6月）の76％に微増した。2020年6月末時点での国籍別の内訳は，中国（27％），韓国（15％），ベトナム（15％），フィリピン（10％）で，上位4カ国で7割弱を占める。COVID-19の報告があった2019年と翌年の2020年の増減率をみると，上位4カ国のうち新興経済国のベトナムだけが2％近くの増加を示している（法務省出入国在留管理庁　2020）。

　戦前からの定住移民で，「特別永住者」である韓国・朝鮮人を除くと，在留目的としては，永住者（約80万人）が最多だが，次に，技能実習（約40万人），技術・人文知識・国際業務（約29万人），留学（約28万人）と続く。増加が激しいベトナムとネパールでは，留学目的の来日が顕著で，2010年と2020年の比較でそれぞれ約13倍，約8倍に増加している。ベトナムでは技能実習に次いで2位，ネパールでは家族滞在に次いで2位の来日目的になっている（法務省出入国在留管理庁　2020）。

日本とアジア諸国の経済的，技術的格差

　日本は2011年にGDP世界第2位の座を中国に譲り渡したものの，依然としてアジア経済においてそれなりの重要な位置を占めている。2021年の途上国援助総額は，世界4位の実績を示す（OECD 2021b）。

　今日のアジア諸国をみると，高度産業化を果たしつつある国であっても，付加価値の低い下流工程に位置するため，経済的格差が固定されるという議論がある。たとえば，この点についての有力な議論は，①付加価値の低い労働集約的な輸出産業は技術水準を向上させる機会を欠如させ，経済成長に寄与しない，②経営コストの安い地域への移動が容易であり，他地域との競争の結果，賃金低下に拍車をかける等の問題点を指摘する（オックスファム・インターナショナル2006）。つまり，経済成長の著しいアジア地域にあっても，早期に産業化を達成し垂直的な国際分業で優位な位置を獲得することができた国とそうでない国の間では，経済的な格差が固定化され，後にみるようにさまざまな格差が再生

産されるのである。

　以上からみえてくるのは，日本とこれらアジア諸国の間の技術格差，経済格差の存在である。諸々の格差は，アジア地域からの人材の日本への吸引要因の一つになっていると考えられる。

　技能実習生の場合，製造業で受け入れられることが比較的多いが，そこでより高い付加価値をもたらす技術を習得しつつ働く。留学生の場合，より高度な（人文社会科学を含めた）理論・技術を学ぶわけだが，それらを母国で活かす条件がないとわかれば，日本のなかで雇用に就くことを願う。もちろんその場合，手にできる高い報酬が，来日のひそかな動機づけとなっていることは多い。だが，技術習得の効果は明らかではない。外国人技能実習機構が実施した『令和2年度・帰国後技能実習生フォローアップ調査』によれば，回答者の95.3％が「技能実習は役に立った」と回答し，76.6％が「修得した技能が役立った」と回答している一方で，23.9％が帰国後に「仕事を探している」と回答し，28.4％が「実習とは異なる仕事に就いている」と回答した。帰国した留学生や技能実習の3年間を終えた者たちが，母国の経済発展によって活動の場を見出しているケースもあるが，そうでない場合も多いようである（外国人技能実習機構　2021）。

2 グローバル化のなかの途上社会

富裕化する層と広がる経済，人間開発における格差

　世界に目をむけてみると，今日，移民総数は世界人口の3.5％を上回ると推計される。そのなかでも，過去10年間の移民人口の増加については，高所得国（先進国）への移民が大部分を占める（McAuliffe and Triandafyllidou 2021）。経済的格差を背景にした構造化された移動は，欧米諸国が経済成長を遂げる1950年代からみられる（人間の安全保障委員会 2003）。

　今日の世界の状況は，南北問題という言葉が登場した1959年頃の状況とは異なり，10億人の豊かな世界と50億人の貧しい世界との関わりではなく，豊かな10億人，中間の40億人，底辺の10億人の関わりに変化したという（コリアー 2008）。世界全体のGDPは，2021年時点で1960年時点の1.39兆ドルの約69倍にあたる96.1兆ドルに達し，世界のGDPに占める低所得国および

中所得国の割合は 24.5％から 37.8％に上昇した（World Bank 2022c）。途上社会における中間層の成長も目覚ましく，1990 ～ 2010 年にかけて世界の中間層に占める途上社会の割合は，26％から 58％に増加した（国連開発計画 2013：17）。

　世界の貧困率（1.90 米ドルの貧困ライン）は，2017 年の 9.1％から 2018 年の 8.6％に減少した一方で，中東や北アフリカなど脆弱で紛争の影響を受けている国々では長期的に貧困が続いている（World Bank 2022b:3）。このように，「富む 2 割の者と貧しい 8 割の者」という構図自体は変化したものの，世界規模の経済的格差は依然として残る。

　人間開発（human development）における格差も移民送出の要因になる。人間開発とは，「人々がそれぞれ，自由の拡大に根差した有意義な生活を送ることができるよう，エンパワーメントを図ること」と定義され（国連開発計画 2020：6），「健康で長生きできる」「教育を受けられる」「安全安心で豊かな生活が送れる」という 3 つの基本的次元における平均的成果を測定する人間開発指数（HDI：Human Development Index）で測られる。移住率と人間開発水準は関係があり，移動者の 4 分の 3 以上が，人間開発指数が相対的に高い国へ移動する傾向にある（国連開発計画 2009）。

　人間開発の達成は，途上社会のガバナンス（統治）に影響を受ける。過去 20 年間で大量移民の要因になった政治的危機として，アフガニスタン，イラク，シリアやアフリカ東部の「アフリカの角」と呼ばれる地域での紛争などがある。上記に加えて，環境悪化も人間開発を阻害し，移住要因になる。2014 年には 4200 万人が天災によって居住地を追われた。2050 年には，気候変動によって 2 億人の移民（難民）が出るという試算もある。

　移住は不平等や開発の失敗だけから生じるのではない。経済力に加え，教育，情報，手頃な交通手段へのアクセスが移住の欲求や機会を増やす。中所得国では低所得国よりも多くの人が移住を動機づけられている（ヴァンダン 2019）。

　世界規模の経済，人間開発における格差の拡大は，移民送出の要因，換言すれば，人的資本の流出要因となる。途上社会における労働力の流出，頭脳の流出は，特に底辺国における経済成長の停滞に拍車をかけていると考えられる。

経済成長の困難と停滞
　移民の送出要因・引き寄せ要因になる経済開発，人間開発の格差は，何に起因するのか。経済学者が注目するのは，社会を経済成長に導く資本，人的資本

の多寡，および，それら資本の転換に影響を与える制度の効率性である。

　経済学者P. コリアーは，「紛争の罠」「内陸の罠」「資源の罠」「ガバナンスの罠」が経済成長に必要な資本，人的資本を遠のかせ，貧困の悪循環へと導くと述べる（コリアー 2008）。底辺の10億人の73％が経験しているのが，紛争の罠である。興味深いことに，1人当たりの年間所得が250ドルの国が内戦に突入する確率は600ドルの国の2倍以上になる。貧困が内戦を生起し経済発展を阻み，さらなる内戦へと導く。内陸の罠とは，内陸国ほど経済成長が困難になることを指す。実際に，後発開発途上国49カ国の多くが世界市場から地理的に隔てられている。資源の罠とは，外貨獲得を資源輸出に頼る国ほど，輸出品目の収益性が低くなり，国内産業も育たず，経済成長が滞るという悪循環に陥ることを指す。ガバナンスの罠とは，法治国家の歪みに起因する制度の効率性の低下，制度への信頼の低下，それがもたらす経済活動の停滞を指す。地域間の資本，人的資本の移動が活発化する現在において，これらの罠にとらわれる地域は産業集積の比較優位を欠き，人的資本の欠如ないし流出を止めることができない。

　経済学者に対し，社会学者が目を向けてきたのが，資本，人的資本の欠如，統治機構に影響を与える不平等な国家間関係（世界システム）であり，さらに経済的達成に影響を与える文化資本であった。途上社会の困難な状況の生成を国家間，地域間関係から分析し説明する社会構成体論は，途上社会の貧困，発展ないし開発についてのマクロ・レベルのアプローチといえる。たとえば，国際社会学の古典理論でもあるI. ウォーラースティンの世界システム論によれば，資本の欠如，それにともなう人的資本の欠如，一次産品輸出への依存，法治国家の歪みは，一国社会に起因する問題というよりも，世界システム，すなわち，「地球横断的に広がる一連の経済的かつ政治的な結びつき」のなかで「強力な国家機構が，辺境諸国家に圧力をかけて商品連鎖のなかの階梯の比較的下位の仕事に専門特化することを忍従させた」ことの結果である（ウォーラーステイン 1997: 35）。

　日本の社会学では，社会構成体論を用いた駒井洋（1989）の研究，国家間関係からアフリカ社会を分析した小倉充夫（1982）が知られる。彼らは，国際社会学の第一世代とも呼ばれる。

　ミクロ・レベルとマクロ・レベルを結ぶ社会学的アプローチを提示しているのが，文化的再生産論で知られるP. ブルデュー（1993）である。彼は，1960

　世界のコーヒーやチョコレートの市場が欧米の多国籍企業によって占められていること，英語，スペイン語，フランス語を公用語にする国がヨーロッパ大陸以外にも広く存在すること，社会科学，自然科学，人文科学の基礎として西欧起源の知識体系を学ばざるをえないこと。これらは，ポストコロニアルな状況を体現する事例としてみることもできる。

　ポストコロニアルとは，「植民地独立後の」という意味の形容詞である。植民地支配は，資源・領土の奪取にとどまらず，被植民地社会に経済的・政治的・社会文化的制度の移植，支配的価値観や知識の受容，それらを介した自己同定を迫る。それらはローカルな価値体系というフィルターを通じ，拒絶されたり，ありのまま受容されたり，取捨選択して受容された。結果として，混交文化，自文化の読み替えが現在でも続いている。この言葉は，独立後も人々の実践のなかに残される植民地支配の痕跡，そこからの脱却という課題を提示している。

年代のアルジェリアの人々が，植民地支配によって移植された経済制度に順応すべく，貨幣経済に適合的な性向，つまり，資本主義のハビトゥスを形成する過程を分析した。たとえば，経済行動における合理性（計算，予測，効率）を身体化できているか否かが，農業経営，労働の生産性に影響を与えるとする。この視点に依拠すれば，植民地化を含む世界規模の制度的統合の過程で採用を余儀なくされた制度への途上社会の文化的不適合（文化的欠陥とみるべきではない）もまた，経済成長の困難の背景にあると考えられる。

3　人間開発からみた開発，グローバル化の評価

経済開発から人間開発，持続可能な開発目標（SDGs）へ

　「低開発地域の発展」のための開発援助は，1949年にアメリカのH. トルーマン大統領の演説によって始まったといわれる。発展とは，「複数の変化が組み合わされた結果，物事が複合的継続的に良くなること」を指し，開発とは，「先進国が途上国を発展させるために行う介入」を指す（佐藤 2005）。

　当初，「発展」は所得の増大を意味し，経済成長につながる西欧をモデルとした合理的，効率的な経済的，政治的制度の確立，科学技術の移転，有償・無

償の資金援助が実施された。1950〜60年代の援助政策を支えた理論として，近代化論がある。近代化論は，伝統社会から産業化社会を経て高度大量消費社会に到達するというW. W. ロストウの『成長の諸段階』にみられるような発展の段階的把握，合理的制度の移植が他の制度に影響を与え社会全体を合理化に導くという構造機能主義的社会観を特徴とする。

1970年代に入ると，「発展」にGDPというマクロ経済指標だけでは測定できない「長期にわたる人々の健康的な生活の維持」という要素が含まれるようになる。そして，1980年代後半になると，構造調整融資の失敗を受け，経済的側面における達成を重視する経済開発へのアンチテーゼとして，教育，保健等の人間的，社会的側面における達成を重視する人間開発が主張された。構造調整融資とは，世界銀行，国際通貨基金（IMF）が，途上国の行財政改革を目的に実施した政策で，貿易自由化，民営化の実施等の条件を満たした国に融資を行うというものである。この政策の結果，途上国では公共サービスが削減され，都市スラムが増加した。

経済開発から人間開発への転換は，生活基盤のある地域の文化や環境と調和した多系的発展への転換や被援助者側が開発の意思決定過程に参加しあらゆる抑圧を変えていく自律的発展への転換を論じた開発諸論に呼応している。たとえば，日本では，鶴見和子ら（1989）が内発的発展論を展開した。

人間開発の牽引役になった国連開発計画は，人々が自ら望む生活を実現させるための選択肢を増やし，実現可能性を高めるための資源・技術移転，制度整備を重視した。人間開発の理念は，2015年に達成期限を迎えた世界共通の開発目標である「ミレニアム開発目標」を経て，2015年9月に「国連持続可能な開発サミット」で決定された持続可能な開発目標（SDGs）に引き継がれた。SDGsは，途上国のみならず，先進国自身が取り組む普遍的な目標であり，その実現が急がれている。

世界規模で広がる格差に対する開発，送金の実効性

経済協力開発機構（OECD）の開発援助委員会（DAC）の加盟国（米，英，仏，西独，伊，ベルギー，ポルトガル，カナダ，欧州連合）による政府開発援助（ODA）の総額は，1961年の412億米ドルから増加傾向にあり，2021年に1692億米ドルに達した。他方で，ODAの総額がDACドナーの国民総所得（GNI）の総額に占める割合は，1961年の0.54％から減少傾向にあり，2021年は0.33％に

相当する。2021年に各国のGNIに対するODAの割合が国連の目標である0.7%を上回った国は，わずか5カ国である。途上社会がグローバル市場に統合されるにともない，海外直接投資（FDI）や送金が増加している。今日，途上社会に流れる資金のうちODAはわずか15%で，FDI（41%），送金（33%）がそれを上回った（OECD 2021a）。

　送金は，途上国にとってFDIに次いで2番目に重要な対外資金源である。世界全体の個人送金の受領額は，2000年の1217億米ドルから2021年の6724億米ドルへと増加傾向にある（World Bank 2022d）。2020年の送金受け取り国の上位5カ国は，インド，中国，メキシコ，フィリピン，エジプトで，送金元国は，アメリカ，アラブ首長国連邦，サウジアラビア，スイス，ドイツである（McAuliffe and Triandafyllidou 2021：39-41）。アジアの途上国10カ国のパネルデータを用いて，送金が貧困削減に与える影響を分析した研究では，GDPに占める国際送金の割合が1%増加すると，貧困深刻度が16.0%低下することが示された（Yoshino,Taghizadeh-Hesary and Otsuka 2017：18）。このように貧困削減において送金が果たす役割は無視できないものになっており，SDGsでは，送金が留守家族の食料や清潔な水の確保，保健サービスや質の高い教育へのアクセスに果たす役割が評価され，途上国の生命線として位置づけられた。SDGsの目標10「国内および国家間の格差を是正する」のターゲット10.cでは，2030年までに，移住労働者の送金コストを3%未満に引き下げ，5%を超える送金経路を撤廃することが掲げられている。

　資金の流れに注目すれば，途上国の開発努力を補完し，技術と生産能力を高めて雇用を創出し，地元企業が国際市場にアクセスするのを補助する役割は，ODAではなく，FDIや送金に取って代わられたかのようにみえる（OECD 2021a）。

　しかし，グローバル資本主義に対する楽観的な見解は許されない。グローバル化が進展した1980年代後半以降，世界の上位1%の富裕層の所得が世界の個人資産に占める割合は，1980年の約16%から，2007年の金融危機前には22%に上昇し，2016年に20%にわずかに低下したのみである。他方，下位50%の所得の割合は，この期間を通じて9%程度にとどまった。上記の所得分配率の測定にもとづくと，世界の不平等はここ数十年で拡大しているといえる（UNDESA 2020：25）。また，各国間の不平等は相対的に縮小傾向にある一方で，世界全体の不平等に対する国内の不平等の寄与率が1990年の30%から2010

ネパール農村の学校

年には約40%に増加している。現在,世界人口の3分の2以上は,不平等が拡大している国で暮らしており,ブラジル,アルゼンチン,メキシコなど,この数十年間で格差が縮まってきていた国々でも,不平等が再び広がり始めている（UNDESA　2020 : 26-29）。

　グローバル資本主義の恩恵を過大に評価することなく,「公正」な社会を実現させるために,「開発＝発展」をどのように進めるのかを議論する必要がある。その導きの糸になるのが,人間開発の理論的背景にもなった潜在能力アプローチである。

開発における公正：潜在能力アプローチ

　潜在能力アプローチは,人がもつ資源の多寡ではなく,「人が資源や基本財（自由を実現させるための手段）を変換して何かを達成できる自由」を重視する。経済学者センによれば,不平等の特徴は,人間のもつ多様性ゆえに一様ではない。所得,富,幸福,自由,権利,必要性の充足等のある変数に関しては平等であっても,他の変数でみた場合に平等であるとは限らない。まったく同じ水準の所得やその他の基本財をもっていても,妊娠中の女性や幼児の世話をしなければならない女性は,そうした妨げのない男性に比べて,自分の目的を追求する自由はより小さいものとなる（セン 1999: 54）。

　哲学者M. ヌスバウムは,センの議論を援用し,人間として達成されるべき最低限の状態（機能）を「人間の中心的な機能的潜在能力」として提示した。

それは，ある一つの要素を多く達成することにより他の要素を満たすことはできないものであるとされる（ヌスバウム 2005）。ヌスバウムの挙げる各状態はそれぞれどのような力に対応するのかを整理するために，「ジェンダーと開発」で評価の高い社会経済学者 N. カビールのエンパワーメント論を援用し，内側からの力，他者との対等な関係構築に関わる力，管理・保有・制御・行使に関わる力の 3 つの力との関連で示した。「ジェンダーと開発」とは，ジェンダー間の不平等を生み出す社会制度の改善を視野に入れた開発アプローチの総称である。

　カビールは，行為者の問題の把握や目標，関心の意識化といった意識の変化に関わる力を「内側からの力」，男性支配を集合的に変革するための戦略となる連帯によって得られる力を「連帯する力」と定義した（Kabeer 1999: 437）。

　そして，力を奪われた女性が自己のおかれた状況を変えるために資源へアクセスしたり障害に対処したりする力を「はたらきかける力」と定義している。本節では，個体の維持・生存／内省・動機づけに関わる「内側からの力」「対等な関係の構築・連帯・共生・協働に関わる力」「管理・保有・制御・行使に関わる力」と読み替えて表 10-1 に示した。

　潜在能力アプローチは次の点において社会学と相互補完的な関係にある。すなわち，①平等・不平等の価値基準を提示するという規範的な部分の補完，②自由の幅（基本財を自己の目的達成に変換する力）における不平等，言い換えると自由を手に入れるための基本財における不平等の明示である。

　同アプローチは，ある人がおかれた状況が不平等か否かを判断したり，政策に評価を下したりするための理念的根拠を与える。後者については，ある人の自由を制限する諸要因を指摘するという点で，人々の行為・相互行為を規定する文化（価値や規範）や客観的な諸条件に注目する社会学（宮島 2012: 8-9）と親和性をもつ。たとえば，不平等を経験している人が，自己実現（行為）の選択肢をどのように制限されているのか，それを広げるためには，何が必要となるのかを論じることができる。

表 10-1　3 つの力の発現と人間の中心的な機能的潜在能力

内側からの力の発現 （the power within）	個体の維持・生存に関わる状態 ●生命：正常な長さの人生を全うできる。 ●身体的健康：健康である。適切な栄養を摂取できる。適切な住居に住める。 ●身体的保全：自由に移動できる。主権者として扱われる身体的境界をもつ。 内省・動機づけに関わる状態 ●感覚・想像力・思考：これらの感覚が使える。想像し考え，判断が下せる。自分自身の方法で人生の究極の意味を追求できる。 ●感情：自身の周囲のものや人に対して愛情を持つことができる。 ●実践理性：良き生活の構想を形作り，人生計画について批判的に熟考することができる。
対等な関係の構築・連帯・共生・協働に関わる力の発現 （the power with）	●連帯 （A）他の人々と共に，そして，他の人々のために生きることができる。 （B）自尊心をもち屈辱を受けない社会的基盤をもつことができる。 ●自然との共生 ●遊び：笑い，遊び，レクリエーション活動を楽しめる。
管理・保有・制御・行使に関わる力の発現 （the power to）	●環境のコントロール （A 政治的）自分の生活を左右する政治的選択に効果的に参加できる等。 （B 物質的）土地や動産等の資産をもつ，雇用を求める権利をもつ，不当な捜査や押収から自由である。

（出所）　ヌスバウム（2005），Kabeer（1999）の議論をもとに作成。

4　変容する先進国・途上国内における格差

潜在能力アプローチからみる今日の格差の諸相

　今日の社会では，センのいうところの不平等は具体的にどのような現象として現れているのか。2019 年末以降，世界的な流行を迎えた COVID-19 は，国家間の格差だけでなく，階級，人種，ジェンダー，世代間の非対称性，民主主義の退行といったあらゆる社会の弱点を露呈させ，再び，世界の格差を塗り替えようとしている。

　内側からの力の発現の機会の欠如　　イギリスの公共放送 BBC とグローブスキャンが 2020 年 6 月に 27 カ国 3 万人を対象に行った世論調査によれば，世界全体で高所得者の 56％に対して低所得者の 60％が COVID-19 の影響を受けたと回答し，低所得層ほど所得の悪化を経験した。また，Z 世代ほど，パンデ

ミックの結果として不釣り合いに財政的苦境を経験した。アメリカでは，白人と比較して黒人ほど本人や家族が COVID-19 に感染し健康を害した割合が高くなる傾向にあった（14%対 7%〔BBCNews, 11 September 2020〕）。

　以上より，階級，年齢，人種によって生命や身体的健康の維持につながる内側からの力の発現が妨げられていることがうかがえる。

　　　対等な関係の構築・連帯・共生・協働に関わる力の発現の機会の欠如　　世界保健機関（WHO）（2022 年）によると，コロナ・パンデミック以降，不安とうつ病の世界的な有病率は 25%増加した。特に，女性は男性よりも深刻な影響を受けていることが示唆された。その理由として，働く能力，親密な人から支援を得て，地域社会に参加する能力の発現が妨げられたことに起因する社会的孤立が挙げられている。つまり，労働の機会を失うことは，適切な収入を得て，生活必需品やサービスを購入する機会を失うだけでなく，社会への参加を果たし，他者とともに生きる機会を失うこと，ひいてはそれが実現できずに内側からの力の発現の妨げにもつながっていることがわかる。

　世界全体で全女性労働者の 42%が（全男性労働者の 32%が），低所得国では，女性労働者の最大 92%がインフォーマル部門で働いているとされる。彼らは，ロックダウン中に仕事を失ったり，深刻な収入減少を経験しただけでなく，社会的セーフティネットから排除されているという（World Bank Group 2021）。ジェンダーによって連帯・共生・協働に関わる力の発現に違いが生じていることがうかがえる。

　　　管理・保有・制御・行使に関わる力の発現の機会の欠如　　COVID-19 が，格差拡大などを背景にしたポピュリズム的な政治傾向を強め，途上国，先進国問わず世界での強権体制の広がりに拍車をかけているといわれる。英経済誌「エコノミスト（Economist）」の調査部門「エコノミスト・インテリジェンス・ユニット（EIU）」の報告書によると，2021 年の時点で民主主義体制といえる国に住んでいる人は世界人口の 45.7%で，2020 年の 49.4%から減少した。世界の民主主義の状態を示す指標「民主主義指数（Democracy Index）」は，過去 10年間で最低を記録した。モルドバとインドネシアは最大の改善を記録した一方で，アフガニスタン，ミャンマー，チュニジア，多くのラテンアメリカ諸国が総合スコアの急落を記録した（EIU 2022）。

　生存への不安が強い社会ほど経済と身体の安寧を最優先し，強力な指導者への支持，仲間内の強い結束，集団規範への厳格な服従，宗教への強い信仰，よ

そ者の排除といった権威主義的行為を招くという説がある（イングルハート 2019）。これに依拠すれば，世界の民主主義の退行は，「人間の中心的な機能的潜在能力」が発揮できない状況下にある個人が，自身の生活を左右する政治的選択を効果的に行うことができず，結果的に，民主的なプロセスを軽視する権威主義を台頭させていると解釈できる。

変化のなかのジェンダー役割と差別

　長年解決にいたらない社会の弱点の最たるものがジェンダー間の非対称性であろう。以下に，潜在能力アプローチに依拠して不平等の形態を例示する。

　　人間の中心的機能的潜在能力の発現にみる男女の不平等　　「失われた女性たち（missing women）」は，女性の「人間の中心的な機能的潜在能力」の発現が著しく制限されていることを示す事例に関わる。「失われた女性たち」とは，性の選別による中絶によって生まれることができなかった，あるいは，育児放棄等によって生きることができなかった女性を指す。栄養不良，不十分な学校教育，予防接種機会の減少などにより，女性は成人期までに，教育，雇用，政治的権利，家族的地位の面で十分な備えができなくなる可能性も指摘されている（UNFPA 2020:12）。失われた女性たちの累積数は，1970 年の 6100 万人から 2020 年の 1 億 4260 万人に達した。中国とインドが約 90 〜 95％を占めると見積もられている。出生時性比の偏重は，1980 年代に中国，インド，韓国で，1990 年代以降に東ヨーロッパ諸国で，2000 年以降は南コーカサス，ネパールやベトナムでみられるようになった（UNFPA 2020:45,49-50）。

　　二者択一的な機能の選択にみる男女の不平等　　二者択一的な機能の選択とは，ある状態を達成しようとするとき，ある状態を達成できないような選択を指す。たとえば，カビールが触れている例では，バングラデシュのムスリム女性の戦略，すなわち，「土地という物質的資源の所有を放棄する代わりに，兄弟からコミュニティでの女性の地位の保証や庇護という社会的資源を獲得する」という選択は，「環境のコントロール」を放棄する代わりに，「連帯」を手にする女性の姿として目に映る（Kabeer 1999）。世界において土地所有者となる女性の割合は，ごく限られているだろうが，所有の放棄を，自分の地位の強化のために主体的に行う女性もいるということである。

市民社会の形成：途上国におけるハイブリッド市民団体

　先述した課題に呼応するかのように途上社会・先進社会では，人々の本質的自由を拡大するための市民の動きがみられる。市民とは，政治権力，経済権力から独立した存在として，国家の失敗，市場の失敗を明らかにし，新たな生活様式・文化，社会規範の実現を求める主体である（ハーバーマス 1994）。

　また，市民の「国家の失敗，市場の失敗を明らかにし，新たな生活様式・文化，社会規範の実現を求める」という役割に注目すれば，国家，市場の失敗を発展的に解消した「社会的企業（social enterprise）」の増加も著しい。1990 年代には新たな試みとして注目を集めた社会的企業は，①社会的目的の達成のためにビジネスの手法を用いる，②得られた利益を事業への再投資とコミュニティへの還元に回すという特徴をもつ（原田・藤井・松井 2010）。それは，一つの組織でありながら，国家，企業，市民組織の 3 つの役割を兼ね備えているがゆえに，従来の「官，民，市民間の対抗的相補性」という枠組みではとらえきれない。

　たとえば，1972 年設立のバングラデシュ農村向上委員会（BRAC）は NGO でありながら，1998 年時点で国家予算の 30 分の 1 に相当する予算で農村，都市貧困層の生活改善を行う「二つの政府の一つ」としての役割を担ってきた（延末 2001: 42-67）。現在は，銀行，学校，通信会社等を経営し 10 万人以上を雇用する国内第 1 位の雇用主として低所得者層，女性のニーズ充足に貢献するとともに，活動資金を創出している。ジュネーブを拠点とする独立系メディア組織 NGO Advisor（2022）の『World 200 SGOs list』では，資金，人的資本の観点から世界で最も影響力のある NGO に選ばれている。

　今日，途上国，先進国問わず社会的企業の活躍に目を見張るものがあるのは，国家や市場（営利団体）が提供できていないサービス充足に対する需要があること，NGO よりも企業という組織形態が活動の資源動員において最善の選択になる社会構造が存在することを示しているのだろう。

5　潜在能力アプローチと社会学

人の処遇における公正

　潜在能力アプローチにおいて「人を公正に処遇する」とは，多様な生活様式

をもつ個人が，自らが望む生活を実現させる自由を保障することであろう（セン 1999）。

　同アプローチが公正，不平等を評価する規範的アプローチだとすれば，社会学は「不自由の主要な原因を取り除く」ための分析視角および実現可能な条件を提示する実証的アプローチである。社会学の視点からは，「現在の不自由」だけでなく，「次世代の不自由」を取り除くには何が必要なのかという論点を提示できる。

　以下では，先述した「失われた女性たち」を事例としてみていこう。「失われた女性たち」は，男女の潜在能力の不平等と生命の維持再生産における不平等との負の連鎖を示す事例であり，母親の潜在能力と胎児の潜在能力とが対立することを示す事例である。

学習機会と生活機会：次世代につながる平等の実現

　センは，多様なライフスタイルゆえにある状態に至る過程は複雑であるとしながらも，識字および教育機会が，女性の自由の実現に必要な「能動的な力」を付与すると述べる（セン 2000: 222;229）。女性に限らず，教育が潜在能力発現に正の効果を及ぼすことは，従来の調査でも明らかにされている。OECD によれば，いずれの国においても，教育歴と健康状態の自己評価，生活満足度，他者への信頼，ボランティア活動への参加，政治への関心，投票行動には統計的に有意な正の相関がみられたという（OECD 2011:193）。また，センは，女性の経済的参加は，世帯内の女性の処遇を改善するとともに，社会的変化一般に影響力をもつとも述べている（セン 2000: 222;229）。

　しかし，教育水準，所得水準，労働市場への参加と男女産み分けの関連を示す報告（ヴィステンドール 2012）は，単純な見方を許さない。教育機会，雇用機会が，母親の潜在能力と胎児の潜在能力の両立には必ずしも結びつかないことを示している。インドで胎児の性別判定を依頼しているのは，弁護士，医師，実業家の女性（同書）や高学歴の女性であるという指摘もある（2011 年 5 月 23 日付の南アジア版 BBC ニュース；2016 年 12 月 21 日付のインドの新聞 Business Standard）。

　それは，女性が自由を手にするための選択が，社会的関係に影響されることを示している。皮肉なことに，女性の生き方の可能性を広げる基本財には，ジェンダー不平等を構造的に維持・再生産するものが含まれる。カビールは，

男児選好の強い地域では息子の数やダウリー（持参金）の金額が，女性を家庭内暴力から解放し，世帯での意思決定力を高めると述べる（Kabeer 1999: 457）。

　この逆説を是認するかどうかは見解が分かれるだろう。男児を産むことが世帯内での女性の地位を高めるという関係性のもとでは，息子を産み世帯内での地位上昇を実現するのか，娘を産み地位の低さに甘んじるのか，二者択一的な機能の選択を迫られるという。もちろん，娘を産み周囲の考えを根気強く変えていくという選択肢もあるが，家族が女性のセーフティネットである国では，リスクをともなう選択となる。では，どのようにして一歩前に進むのか。

エンパワーメントと脱伝統

　母親の自由と胎児（将来生まれてくるだろう女性）の自由とが両立するという意味でのエンパワーメントはどのような条件下で可能なのか。女性の自律に関わる選択肢の幅，手段の組み合わせが関係性に規定されていることに鑑みれば，①男児を産むこと以外に女性の地位を高める選択肢が得られること，②男児選好に適合的な選択をとることが最善であるように導く社会関係自体が変わること，に求めるほかない。意図せざる結果として，核家族化や紛争，出稼ぎによる男性の急激な減少が生じている地域では，逸脱者にサンクション（罰）を課す主体が不在になり，女性が自由を獲得しているという報告もある。

　開発援助という「介入」の現場においては，①性役割分業から引き出される女性たちの日々のニーズの充足だけでなく，②男女の従属的関係の解消に向けた施策が試行錯誤を繰り返しながら実施されている。社会の変化を求める女性を後押しする支援（たとえば，家族以外のセーフティネットの提供等）を今後も続けていく必要がある。

インド亜大陸での実験から

　人々の行為選択肢を増やし実現可能性をどのように高めることができるのか。潜在能力アプローチを提唱したセン，ジェンダーと開発の視点からエンパワーメント論を展開したカビール，通常の融資条件から外れる貧困層，特に女性に無担保・低利子で少額の融資を行うマイクロ・クレジットを生みだしたグラミン銀行の M. ユヌス，前掲の世界最大のハイブリッド NGO，BRAC を設立した F. アベド，彼らは興味深いことにインド亜大陸出身者である。彼らの提唱した思想ないしそれを実現させようとする試みが官・民の枠組みを超えて，そ

して，国境を超えて注目され影響を与えつつあることは興味深い。

　マイクロ・クレジットは，「貧困層（女性）に融資しても効果がない」という当時の常識を覆し，途上国の援助現場で導入されるだけではなく，アメリカの貧困女性支援にも活用されている。2008年に設立されたグラミン・アメリカは，困窮から抜け出そうとする女性起業家に2022年までに17億ドルに及ぶ融資を行ってきた。日本でも2018年にグラミン日本が創設され，小口融資や就労支援が展開されている。

　人々の行為選択肢を増やし，その実現可能性を高めるという目的遂行のための資金を，安定的に自己調達するために市場を活用するというBRACのビジネスモデルは，国連開発計画が2008年より進めている「包括的な市場の育成（growing inclusive markets: GIM）」のモデルケースとなっている。GIMとは，貧困層を消費者，生産者，雇用主，労働者として価値の変革のなかに取り込むことで社会的企業，地元の中小企業，大企業，多国籍企業，国営企業，市民社会組織によるビジネスを人間開発につなげるという試みである。

　人々の自由を提唱する理念と実践とがどのように結実するのか。インド亜大陸での実験であることに特別の意味を認めるつもりはない。他にもいろいろな試みがあるなか，一つの実践の流れとして注目したい。

第11章

在日朝鮮人一世のジェンダーとアイデンティティ

ディアスポラとしての在日朝鮮人

在日朝鮮人とは，日本の植民地支配（1910～45年）を背景として日本に移り住んだ朝鮮半島出身者とその子孫を指す。朝鮮半島からの移住民は約700万人とされ（韓国の在外同胞財団パンフレット），在日朝鮮人は在中（約270万人），在米（約217万人）に次ぐ規模（約90万人）である。これらコリアン・ディアスポラのなかでも，在日朝鮮人は植民地支配，2度の世界大戦，朝鮮戦争，冷戦・ポスト冷戦という国際政治から最も影響を受けてきた。

1 なぜ在日朝鮮人のジェンダーを問うか

ディアスポラとは，トランスナショナルな移民に埋め込まれた「故郷」や「祖国」（現実あるいは想像上であれ）の記憶やつながり，あるいは故郷をもたない「ホームレス」状態にあることを表す概念である。戦後在日朝鮮人はさまざまな政治活動において，植民地以後^{ポストコロニアル}のディアスポラ状況を反映したアイデンティティ・ポリティクスを展開してきた。しかし在日朝鮮人は一枚岩ではなく，個々人がおかれたさまざまな現実——民族，国籍，ジェンダー，階級等に規定された——によってアイデンティティは多様なかたちをとりうる。

本章では，これまで表に出ることがあまりなかった在日朝鮮人一世の女性の歴史的経験に注目し，植民地以後のディアスポラ状況に焦点をあてる。その意図は，従来の男性を中心とする民族運動，および日本国民である女性を中心とする女性運動における主体を相対化し，脱中心化することにある。複数の運動が重なった場所にあることで双方から打ち消されてきたアイデンティティの主張は，〈民族〉化されジェンダー化された公的領域の問題性を照らし出す。

一世の女性は，人種／民族，外国籍であること，言語文化的障壁，そして
ジェンダーと，いくつもの差異や秩序の軸による抑圧構造におかれている。彼
女たちの経験に焦点をあてることは，日本社会における移民集団が多様化し
オールドカマーからニューカマーへと移行しつつある現状において，かたちを
変えながら継続するジェンダー構造を明らかにするだろう。とりわけ，一世や
戦前生まれの二世女性に多い非識字（母語の朝鮮語と日本語の両方），および複雑
な言語文化的状況は，植民地支配を背景にディアスポラとなった女性が生きて
きた時空間を独特なかたちで境界づけている。

　以下ではまず，在日朝鮮人女性の社会状況について，インターセクショナリ
ティの概念に即して論じる。次に，戦中に渡日して以来大阪に住み，中高年で
夜間中学に学ぶことになった在日朝鮮人一世女性のライフストーリーを，ポス
トコロニアル研究（植民地終了後も継続している支配構造を問題化する視角）の諸概
念を援用しながら，特に言語的側面に注目して検討する。

2　在日朝鮮人女性とはどのような存在か

インターセクショナリティの視角から

　在日朝鮮人一世女性がおかれている社会的状況を把握するうえで，人種およ
びジェンダーの批判研究から生まれたインターセクショナリティ（intersectionality,
抑圧の交差性）が有用である。インターセクショナリティとは，人種／民族，
階級，ジェンダー，セクシュアリティなど，複数の差別の軸が組み合わさった
抑圧構造を指す概念である。法学者 K. クレンショーは，アフリカ系アメリカ
人女性が受けてきた性暴力が，中立的かつ客観的にみえる法体系では本質をと
らえられず不可視化される問題から，社会的プロセスとしての人種とジェン
ダーの相互作用による特有の抑圧状況——単なる差別の足し算ではない——に
注意を促した（Crenshaw 1989; 1991）。方法論としてのインターセクショナリ
ティは，〈女性〉や〈黒人〉といった一枚岩的に構築されてきたアイデンティ
ティを脱構築し，集団内部および集団間の差異と不平等の複雑な配置をみえや
すくする（McCall 2005）。この視角から，在日朝鮮人一世女性がおかれてきた
社会状況を検討しよう。

社会的カテゴリーとしての〈在日朝鮮人〉の形成

　在日朝鮮人は，国籍としては韓国・朝鮮籍が多数を占めていたが，帰化や日本人との婚姻の増加にともない，日本籍者の割合が増えている。なお生来的な国籍取得の原則には大きく分けて血統主義と生地主義があり，日本は血統主義のため，両親のどちらかが日本国籍であれば，子どもは日本国籍を付与される。両親とも外国籍の場合は何世代経ようと国籍取得のためには帰化手続きが必要である。今日，在日朝鮮人は日本生まれの世代が大部分を占め，経済状況や居住地（集住地か否か），教育（学歴，民族学校出身か否か）などにより社会状況は大きく異なる。アイデンティティについても多様化が著しいことが，質的／量的調査から明らかにされている（福岡 1993; 福岡・金 1997; 金泰泳 2005; 柏崎 2007; 李 2013; 孫・片田 2013 など）。つまり在日朝鮮人といっても同質ではなく，社会状況による大きな差異がある。とはいえ社会的カテゴリーとしての〈在日朝鮮人〉を規定する要素として，法的処遇は決定的なものであった。

　植民地期の朝鮮半島は日本の領土の一部であり，朝鮮人は大日本帝国「臣民」として，日本国民に編入された。ただし〈内地〉と〈外地〉という本籍の区別は厳格に管理され，居住地とは関係なく権利・義務面で格差があった。言い換えれば戸籍は〈日本人〉，そして朝鮮や台湾という植民地出身者を峻別する役割を果たした。

　終戦後，日本に居住する旧植民地出身者の法的地位は，この戸籍の区別をもとに日本国籍をもたない「外国人」へと移行した。まず 1945 年 12 月に衆議院議員選挙法が改正され，旧植民地出身の男性は普通選挙法（1925 年）により付与されていた参政権を失った（かわりに日本人女性に参政権が付与された）。次に新憲法施行（1947 年）直前に公布された外国人登録令（1947 年）により，「外国人」として登録が義務づけられた。新憲法の草案で「すべての自然人は……法の下に平等」とされていた箇所が，制定時には「すべての国民は，法の下に平等」に変更されていた（強調著者）。これらの措置は，日本に居住する外国人は憲法で保障される基本的人権の適用外という解釈を導いた。さらに決定的なこととして，1952 年のサンフランシスコ講和条約発効の際，法務府民事局長通達により，旧植民地出身者は日本国籍を喪失した。当時の在日朝鮮人にとり日本国籍は植民地支配の象徴であり，一方的な国籍処理が疑問視されることはなかった。

　ところで日本と同じく敗戦により占領地独立を経験したドイツでは，国内居

住のオーストリア人は国籍選択権が認められた（田中 2013）。また第二次世界大戦以後に植民地が独立したイギリスは，1948 年に国籍法において新独立国の国民を「英連邦独立諸国市民」と定め，これらの地域からの移民は 1962 年の移民法制定まで入国管理の対象とされなかった（田中 2013; 樽本 2009）。

　在日朝鮮人が日本国民から排除されたことで，戦後社会福祉制度が整備されるに従い，権利面で日本国民との格差が拡大することになった。国民年金や国民健康保険，児童手当等の社会保障や戦後補償の対象外とされ，この状況は国際人権規約（1979 年）や難民条約（1982 年）批准により内外人平等の原則が適用されるまで続いた。1970 年代からは，大企業による採用時の差別（日立就職差別事件）をきっかけに，国籍条項や民族差別の撤廃運動が，関西や関東の在日朝鮮人集住地域を中心に展開された。その結果，司法修習生，国立大学教員，地方公務員や公立学校教員の採用，公的住宅入居資格等の公的分野で国籍条項の撤廃が進んだ。なお朝鮮人 BC 級戦犯は〈日本人〉として断罪されたが，在日朝鮮人は〈外国人〉として援護法（戦傷病者戦没者遺族等援護法）から排除されたままである。

　なお国民年金については国籍条項撤廃後も，1986 年 4 月 1 日時点で 60 歳を超える高齢者，1982 年 1 月 1 日時点で（死別）母子家庭，準母子家庭，同時点で障害をもち 20 歳を超えた在日外国人は受給対象から排除された。専業主婦や学生，中国残留日本人帰国者等にはとられた救済措置が，在日外国人にはとられなかったためである。国籍条項撤廃の恩恵を受けられない状態で後期高齢期を迎えた韓国・朝鮮籍者は 3 万人超だが，その大部分が無年金者である（在日朝鮮人高齢者の問題については庄谷・中山 1997 を参照）。また，地方自治体一般事務職や公立校教員に関しては門戸が開放されたものの，管理職からの排除の問題が未解決である。

国籍，民族，ジェンダーの交差

　上記のような経緯により（第 6 章参照），1980 年代以降，在日朝鮮人の社会的権利が拡大された。経済的にも高度経済成長を通じ，労働市場の底辺におかれていた在日朝鮮人の状況は，全体的にみれば底上げが図られた。こうした社会状況の向上からの恩恵を，在日朝鮮人女性は男性家族を通じ「間接的」なかたちで受け取ってきた。戦後整備された社会保障制度は男性稼得者モデル（夫が一家の生計を担い妻は専業主婦として支える）に依拠する世帯単位の生活保障シ

ステムだからである。

　社会経済的資源がわずかな在日朝鮮人は，日本社会を生き抜くうえで家族への依存度が相対的に高く，それは女性，とりわけ就学歴が皆無か非常に短い一世の場合に顕著であった。高度成長期の在日朝鮮人女性の生活実態を就業率からみてみよう。1960年代中頃の日本人女性の就業率が男性の48％であったところ，朝鮮人女性の就業率はそれよりはるかに低く，男性の7.2％であり，日本人以上に男女格差が大きかった。就職差別により在日朝鮮人はゴム製造業，プラスチック，縫製業，ケミカル・シューズ，金属加工，朝鮮料理店や食料品店などの自営業に就くことが多く，こうした中小零細工業では家族総動員の労働が必須であった。集住地では在日朝鮮人女性の長時間労働が目につくにもかかわらず，男性に比べ女性有業者の割合が低いという矛盾は，統計に表れない家内工業での労働や内職に従事する女性が多いためと推測される。在日朝鮮人のおかれた社会的・経済的条件は，ジェンダーの拡差を強める土壌となった（宋2005）。

　なお2010年の状況では，全国男性労働力率（73.8％）および女性労働力率（49.6％）という数字から，男性に対し女性の割合は67％となる。韓国・朝鮮籍では男性労働力率（69.1％）および女性労働力率（45.7％）であり，男性に対する女性の割合は66％となり，男女比という意味での日本人との差異は縮少されている（2010年国勢調査からの推計）。

　教育についてみると，1960年代中盤の大学進学率は，朝鮮人男性は日本人男性の50％，朝鮮人女性は日本人女性の20％と非常に低いレベルであった。高校進学率（1958年）をみると，日本人の高校進学率は47％，在日朝鮮人は18％であった。男女差に注目すると，日本人女性の進学率は男性の97％，これに対し在日朝鮮人女性の進学率は男性の37％と著しく低かった。在日朝鮮人にみる男女格差は，貧困家庭では教育投資が男性に向けられたこと，加えて家内工業や飲食業での女性労働力が必要だったためである（宋2005）。

　公的機関や私企業採用において国籍や民族的差別が表立ってなされなくなっても，また世代を経ても，在日朝鮮人女性が家父長制的な家族と離れたところで経済的自立を果たすことは困難だった。高校や大学進学への道を閉ざされ，家計を助けるため非正規雇用や家内工業の補助員として劣悪な労働状況に耐えるしかない在日朝鮮人女性たちの現実は，夫に扶養される「専業主婦」が羨望されるほどであった。したがって，夫に頼らず経済的に自立することを女性解

放の基本的条件とするような，日本の主流的な女性運動とは大きな乖離があった（金 2011）。

3　在日朝鮮人一世女性のライフストーリー

アイデンティティの軌跡

　在日朝鮮人女性は，公的領域から何重にも排除され，権利拡大を主張する民族運動や女性運動においても周縁化されてきた。前者についていえば，在日朝鮮人の民族運動のなかに女性は常に存在しており，実践面で大きな貢献をしてきた。しかし運動や組織の意思決定は男性に独占され，ジェンダーによる分業と従属関係がある。以上のことから，平等な権利をもち交渉する主体の形成がまったく不可能かといえば，そうではない。政治経済的，社会文化的に排除されていても，日常的実践を通じて権力構造に挑みかかるような，対抗的主体を形成することは可能である。そのような主体は外からみえにくいが，ある契機によって表面化することがある。そのことを，在日朝鮮人一世女性が語るライフストーリーから検討する。なお以下のライフストーリーの聞き取りは，2002 年 2 月に初めて実施し，その後も 10 年ほど参与観察と組み合わせながら行った。以下に示すインソクさんのライフストーリーは，筆者によるインタビューと参与観察の記録に加えて，彼女が通っていた夜間中学での作文をもとに再構成したものである。

コロニアル／ポストコロニアルな経験

　インソクさんは大阪の在日朝鮮人集住地で暮らしている。1930 年代初頭の生まれで，故郷は済州島である。実家は農家で，家族には両親と兄，姉，弟がいた。家族総出で働いても，火山島特有の痩せた土地でやっと育てた収穫物は「内地」に供出され，生きるのがやっとだった。隠匿収穫物の捜索のため，土足で家に上がり込み先のとがった竹棒であちこち突き刺す日本人監督者，長いサーベルを持った黒い制服の警察の姿に脅えた記憶がある。学校はあったが，農作業や家事の手伝いで忙しかったのと，先生が家に来て怒鳴ったことがあり，その怖さから行かなかった。10 歳になった冬，村の学校に呼び出され，勉強ではなく労務奉仕をさせられ君が代や「皇国臣民の誓い」を教えられた。やは

り正式に勉強しようと母に話したところ，日本に行きなさいと言われた。そこで13歳のとき，先に渡日していた姉を頼り京都に来た。当時は，これが親との今生の別れになると思わなかった。

　京都に来たものの，生活が厳しい姉夫婦に気兼ねし学校に行きたいと言い出せなくなった。さらに，13歳という年齢で国民学校1年生に編入することになり，朝鮮人は日本人児童からバカにされると聞いたことで勉強を断念した。貧しさを極めていたため，賃仕事を優先せざるをえなかったこともあった。終戦を迎え，姉一家とともに故郷に帰ろうと荷物を先に送り帰国の日を待ちわびた。しかし後にみるように故郷には帰れなくなった。そのときは，何が起きたのかもわからなかった。

　日本では差別に泣かされた。配給では，普通なら「捨てるようなもの」を渡された。くじ引きで商品が当たった際は日本人に抗議された。大阪に移った後，結婚して，子どもが4人生まれた。夫婦で工場を営み，さらに家事・育児をし，インソクさんは朝6時から夜12時まで働いた。いくら働いても暮らし向きはよくならなかった。日本語の読み書きができないことが，生活や仕事上で問題だった。暮らすうちに日本語を話せるようになったが，文字は学習を通じてのみ身につく。夫はインソクさんよりはできるが，やはり文字の読み書きが困難である。「日本社会で必要なのが文字で，私たち朝鮮人にとって無学は朝鮮人の代名詞のようなもの」。

　大阪に50年住んでいるが，日本人とのつながりはほとんどない。「特に民族意識が高い方ではない」が，「日本の学校は日本人のためのもの」と考え，子どもたちを朝鮮学校で学ばせた。民族社会では朝鮮語のみでほとんどの用がすんだ。ただインソクさんはハングルの読み書きもできなかったため，故郷の親とは手紙一通交わすことができなかった。

女性の非識字・不就学：植民地的近代のなかで

　インソクさんが生まれた年は満洲事変が勃発し，15年戦争へと突き進んでいった時期である。「内鮮融和」をスローガンに，朝鮮人に対し同化＝皇民化政策が推進され，植民地統治の手段として日本の教育と日本語の普及が推進された。ハングルは伝統的に書堂（私塾）で教えられたが，彼女が朝鮮で学齢期にあった頃には，ハングルを学べる空間は縮小されていた。

　インソクさんの兄と弟は，読み書きのため個人指導を受けていた。貧しくて

も，男性には女性に優先して教育が行われたのである。ここには，女性に教育は不要とする明らかなジェンダー不平等がある。ただし兄と弟が学んだのは，大衆用に考案されたハングルではなく漢文だった。植民地支配の道具であった日本語の学習には抵抗があったらしい。「字が書けなければ男ではない」とインソクさんは言った。なぜなら，特に長男は儒教の祭祀で祭壇に供える文字を書く役割があるからである。漢文，ハングル，そして日本語という３つの文字をめぐる語りには近代東アジアにおける複雑な支配・被支配の構造とジェンダーがみえる。

　植民地支配下の朝鮮では近代的な教育制度が整備されたが，「内地」と異なり義務教育制は施行されず，朝鮮人は日本人よりも授業料が高く設定された。貧困層や「教育は不要」と考えられていた女性に対しては，制度化された近代教育から疎外されることで階級やジェンダー格差がより広がるという結果になった（金富子 2005）。つまり在日朝鮮人女性の非識字・不就学問題は，ジェンダー不平等と植民地支配が交差する抑圧の産物である。女性は不就学により植民地勢力による言語文化的同化を免れたという見解はあたらず，むしろ非識字・不就学による不便や不利益の方が大きく，抑圧や搾取の状況が増大した。

　なお 2000 年代に行われた，大阪の集住地における在日朝鮮人高齢者を対象とする量的調査（70 歳以上の在日朝鮮人 300 人を対象）によると，日本語の文章を読める割合は男性が 86.5％，女性は 29.4％であり，女性は男性の３分の１にすぎない（「在日コリアン高齢者福祉をすすめる会大阪」による実態調査）。

故郷，ナショナリティ，生活世界の乖離

　植民地解放後，200 万人以上いた在日朝鮮人の約４分の３が故郷に戻った。朝鮮半島は 38 度線を境に米ソによる統治を受け，1948 年には分断国家となり，さらに朝鮮戦争（1950〜53 年）が勃発した。1948 年アメリカの影響下にあった南半分で単独選挙が強行された際，インソクさんの故郷である済州島では，これに抵抗する住民が武装蜂起し，本土からの鎮圧部隊により３万人近くが虐殺された（済州島四・三事件）。このため彼女は戦後故郷に帰れなくなった。なお大阪は戦前から定期航路があったため済州島出身者が多く，四・三事件の際に難民化した人々が押し寄せた。

　終戦前の朝鮮人による渡日は同一国家内の移動であり，その多くはインソクさんのように明確な「移住」の意思があったわけではなかった。朝鮮半島の政

治状況により「故郷に帰ろうとしたが，帰れなくなった」人々は，日本では「一時滞在者」と自己規定し（リー 2007），南北いずれかの国家に帰属意識をもった。

　四・三事件により済州島出身の在日朝鮮人の多くは，故郷は大韓民国内にありながら朝鮮民主主義人民共和国を支持し，朝聯（現在の在日本朝鮮人総聯合会：総聯）に所属した。このため韓国に入国できず，インソクさんは故郷の済州島訪問ができなかった（1970 年代半ば「在日同胞母国訪問事業」により朝鮮籍の在日朝鮮人の故郷訪問が可能になった）。なお在日朝鮮人一世の 97％以上が朝鮮半島南部の出身である（森田 1996）。

　総聯系の人々は日本における法的地位も長い間不安定であった。まず先述した外国人登録令（1947 年）により，在日朝鮮人は潜在的な退去強制の危機下におかれた。国籍欄は「朝鮮」と表記されたが，それは地理的な記号にすぎなかった。1952 年のサンフランシスコ講和条約発効にともない日本国籍を離脱した在日朝鮮人は，日韓協定（1965 年）により，外国人登録証の国籍欄を「韓国」に書き換えれば「協定永住」資格を付与されるようになった。以後，外国人登録上の「朝鮮」は朝鮮民主主義人民共和国を示唆するようになった。「朝鮮」籍の人々は 1982 年まで永住資格がなく，再入国許可が出ないため海外渡航もできなかった（1991 年在日朝鮮人の永住資格は韓国籍・朝鮮籍ともに「特別永住」に一本化）。

　以上の経緯により，インソクさんは戦後 45 年間故郷に行くことができなかった。彼女が生きる政治社会的空間は，戦後玄界灘との間に引かれた国境と，朝鮮半島分断によって制限された。地理的近接にもかかわらず，ナショナルな帰属，故郷，生活世界が乖離し，それぞれの間で行き来が著しく困難な状況は，一般の常識から大きく逸脱している。インソクさんが生きる主観的世界は，こうした状況で営まれる複数の言語——出身地済州島の言葉，組織の公用語としての朝鮮民主主義人民共和国の言葉，大阪弁，書き言葉としての標準語——を介した複雑なコミュニケーションによって形づくられていく。

夜間中学と在日朝鮮人女性

　大阪でのインソクさん一家の生活は厳しく，「できることなら逃げ出したい」と思いつつ生きてきた。朝鮮人が生きてきた道筋は，一口では書くことも話すことも不可能という。厳しい経済状況に加え，「字を知らないことは普通の人

間ではなく，ほとんど人間扱いされなかった」という。

　意味はわからなくても，インソクさんは字を眺めるのが好きだった。看板や
テレビ，新聞から文字を拾い，突き合わせて「だろう読み」（「こういう意味だろ
う」と見当をつけて読むこと）をしてきた。家族総出で働いてきたが，勉強をし
たいという気持ちは失わなかった。子どもが独立した50代半ばすぎになって，
民族学校で教えを乞うたが，日本に生まれ育った児童のための学校には子育て
を終えた女性が学べる余地はなかった。日本に勉強しに来たのに学校に通えず，
故郷に帰ることも父母に会うこともできず，自分は「もう終わりだ」と感じた。

　しかし，テレビで夜間中学の存在を知り，すぐに電話をした。出てきた日本
人教師に自分の名前（民族名）を伝えたところ，朝鮮語で発音されて驚いた。
夫や家族におそるおそる相談し，賛成を得て50代半ばで夜間中学に入学した。
教室に入れば，自分と同じような中高年の在日朝鮮人女性ばかりだった。初め
て鉛筆を握ったとき，手が震え，気恥ずかしかった。「あいうえお」「山」や
「川」を学んだ。故郷の山々，子どもの頃に遊んだ川が思い浮かんだ。

　インソクさんは，誰にも話せなかった苦しみを文字に表すようになった。
「文字を見ても，知らないときは単なるこわいものだったが，一文字一文字が
意味をもって宝石のように光り輝き，私に人間としての誇りと生きる勇気を与
えてくれる」と作文に書いた。理科や数学，社会科など，夜間中学で学ぶこと
すべてが珍しく，冒険のようだった。

　朝鮮の歴史や社会について教えてくれる教師に，日本人として初めて親しみ
をもった。そして，それまでため込んでいた日本社会への怒りをおもてに出す
ようになった。在日朝鮮人の法的地位の変遷の授業を聞きながら，インソクさ
んは日本政府に対する怒りを教師にぶつけた。インソクさんは言った。「みん
な先生に怒ったらかわいそう言うけど，先生は日本人やないか。私はどこでも，
国会にでも行って言いたいけど，言えるのはここしかない」。

ジェンダー分業

　公立夜間中学は各地の教育委員会が運営する，義務教育未修了者を主な対象
とする中学課程の教育機関である。戦後公立中学における二部授業として設置
され，高度成長期に減少したが，非識字者への政府の無策を告発する市民運動
によって1960年代末より都市部で開設が相次いだ。1970年代初頭に開設され
た，大阪の在日朝鮮人集住地に近い夜間中学には中高年の在日朝鮮人女性が押

し寄せ，在籍生徒の約9割を占めるようになった。

インソクさんは，「年取って暇ができたからではなく，生活にゆとりができたわけでもない」と強調する。多くの在日朝鮮人一世と同様，インソクさん夫婦も無年金で働くことが必須であった。夕方，後ろ髪をひかれる思いで仕事場を抜け出し，雨の日でも自転車を40分こいで教室に滑り込む。夫の世話や家族の食事準備も怠らず，授業中も家のことが気になったり罪悪感がある。在日朝鮮人女性のなかには，夜間中学入学を夫や家族から反対され断念したり，夫と死別後入学するケースも少なくない。それに比べれば，家族の同意を得ていたインソクさんは良いほうかもしれない。とはいえ，いかなる状況でも女性が家庭責任を負うものという，彼女自身も内面化しているジェンダー分業はいささかも揺らいでいない。自分は働きづめなのに，夫はのんびりコーヒーを飲んでいるのをみると無性に腹が立つというが，男性に家事の分担を求めることは，インソクさんのような一世女性にとってはありえないことだ。

それでも夜間中学に通ったのは，読み書きを学ぶことで単に生活の便宜を図ろうということではない。インソクさんは，「無知無学のために強烈な差別に泣かされてきた。この無学を背負っては，死んでも死にきれない思いがする」と書いている。

公私領域の境界と識字

日本の公的機関や私的企業から排除されてきた在日朝鮮人は，相互扶助に頼るほかなく，民族社会が生活の隅々にわたるニーズを満たしてきた。集住地に住み子どもを朝鮮学校に学ばせたインソクさんにとって，総聯組織は濃密な社会関係が営まれる重要な領域である。そこで形成されたアイデンティティは，ふとした拍子に発せられる「偉大なる指導者……」で始まる，共和国創始者を賞賛する定式化されたフレーズを通じて顔を出す。インタビュー時は朝鮮から韓国籍に変更していたにもかかわらず，である。

アイデンティティの基本的構成要素は，歴史的に形成され続ける集合体共有の言語である。このことをソニア・リャンは，総聯系女性の体験に焦点をあて，共和国由来の主体言説が女性たちに受容されるプロセスを分析している。組織の公用語として共和国から導入された朝鮮語は，女性たちの故郷の言葉と大きく違うが，日本社会で不安定な地位にあった在日朝鮮人はこれを身につけ運用することで，国家という拠りどころを獲得しようとした。その言語は，政治問

題や組織活動に関する語彙や慣用表現に偏重し，女性たちの現実の日常生活から乖離していた。さらにその言葉が内包する「愛国的母性」という概念は，女性たちをジェンダー役割を通じネーションに取り込む役割を果たした。それでも，家庭領域に縛られ，日本社会へのアクセスも絶無といってよい一世女性たちにとって，「愛国的母性」概念は女性でも民族組織内に正統な場所を確保でき，組織活動というかたちでの社会参加を可能にするものであった。このようにして逆説的なようだが，家父長制的な主体言説は女性たちに一種の解放をもたらすものとなった。「愛国的母性」からの影響は，組織の基盤である朝鮮学校の運営への母親たちの支援活動において顕著であった（リャン 2005）。

　インソクさんと組織との関係でいえば，仕事が忙しく活動には受身的に参加したにすぎないが，相互扶助は大事と考え，できるだけ協力してきた。組織活動で活発な女性たちに対しては，「思想や理念をもってやっている人たち」であり，自分が口をはさむことはないという。

　そのインソクさんが，明確な意志をもって習おうとしたのは，母語ではない日本語の読み書きであったのはなぜだろうか。彼女は，単一の言語文化にくくれない自己を繊細な言葉で表現する。「文字は私の敵」「学校に窓が多いのは，世の中を広く見るため」。文字は，「世の中」——日本の公共領域——とインソクさんを境界づけ，目の前にあるのに近づくことができない。かといって日本社会で起きている事柄に無関心ではなく，むしろ彼女の政治的関心は高く，時事問題を熱心に語る。インソクさんは，自分を取り巻く日本語の文字で満たされた社会空間と，コミュニケーションを通じて親和的な関係を築こうとしたのではないだろうか。

夜間中学独立運動の担い手として

　インソクさんの夜間中学では，在日朝鮮人の一世や二世女性が続々と入学したが，年齢のため学習進度が遅いことや家事・介護，労働，病気などにより留年者が多かった。1990 年代初頭には在籍生徒数が 400 名と，同じ敷地内の全日制中学よりも多くなり，施設利用の際には支障が生じるようになった。このため夜間中学の生徒たちは，夜間中学の増設を教育委員会に要望していた。しかし事態に進展がなかったところに，新聞記事として報道された。在日朝鮮人女性が集中している夜間中学の実態が明るみになり，全日制生徒の保護者など関係者の間に動揺が生じた。教育委員会は報道の翌年度から，夜間中学生徒

120名を近隣の中学内に設けた分教室に移動させ，市外——事実上，隣接する在日朝鮮人集住地——からの入学を制限した。急ごしらえの分教室は新入生を加えて総生徒数180名で始まったが，教室数は3つしかなく，廊下にも机があふれた。備品の不足，夜間照明のない運動場など，教育環境は明らかに悪化した。専用門がなく中学校敷地の裏門から出入りすることも，生徒たちの自尊心を傷つけた。その結果，夜間中学に来なくなる生徒が続出した。

このときインソクさんは元の夜間中学に残った側であったが，分教室のありさまに怒りが湧いた。「（夜間中学の生徒が）日本人やったら分教室なんてやるはずない」「劣悪な環境そのものが差別」と感じた。彼女は生徒会長として，分教室の側の生徒会と合同で独立校化の運動を推進することになった。

生徒たちは教育行政に対し，署名集めや要望書の提出，陳情を行った。運動が勉強の支障になるなどの理由で反対する生徒もおり，運動が分裂してインソクさんは心をすり減らした。回答を引き出すため，教育委員会前での座り込みも実行した。これに近畿の夜間中学生徒会連合，地域における外国人住民の人権のための市民運動，公立学校の民族学級で教える二，三世の講師たち，部落解放運動など多様な運動体が連帯し，生徒側と教育委員会の交渉の場が実現した。会場には生徒ら200人以上が詰めかけ，なぜ夜間中学が必要なのかを訴えたが，行政側は後ろ向きな対応に終始した。これに対し，インソクさんは以下のように発言した。

　　私たちがどうして，みんな，こうしてここにおるかということを考えてください。この歳を取った朝鮮人が，なんでここにこんなにもおるのかを。それで私たちが，なぜ「学びたい」「学ばせてくれ」っていう，その要求をしているか。ここで一回原点に戻って考えてください。（略）どうして在日朝鮮人から文字をきれいに奪って，私たちを無学にしたかという，そのものを考えてください。（略）それとかね，地域の人の反対があるという話も最近，耳にしたんですけれども。もしかそういう人がおるんだったらね，説得する責任がないんでしょうか。あなたたちに。（略）私たちがどれだけ日本の社会で，偏見をもって見られて生きてきたか。

4 在日朝鮮人女性の政治化

　交渉の場で生徒らは次々とマイクを握り，日常生活における差別やマイノリ
ティとしての経験を訴えた。たとえば，商店で品物を注文したとたんに値札が
吊り上げられた，子どもが通う日本の学校の会合で，字が読めるふりをしなけ
ればならなかったなどである。それらの多くは，夜間中学とは直接関係のない
事柄であった。しかし女性たちは教育委員会による措置を，それまでの日本暮
らしで感じてきた植民地主義の延長線上にあるととらえていた。

　女性に固有の経験を顕在化させるうえで，識字は重要な役割を果たしていた。
「私という人間が，何に怒り，何を悲しみ，何に感動し，何を喜ぶのか，ほん
とうの自分に出会いたいと思う。そのためにも，もっともっと学びたい」（イ
ンソクさんの作文）。作文という実践は，経験や感情を言葉に表すことで，自分
を知り相対化する意味がある。文字の獲得は，女性が「世界」を構造として把
握し，批判的な考え方を身につけ，ひいては抑圧構造を自ら変える政治運動に
つながる（フックス 2006）。

　女性が経験する日常生活での差別の現実は，南北国家のいずれかに連なる民
族運動や草の根的な市民運動など，既存の男性中心的な民族運動で見過ごされ
てきた。私的領域にとどめられた女性たちは，日本社会での権利主体に含めら
れてこなかった。その結果，アイデンティティをめぐる政治に女性たちが参加
しても，その主体は〈母〉や〈妻〉というジェンダー役割に回収されてきた。

　「個人的なことは政治的なこと」（The personal is political）という 1960 年代
フェミニズムの言葉がある。女性の問題は，たとえば男性による女性に対する
暴力のように，女性個人に過失や原因があるとされがちだが，フェミニズムは
これを社会構造に起因する「政治」的問題として提起した。この言葉のように，
夜間中学の在日朝鮮人女性たちは，自分が受けてきた，民族差別によって増幅
された在日朝鮮人女性に特有な差別の経験を，行政闘争を通じて「公共の関心
事」として提起したのであった。

下位の対抗的な公共圏の形成

　在日朝鮮人女性を主体とする運動の基盤には，夜間中学になかば偶発的に形

成されていた在日朝鮮人女性の社会空間があった。女性たちは，テレビや広告，うわさを通じて夜間中学について知り，個別に入学しているが，そこで思いがけず，自分と同じような在日朝鮮人女性たちや，さまざまなマイノリティに出会った。インソクさんが通った夜間中学では在日朝鮮人女性が生徒の大多数を占め，日本人や在日朝鮮人男性に気兼ねなく発言することができた。彼女たちは，授業，教師や生徒同士の会話，生徒会や近畿の夜間中学生徒会の連合等での活動を通じ，各自の経験を語り問題関心を共有した。民族組織とつながる在日朝鮮人の女性団体と異なり，国籍や所属団体，出身地域や階層等の差異を越えた連帯が，男性に従属しないかたちで生まれる条件があった。夜間中学で形成されたこの社会空間は，公共圏という概念によって説明できる。

　公共圏とは，自由なコミュニケーションによって公権力に批判的な言論が生み出される市民的な社会空間である。ただしマイノリティの人々は，主流的な公共圏では自身の関心事や要求，目的や戦略を討議することは難しい。このため，マイノリティ自身の利害関心を討議し，主流の公共圏で流布する不当な表象に対抗する言説を創り出す必要がある。マイノリティ自身のコミュニケーションによる公共圏を N. フレイザーは「下位の対抗的な公共圏（subaltern counterpublics）」と概念化した（フレイザー 1999）。

　公的政治において周縁化されていた在日朝鮮人女性が，夜間中学で自身の「下位の対抗的な公共圏」を創り出し運動を展開することが可能になった。運動論の枠組みとなったのは，夜間中学増設を要求する市民運動や関西のマイノリティ人権運動である。とりわけ，一夜間中学卒業生が始めた増設運動では，基本的人権と定められる教育を受ける権利を根拠に，義務教育を受ける権利を保障する場として夜間中学の増設を求めてきた。公立夜間中学（2000 年代時点で全国 31 校）には，在日朝鮮人女性のほかに被差別部落出身者，中国からの帰国者，南米出身の日系人，難民，日本人男性との結婚により日本に住むようになった外国人女性など，近現代の歴史社会的状況において〈日本人〉というネーションから排除されていった人々が多い。全日制とは異なる事情から，夜間中学教師ら関係者による全国夜間中学校研究大会では，「すべての人々に義務教育を」を合言葉に，生徒の社会的属性を考慮した人権教育が議論されてきた。

　以上の運動的文脈に，インソクさんらの運動は民族差別の視角を接合した。これを具体的に表すのが「第二の阪神教育闘争」という言葉である。阪神教育

闘争（1948年）は，当時の文部省による朝鮮学校閉鎖令に対する在日朝鮮人の抗議行動のことである。夜間中学の在日朝鮮人女性たちは，この出来事を朝鮮学校に子どもを通わせる母親として経験しており，半世紀後自分が通う学校に対する行政措置に，この記憶が生々しくよみがえった。朝鮮学校と公立夜間中学では，運営主体も趣旨もまったく異なる。しかし，ようやく手に入れた自由な学びの空間が公権力によって奪われようとしている事態に直面し，彼女たちは2つの事件の間に植民地的（コロニアル）な抑圧構造の連続性をみたのである。

〈サバルタン女性〉としての在日朝鮮人女性

　G.スピヴァク（1998; 2008）は，女性が抵抗を行っても，公的領域へのアクセスがないため抵抗が抵抗として認識されないという問題を「サバルタン女性（subaltern women）」という言葉で表した。サバルタンとは，「従属する，下層階級の」という意味である。従属階級のなかでも女性たちは，家父長制イデオロギーによって歴史的にアイデンティティを奪われ，よって自身の声を発することも聴かれることも不可能な状態にある。在日朝鮮人女性の場合も，日本社会での言語的制約以上に，男性中心的な在日朝鮮人家庭や民族社会のなかで自身を代表させる手段を欠いており，「声」をもたず目に見えない存在となっていた。スピヴァクが注意を喚起したのは，主体や言説の中身を論じる以前に，訴えに耳を傾ける聴衆がいないために沈黙せざるをえないという，サバルタン女性が語る以前の状況である。

　戦後在日朝鮮人を〈外国人〉化した日本国家，そして諸権利からの排除に外国籍者として異議申し立てをする在日朝鮮人の運動には，共通して〈国民〉と〈民族〉の同一視があった。国民あるいは外国人という二分法は，ダブルや日本国籍を取得した在日朝鮮人の異端視につながった（Kashiwazaki 2000; 柏崎 2007）。国家と運動側は，権利義務関係にもとづくある種の平等概念をめぐって対立しているが，この枠組みでは，私的領域に縛られて経済的自立が困難な女性が不可視化され，議論のテーブルにつくことができない。言い換えれば，公私領域の二分法により，女性たちは〈外国人〉という「二級市民」にさえなることができない状況にある。これに対し，夜間中学独立運動では女性たちが自ら権利主体として日本社会に正当な場所を求めた。地域のレベルで形成された在日朝鮮人女性の新しい主体は，次にみるように，後続世代の女性にも引きつがれ，日本社会と民族的コミュニティを行き来する自律的なアクターを生み

出していった（徐 2012）。

5　越境性とディアスポラの公共圏

2000年代初頭，分教室は独立した夜間中学となり，8年間の運動は成功裏に終了した。現在，夜間中学に学ぶ在日朝鮮人女性はわずかであり，代わってニューカマーが大部分を占める。しかしインソクさんらの運動は，夜間中学卒業生のための自発的な教育組織にかたちを変え，あらたな展開をしている。現在その組織は，夜間の授業を続けつつ，介護保険制度による高齢者支援，多文化・平和教育などの事業に発展している。運営には二世や三世の女性たちが関わり，地域に住む在日朝鮮人女性のイニシアティブによる諸活動の拠点になっている。そこは夜間中学関係者だけでなく，地域の住民や，国内外の市民運動家が交流する公共的な空間である。

80代のインソクさんは，時折施設をおとずれ仲間との時間を楽しんでいる。夜間中学でつくられた在日朝鮮人女性を中心とする「下位の対抗的な公共圏」は，運動終了後もかたちを変えて存続し，そのなかで彼女は安心してすごしているようにみえる。1文字でも学ぼうとする気持ちは今も失われていない。

インソクさんのケースは，筆者が調査で出会った，夜間中学独立運動に参加した他の女性たちの経験とも重なるものである。本章では，ジェンダー視点からのポストコロニアル研究に依拠して彼女のライフストーリーを分析したが，〈ディアスポラ女性〉や〈サバルタン女性〉と名づけることに意味はなく，そのようなアイデンティティに実体があるわけでもない。彼女のアイデンティティは言語文化的に複雑かつあいまいなままであり，その状況をそのまま文字にしてきた。インソクさんという個人のなかに，共和国，韓国，故郷，民族社会，大阪の集住地，家族といった複数の場所が折り重なり，異なる局面で顔を出し，それらを同時に生きているようであり，どれかに同化し安住しようという志向もみえない。地理的，文化的，心理的な境界を横断する複数の場所性のプロセスが合流する，ディアスポラ，境界，そして場所の転位の交差地点にディアスポラ空間がある（Brah 1996: 208）。自己のディアスポラ性を言葉にしようとする彼女の営みと，在日朝鮮人女性による夜間中学をめぐる運動も一種のディアスポラ空間を創り出し，主体的なコミュニケーションの実践によって

Column ⑭　ディアスポラ

　「さまざまな方向に種子をまき散らす」という意味のギリシャ語に由来し，元来ユダヤ人の追放や離散を指す用語である。今日ディアスポラは，アルメニア人やパレスティナ人，アフリカ人，華人等の散住にも用いられ，境界を越えて移動する人々の集合体やコミュニティの形態，離散や散住の状態，郷愁や疎外感という意識，移住地で創造した文化などを表す概念となった（戴 2009）。研究視点としては，エスニシティ研究が移民を一国内のマイノリティとしてとらえがちなのに対し，ディアスポラを冠する研究は越境する人々の具体的な経験を中心課題とし，トランスナショナルで脱中心的な立場をとる。

　ディアスポラという語は移民，国外居住者，外国人労働者，難民，亡命者共同体，エスニック・コミュニティなど多種多様な集団に適用されるようになり，概念の拡散が生じている。これをロジャーズ・ブルーベイカー（2009）は「ディアスポラのディアスポラ」と批判し，空間的な離散，郷土志向（ホームランド），アイデンティティ保持によるコミュニティの境界維持（および境界浸食の緊張）の3つをディアスポラの基準とする。想像上の「国民」と同様，ディアスポラも実体化するのではなく，実践，企図，態度，主張などのカテゴリーとして扱い，その解明をすべきである。

既存の境界や秩序を揺るがそうとする。

　対抗的な主体は，既存の運動的文脈に依拠しつつ発展する以上，そのことによる運動の限界もある。インソクさんらの運動では女性たちが主人公であったが，ジェンダー規範——女性自身も内面化している——に対する問いかけは希薄であった。運動を通じ地域社会において肯定的なエスニック・アイデンティティ（在日朝鮮人の歴史文化を伝える「ハルモニ（おばあさん）」として）が形成されたが，私的領域の家父長制は不問のままである。しかしながら，女性たちがさまざまな困難に立ち向かいながら，自身の力で私的領域から公的領域へ越境を果たしたことは間違いなく，それ自体，運動が当事者の地位向上をもたらし，地域の後続世代の女性にも影響が及ぶ重要な成果である。であればこそ，主流の公共圏に身をおく者は，文字通り血のにじむような努力をしてようやく発せられるようになった言葉にまず耳をすませなければならないだろう。

第12章
「ヒスパニック」を通してみるアメリカ社会

アメリカの「ヒスパニック」

　多様な民族で構成されるアメリカ社会において，20世紀後半以降増加し続け，現在アメリカ合衆国（以下，アメリカ）で最大のエスニック・マイノリティとなっているのが「ヒスパニック系」の人々だといわれる。ヒスパニック系は，中南米系出身者を指す言葉で，「スペイン語」という言語と「カトリック」という信仰を共有する人々とされるが，その内実は多様である。また，アメリカ国勢調査の人口統計では，この用語が使用されているが，「ヒスパニック」という均質集団があるのではなく，キューバ系，メキシコ系，プエルトリコ系，中南米系，他のスペイン文化圏を出自とするエスニシティにもとづく区分である。したがって，ヒスパニック系のなかには，白人や黒人，黄色人種が含まれる。

　同じく中南米系出身者を指す言葉に「ラティノ」という用語があるが，この呼称は「ヒスパニック」がかつての宗主国スペイン（イスパニア Hispania）との結びつきを強調する呼称であることへの歴史的反感や被征服者であるという共通のアイデンティティを背景に，ラテンアメリカにルーツを求めて使用されるようになった（牛田 2010: 77-80）。

　以下では，一応「ヒスパニック」という用語を用いていくが，実体化は避け，つねにその多様性と変容を視野に入れるよう努めたい。本章では，彼らがアメリカ社会にどのように統合されていくのか，そしてアメリカ社会にどのような影響を及ぼしていくのかについて，事例を交えながら考察する。

アメリカ人とは誰か

17世紀にフランス，続いてイギリスによる入植があって以来，アメリカには先住民をはるかに上回るヨーロッパからの移民が渡ってきた。北アメリカの先住アメリカ人がヨーロッパ人と接触した時期の人口は，16世紀の人口が120万人という推計や200〜500万，それ以上と諸説ある。

18世紀末にはドイツ系やアイルランド系，フランス系など，イギリス系以外の人口も相当数おり，また南部にはアフリカから奴隷として強制的に連れてこられたアフリカ系の人々もいて，各地域における人口構成は多様であった。1890年から1920年の世紀転換期には，それまでの移民とは異なる文化，宗教，生活習慣をもったイタリア人，ポーランド人，ハンガリー人，ユダヤ人などの東欧系や南欧系の移民が急増した。彼らはカトリック教徒が多く，ギリシャ正教徒，ユダヤ教徒もいた。しかし，最も初期に移住し人口の半数以上を占めていたのがイギリス系であったため，アングロ＝サクソン系プロテスタントの政治伝統や価値観がアメリカ社会の基盤となり，後から渡来した移民たちが順応する規範となっていった。

アングロ＝サクソンという言葉は，北米大陸への最初の大量入植を始めたイングランド人と，それに融合され淘汰されていった北部ヨーロッパの文化や制度とが渾然と混じり合った複合体を指す。また，この言葉には明るい白い肌をもつ北部ヨーロッパ系の人種を指すとともに，個人主義，勤労，貯蓄，現実的な物質的成功といったプロテスタントであることにより生まれる価値観や，宗教的信念，イングランド系の文化的伝統（言語，法律，信条）や制度構造（政治，経済，教育）をも含意される。アングロ＝サクソンの変形となる言葉にワスプ（White Anglo-Saxon Protestant, WASP, 白人，アングロ＝サクソン，プロテスタント）という表現がある（アギーレ／ターナー 2013: 99）。

時代は下って，1950年代から60年代には，黒人たちが人種差別の撤廃を求めて公民権運動を繰り広げたが，この運動は1964年の公民権法，1965年の投票権法へと結実した。1965年は，アメリカの移民史が新たな局面を迎えた年でもあった。1965年移民法が成立し，出身国別移民割り当て制度が廃止され，

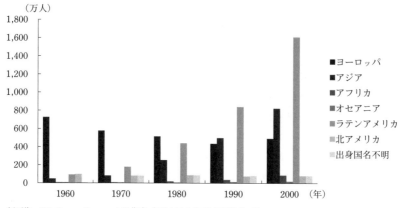

図12-1　出身大陸別外国生まれの人口（1960〜2000年）

（出所）　US. Census Bureau より作成（2014年5月25日アクセス）。

新たに「家族の再結合」と「移民志願者の職能・技能」という原則にもとづい
て，移民の受け入れ優先枠が設定されることになった。受け入れの上限は，1
年あたり東半球（ヨーロッパ，アジア，アフリカ）から17万人，西半球（南北ア
メリカ）から12万人と定められたが，このことがアメリカの人口構成を大き
く変容させることになる。一国の受け入れ枠の上限は2万人だったが，しか
し，一親等の家族（両親，子ども，配偶者）はこの割り当ての枠外での入国が認
められた（グリーン 1997: 111）。

　図12-1は，1960年から2000年までの出身大陸別外国生まれ人口の推移を
表す。1960年時点で外国生まれの人口のうち，最多なのがヨーロッパの約
726万人で，全体に占める割合は75％であった。ヨーロッパからの移民は時
代が下るごとに減少し，2000年には492万人（16％）となった。他方，アジア
出身者は，1960年に約49万人（5％）だったのが，1990年にヨーロッパから
の移民を上回って，2000年には823万人（26％）と増加した。ここで注目した
いのは，ラテンアメリカ移民であり，1960年に約91万人（9％）にすぎなかっ
たが，2000年には約1600万人（52％）と急激に増加している。

　アジアとラテンアメリカ出身者増加の主な要因は，先述のように，1965年
移民法がアメリカ市民の家族や親族の受け入れを優先させた結果，すでにアメ
リカ市民およびアメリカの永住権保持者である身内を頼って移住する人々が増
えたことと，正式な許可証をもたずに入国する非合法移民が増大したことによ

ると考えられる。特にアメリカと国境を接するメキシコからの大量の非合法移民の入国が問題となり，移民帰化局はその対策を迫られることになった。1986年には移民改革管理法（Immigration Reform and Control Act of 1986, IRCA）が成立したが，これは非合法移民問題への対応でもあった。この法律は，非合法移民の雇用主に対して罰則規定を設けると同時に，1982年1月1日以前から継続してアメリカに居住している非正規移民に暫定的に合法居住者の資格を与え，いずれ永住権の申請を認めることを定めたものである。

　しかしIRCAは，雇用者が非正規移民と知らずに雇用した場合は罰則が科されず，求職者も適正な労働許可証を提示する必要がなかったため，偽造した書類の利用が横行し，非正規移民問題の根本的な解決にはならなかった（西山2012: 8）。

　外国生まれ人口の出身国の変化は，そのままアメリカの人種民族別構成に反映されてきた。1990年から2011年の間に，現在最大の人種である白人は，80％から63％に減少した。1990年まで最大のエスニック・マイノリティであった黒人は，ほぼ横ばいであるのに対して，ヒスパニック系は9％から17％に増え，現在黒人を抜いて最大のマイノリティとなっている（U. S. Census Bureau, 1990 Census, Pew Research Hispanic Trends Project）。アメリカ国勢調査局が発表した2020年の人口推計によると，アメリカ社会の人種民族構成がさらに多様化していることがわかった。アメリカの総人口3億3144万9281人のうち，最大の人種民族グループは白人であるものの57.8％に減少し，逆に，ヒスパニック系は18.7％に増加した。これに黒人12.1％，アジア系5.9％と続く（U.S. Census Bureau）。

アメリカ社会に占める位置

　ヒスパニック系がアメリカ社会にどのように編入されていくのかについて検討するためには，まず彼らのアメリカにおける社会的位置を理解しておくことが重要である。そこで，国勢調査のデータを用いて，彼らの社会経済的特徴をみていきたい。

　表12-1は，2011年時点の人種民族別職種の割合を表している。ヒスパニック系のなかには，数世代にわたってアメリカに居住し中産階級に属する者から，数日前に入国したばかりの新しい移民までいて，その内実は多様である。アメリカ生まれのヒスパニック系の従事する割合の高い職種上位3つをみていく

表 12-1　アメリカにおける人種民族別，職種別被雇用者の割合（2011 年，単位は％）

| 職　種 | ヒスパニック | | 白　人 | 黒　人 | アジア系 | その他 | 総　計 |
	アメリカ生まれ	外国生まれ					（単位：千人）
経営・ビジネス	8.9	5.3	14.9	8.6	14.7	10.3	23,658
科学・エンジニア	2.7	1.4	4.9	2.5	12.9	4.0	8,432
法律家・社会福祉関連	2.2	0.8	2.8	3.0	1.9	2.4	4,720
教育・アート・メディア	6.3	3.1	8.9	5.8	7.4	7.0	14,280
保健医療・技術職	6.0	3.2	7.4	9.6	10.7	6.9	13,564
調理・配膳関連職	7.3	10.4	5.4	6.5	6.8	8.1	11,366
清掃・メンテナンス	4.5	14.0	3.1	5.8	2.3	5.0	8,049
他のサービス業	7.0	4.4	5.6	8.2	6.2	7.5	11,041
販　売	12.8	7.1	11.5	9.9	11.2	11.1	20,403
事務・経営支援	17.0	7.7	13.9	15.1	11.0	14.3	25,148
農林水産業	0.9	4.5	0.6	0.3	0.3	0.7	1,589
建設業・天然資源抽出業	5.5	12.8	5.2	3.3	1.4	5.2	9,891
設置・修理・製造	8.7	14.5	8.9	8.6	8.3	8.0	16,944
輸送・物流	7.1	9.1	5.6	9.1	3.4	6.4	11,606
軍事関連	0.5	0.1	0.4	0.4	0.2	0.5	623
過去 5 年間失業	2.8	1.8	0.9	3.2	1.5	2.6	2649

（出所）　Pew Research Hispanic Trends Project より作成。
（注）　対象者は 16 歳以上で，過去 5 年間の被雇用者である。

と，「事務・経営支援」（17.0％），「販売」（12.8％），「経営・ビジネス」（8.9％）の順となっている。一方，外国生まれの者は，上位から「設置・修理・製造」（14.5％），「清掃・メンテナンス」（14.0％），「建設業・天然資源抽出業」（12.8％）となっていて，新来の移民が非熟練労働に従事する傾向のあることがうかがえる。

　どのような社会においても，学歴・教育歴は，その後の職業生活や収入に一定程度の影響を及ぼすといえる。学歴・教育歴はヒスパニック系がアメリカ社会のどの社会経済的階層に編入されていくのかを検討する手がかりとしてたいへん重要である。図 12-2 は，2011 年の人種民族別教育達成を示している。この図から，8 年生までの者は，ヒスパニック系が 21.9％（アメリカ生まれ 7.9％，外国生まれ 33.0％）であるのに対し，アジア系は 8.7％にすぎない。一方，大学卒はアジア系の半数（50.3％），白人 31.8％，黒人 18.6％，ヒスパニック系 13.4％であり，ヒスパニック系，なかでも外国生まれのヒスパニック系（10.2％）の低学歴が顕著である。

　表 12-2 は，家庭における英語使用についての調査結果である。「家庭での会話は英語のみ」と回答したのは，5 〜 17 歳ではヒスパニック系全体で 35.5％，アジア系 36.6％とほぼ同程度である。ヒスパニック系の内訳をみる

図 12-2　アメリカにおける人種民族別教育達成（2011 年）

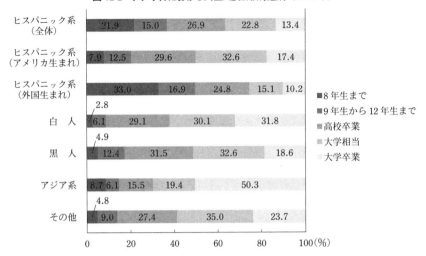

	8 年生まで	9 年生から 12 年生まで	高校卒業	大学相当	大学卒業
ヒスパニック系（全体）	21.9	15.0	26.9	22.8	13.4
ヒスパニック系（アメリカ生まれ）	7.9	12.5	29.6	32.6	17.4
ヒスパニック系（外国生まれ）	33.0	16.9	24.8	15.1	10.2
白　人	2.8 / 6.1	29.1	30.1	31.8	
黒　人	4.9 / 12.4	31.5	32.6	18.6	
アジア系	8.7 / 6.1	15.5	19.4	50.3	
その他	4.8 / 9.0	27.4	35.0	23.7	

（出所）　Pew Research Hispanic Trends Project より作成。
（注）　「その他」の項目は，該当する人種民族の選択肢がないか，複数人種民族。

表 12-2　アメリカにおける家庭での英語使用および英語能力（2011 年，単位は%）

5 歳〜 17 歳			
	家庭での会話は英語のみ	英語が非常に上手である	英語は上手とまではいえない	総数（千人）
ヒスパニック系	35.5	50.3	14.2	12,245
アメリカ生まれ	38.8	48.9	12.3	11,053
外国生まれ	4.9	63.0	32.0	1,191
アジア系	36.6	48.0	15.4	2,333

18 歳以上			
	家庭での会話は英語のみ	英語が非常に上手である	英語は上手とまではいえない	総数（千人）
ヒスパニック系	21.7	37.3	41.0	34,540
アメリカ生まれ	39.3	49.1	11.5	17,021
外国生まれ	4.5	25.9	69.7	17,519
アジア系	20.1	39.7	40.2	11,689

（出所）Pew Research Hispanic Trends Project より作成。

と，「家庭での会話は英語のみ」がアメリカ生まれ38.8%であるの対し，外国生まれは4.9%にすぎない。彼らの大半が家庭ではヒスパニック系の母語であるスペイン語や出身地域の方言を使用していることが推察される。18歳以上においても，アメリカ生まれと外国生まれの英語使用には大きな違いがみられる。これはヒスパニックと一括りにされる集団のなかに，出身国での学校教育

を終えてから渡米したり，あるいは成人後に仕事を求めてアメリカに渡る者が数多く含まれていて，彼らの私的な空間においては母語やおそらく母国の文化が色濃く残っていることを示唆している。

これまでみてきたように，ヒスパニック系と呼ばれる集団は，出身国のみならず，言語，社会経済的背景が多様である。概して，外国生まれの場合，学歴が低く，英語が話せず，非熟練労働に従事し，所得が低いという傾向にある。

次節以降では，全米でもその人口の多いカリフォルニア州ロサンゼルス市におけるヒスパニック系の社会的様相について，事例を挙げて考察する。

2 アメリカ社会に溶け込んでいるのか

ロサンゼルスとエスニシティ

カリフォルニア州ロサンゼルス市は全米でもヒスパニック系が多く居住する地域である。2010年の人口センサスによると，同市の総人口は379万人で，白人が最大で49.8％を占める。エスニシティ別でみると，ヒスパニック系48.5％であり，全体の半数近くを占めている（U.S. Department of Commerce, State & County Quick Facts）。2020年の人口センサスによると，ロサンゼルス市の総人口389万8747人のうち，ヒスパニック系は182万9991人（46.9％）で最も多く，白人は28.9％と3割を切っていた（U.S. Census Bureau）。

出身国別の集計が出ている2000年の人口センサスによると，ロサンゼルス市のヒスパニック系人口約172万人（46.5％）のうち，最大の集団がメキシコ系（63.5％）であり，メキシコ以外の中米出身者が13.8％であった。また，中米出身者の内訳をみると，エルサルバドル人（53％），グアテマラ人（28％）であった（Los Angeles Almanac, Hispanic or Latino Population by City, 2000）。2020年の人口センサスによると，ロサンゼルス市のヒスパニック系人口のうち，メキシコ系は69.8％を占め最大集団で，メキシコ系以外の中米系ヒスパニックは27.3％であった（U.S. Census Bureau）。

カリフォルニア州を含むアメリカ南西部一帯は，かつてメキシコの領土であったことやメキシコと国境を接していることなどの理由から，アメリカ産業発展期の19世紀には，鉱山労働者や鉄道敷設労働者として，20世紀には農場労働者としてメキシコ人が雇用されていた。1980年代に入ると，それまでの

メキシコ人を主体とする労働移民とは異なる理由で，中米諸国から渡米する移民が増えた。とりわけ，エルサルバドルやグアテマラから内戦を逃れた多数の難民がアメリカ，特にカリフォルニアをめざした。そして，難民が最終目的地としたのが，もともと中米系移民が多かったロサンゼルスであった。ヒスパニック系に外国生まれが多い理由として，中米諸国から比較的新しく流入してきた難民の多いことが関連しており，そのなかには先住民も多数含まれる。彼らはアメリカの国籍をもたない場合が多く，英語を話せないので，清掃やレストランの皿洗い，工場労働者など，低賃金の非熟練労働に従事した。

アイデンティティにおける両義性

一般に，ヒスパニック系は自分たちの言語と文化に固執し英語を覚えようとせず，アメリカ社会に溶け込もうとしないといわれる（小林 2008: 175）。彼らに対するステレオタイプともいえるこうしたイメージは，実態を反映しているのだろうか。このようなイメージは，ヒスパニック系が帰化に消極的であることや家庭内でスペイン語を使い続けていること，母国に近く母国と何らかのつながりが保たれていること，アメリカ国内の一定の地域に集中していること，ヒスパニック同士の結婚が多いことなどに起因することが指摘されている（パールストーン 1995: 84）。

以下では，ロサンゼルスに居住し，子どもを公立学校に通わせていたヒスパニック系移民の親や保護者 13 名（女性 11 名，男性 2 名）に対して，筆者が聞き取り調査（2002 年 2 月，10 月，2005 年 10 月）を実施した結果から，アメリカに順応しようとしないヒスパニック系移民という表象の妥当性について検討を加える。対象者の出身国はメキシコ 8 名，グアテマラ 3 名，エルサルバドル 2 名である。滞米歴は 5 年から 42 年に及ぶ。対象者のうち 10 人が，S 小学校あるいは T 小学校に子どもを通わせていた。S 小学校はダウンタウンの東に隣接し，メキシコ出身の移民の割合が高い。T 小学校はダウンタウンの西側に位置し，比較的新規の移民，特にグアテマラ，エルサルバドルなど中米諸国出身者が多く居住している。調査の詳細については，拙著（小林 2006）を参照されたい。

言語の使用および習得

まず，普段家庭で使う言語については，1 人の親のみが「子どもには英語と

スペイン語をそのときどきによって使い分けている」と答えたが，残り全員が
スペイン語を使うと語った。表12-2から，18歳以上の外国生まれのヒスパ
ニック系は，アメリカ生まれのヒスパニック系やアジア系と比べて英語能力が
劣ることが示されているが，筆者の聞き取りにおいても，新来のヒスパニック
系移民の英語能力の低さが表れている。また，自分の子どもがどの言語を習得
することを望むかという質問については，9人が英語とスペイン語の両方と答
えており，その理由として「よい仕事に就けるから」「多くの言語を知ってい
る方が有利である」「異なる言語を話す人とコミュニケーションを図るのに都
合がよい」「よりよい将来を築いてほしいから」などの現実的な意見が述べら
れた。また「英語とスペイン語に加えて，できればイタリア語などもう1言
語」と答える女性もおり，スペイン語以外の言語獲得に前向きな姿勢がうかが
えた。

国籍取得

　国籍取得に関しては，調査対象者13人のうち9人がアメリカ国籍をもって
いなかったが，全員が「いずれは取得したい」と答えた。T小学校で6人の親
たちに行ったグループ・インタビューでは，滞米歴22年の女性がただ1人永
住権保持者であったが，永住権をもっているとの彼女の発言に，出席者の間か
ら「ウォー」という声が上がり，羨望のまなざしにも似た視線を浴びた彼女は
少し得意気な表情をみせた。また，帰化のための試験を受けて落ちたという女
性と来年試験を受けるつもりであるという女性がそれぞれ1名いた。このよ
うに聞き取りをした親たちは必ずしも帰化に消極的ではなく，むしろ国籍取得
を望んでいることがうかがえた。
　それでは，彼らの国籍取得を阻む要因は何であろうか。鍵となるのが移民の
英語能力と教育程度である。帰化には基本的な英語能力が求められ，手続きの
煩雑さとも相まって申請をためらわせていると考えられる。聞き取り対象者の
教育歴は，二言語教育教師，小学校バイリンガル・コーディネーター，病院通
訳として働いている女性を除くと，残りは6年から12年までであった。英語
能力についても，仕事で英語を使用している3人と10段階で5くらいと答え
た1人を除くと，残り全員が少し話せる程度であった。T小学校のある地区は
エルサルバドルやグアテマラなどから，軍事独裁政権下の内戦を逃れて来た者
が数多く含まれている。この地区で病院通訳をしている女性もやはりグアテマ

┌───┐
Column ⑮　母語（継承語）

　　母語（mother tongue）とは，辞書的には幼少時に親や家族から自然に習得する言語のこととされる。言語学的には，スウェーデンのスクットナブ＝カンガスによると，母語は，4つの側面から定義できるという。第一に「子どもが最初に覚えたことば」であり，第二に「最も頻繁に使うことば」であり，第三に「最も上手に話すことができる言語」であり，第四に「アイデンティティ形成のための言語」である。母語が重要なのは，自分が帰属する集団への愛着や一体感が，母語を介して形成される可能性が高いからである。また継承語（heritage language）とは，社会の少数派言語話者の親が，子どもに継承させたい母語のことである。移民の子どもや外国人児童・生徒は，移住先での生活が長期にわたり，学校教育のなかで現地語を学習する場合，現地語（アメリカであれば英語，日本であれば日本語）が優位になり，親の母語を維持することが困難になる。継承語の強化は，親子のコミュニケーションにとって不可欠なものであるだけでなく，子どもの学習能力を高め，自らの文化的ルーツに対する誇りを強める点等で意義があるとされる。カナダでは，研究成果にもとづく継承語，継承文化の有効性が認識され，諸州で継承語教育が制度化されてきた。
└───┘

　ラのマヤ民族出身で，14歳のとき内戦を逃れて家財道具をすべて置いたまま家族全員で国を脱出してきたという。この地区には彼女のように戦乱から逃れるために，着の身着のまま逃げ出してきた者が少なくないが，彼らの大半は移民がホスト社会で成功するために重要な資源となる資産や教育，英語能力などを欠いている。

　このような社会的資源の少なさと身元保証人探しなど帰化申請手続きにかかわる労力が，ヒスパニック系移民の帰化申請を踏みとどまらせる要因になっていると考えられる。申請要件の一つに合法的な永住権保持者であることが定められているが，一般に永住権取得の方法は親族もしくは雇用関係にある者が身元保証人となる場合が多い。しかし，アメリカに家族や親族のいない移民が身元保証人を探すのは容易ではない。実際，そうした状況は，聞き取りで語られたある親の次の言葉に集約できる。「永住権申請はアメリカの国籍をすでにもつ親族がいないと簡単には許可が出ない。子どもたちが成長して18歳になって国籍の申請ができるようになるまで待ちたい」。

　以上のように，帰化に消極的なヒスパニック系という言説に反して，国籍の取得を望みながらも，社会的資源の乏しさなどから国籍を取得できない者が少

なからず存在する可能性がある。

子どもの文化獲得

　子どもにどの文化・習慣を身につけてほしいかという質問に対して，この質問をした9人中8人は出身国とアメリカの両方の文化を身につけることを望んでいた。その理由として，「自分はメキシコから来たが，子どもはアメリカ生まれなので，2つの文化とも重要である」「子どもはアメリカで生まれたが，自分のルーツも大事にしてほしい」「子どもがそれぞれの国の良いところを身につけてほしい」などが挙げられた。マヤ人の女性は，マヤ人としての意識を重視し，「マヤの文化・アイデンティティを保持してほしい。長男は以前自分のルーツに関心を示し，民族の歴史や言語について調べたりしていた。マヤ民族が数理能力に秀でていたことなど。私も彼がマヤ民族としての意識を保持できるよう協力している」と語った。

男女平等社会に惹かれて

　また，22年前にグアテマラから来たという別のマヤの女性は，男女平等という観点からアメリカ社会に価値を見出していた。

　　私の国には男女間の不平等があり，男が女より優れているという考え方がある。しかし，女性と男性は同等の権利と能力をもっていると思うので，アメリカの男女平等主義的なところが好きである。アメリカに来た理由の一つは，アメリカ社会が女性にも男性と同等のさまざまな機会を提供しているところにある。

　一般に，移民の渡米の動機では，経済的な理由と政治的な理由に光があてられる。しかし，この女性のように，祖国に比べて女性にも男性と同等の機会が開かれているアメリカ社会に魅力を感じたことが移住を後押しし，そのような文化を子どもにも伝えたいとする文化的な動機があることを見逃してはならない。

アイデンティティの保持と変容

　さらに，マヤ人の女性は，文化の可変性について以下のように言及した。

アメリカで独自の文化を維持するのはとても難しいと思う。マヤの文化
を除いて考えてみると，多くのラティノが自分たちの文化や生活スタイル
を失いつつある。アメリカの生活様式を取り入れて，伝統的なラティノの
生活様式が変化している。たとえば，言葉を例にとると，ラティノの人た
ちの話す言葉は英語であれスペイン語であれ，"Spanglish" という英語と
スペイン語が混ざり合った言葉になっている。これはとても悲しいことだ
と思う。

　彼女はアメリカ社会のなかでラティノ文化が異種混淆し，その独自性が消失
することを不可避なものとしてとらえ，しかもそのような状況を憂えている。
　以上の語りから，「ヒスパニック」として一括りにされる集団内部の多様性
がみえてくる。聞き取り対象者の出身国は，メキシコ，グアテマラ，エルサル
バドルの3カ国であるが，そのなかには先住民族マヤ人も少なからずおり，
彼らにとって「スペイン語」や「英語」は第二，第三の言語となる。マヤ民族
の場合，多くが地方の農村出身で出国するまで都市的生活様式への馴染みが薄
かった人がほとんどであろう。先住民の目からみたラティノの文化とアメリカ
の文化が融合し，ラティノ文化が変容しているとしたマヤ人の語りは注目され
た。
　このように，ヒスパニック系は英語習得や国籍取得に前向きであるにもかか
わらず，バイリンガル・バイカルチュラルな志向性や社会経済的制約，出自の
違いなどによって，結果的にアメリカ社会への統合が進んでいないことがみて
とれた。彼らもアメリカ社会での成功を夢見て，英語やアメリカの文化に価値
をおき，それらを習得することが大事であるという認識を少なからずもってい
るといえるだろう。

3　アメリカ社会への編入

　前節では，ヒスパニック系のバイリンガル・バイカルチュラルな志向性がア
メリカ社会に溶け込まないとみられている要因であることを論じた。ここから
は，エルサルバドルとグアテマラからの移民が集住するロサンゼルス市のウエ

ウエストレイク地区のヒスパニック系住民向け商店

ストレイク（Westlake）地区における実地調査にもとづいて，これらの移民た
ちの地域社会のなかでの生活をみていくことによって，彼らの社会への編入の
ありようと課題について検討する。

中米系コミュニティの生成と発展

　1980年代以降，ロサンゼルスにはエルサルバドルやグアテマラなど祖国の
内戦を逃れて多くの難民が流入した。1970年代以前に渡米したエルサルバド
ル人とグアテマラ人の渡米理由は，主に経済的なものであった。1970年代終
わりまでには，新たに渡米する人たちのほとんどがロサンゼルスに親戚がおり，
住居や仕事，生活面など新天地での生活を始めるにあたってさまざまな支援を
受けられる環境にあった。しかし，1980年代以降，渡米理由に変化がみられ
るようになり，政治的理由での渡米が増えていく。

　中米諸国では，20世紀初頭から寡頭勢力が政治と経済を独占し，貧富の格
差が極端に開いた社会が存続してきたが，1980年代になると，民主化を求め
て長期独裁政権に対する反政府運動が起きた。武装した反政府ゲリラと政府軍
との間の武力闘争が続くなか，ゲリラに協力的とみなされた住民や先住民に対
する攻撃や虐殺が行われた（国本 2001: 246-62）。そして，命の危険にさらさ
れた多くの住民や先住民がアメリカなど国外へ脱出して難民になったのである。

　1990年にアメリカに居住していた外国生まれのエルサルバドルおよびグア
テマラ移民のうち，エルサルバドル人の4分の1，グアテマラ人の6分の1が，

祖国での内戦が激化していた 1980 ～ 81 年にアメリカに流入しており，中米諸国の内戦がこれらの地域からの難民増加の原因である（Zentgraf 2005: 65）。

1980 年代にロサンゼルスに来た中米出身者の多くが，すでにラティノ・コミュニティを形成していたメキシコ人コミュニティに近接する地域に居を構えた。ロサンゼルス市西側に位置するウエストレイクもそのようなコミュニティの一つであり，伝統的に移民のアメリカへの玄関口で，家賃の安いアパートがみつけやすく共通言語であるスペイン語が話され，仕事を探しやすい利点があった。他方で，この地域は，住宅の荒廃と青少年犯罪の増加という問題も抱えていた（Hamilton and Chinchilla 2001: 53）。

1980 年代初めまでに，ウエストレイクにはエルサルバドルやニカラグアのレストラン，グアテマラのマーケット，ホンジュラスのパン屋ができ，中米諸国からの移民や難民に故郷の懐かしい味を提供した。また，祖国への迅速かつ信頼できる手紙や小包の発送を売りにする急送宅配業サービス業者や中米諸国の主要な都市への航空便を取り扱う旅行業者，中米で有名な靴メーカーなどが事業を展開し，この地域はしだいに中米系移民コミュニティの中心として認識されるようになってきた（Hamilton and Chinchilla 2001: 59）。

しかし，1990 年代初頭になると，ウエストレイクはロサンゼルス市のなかでも，住民の生活圏と売春婦や麻薬密売人が混在する最も治安の悪い地区の一つになっていた。地域内の K 高校全体の退学率が 22％であるのに対し，ラティノの生徒の退学率は 82％であった。そのような環境のなかで，祖国での暴力や身内の殺害を体験したエルサルバドルとグアテマラ出身の若者たちは，異国の地で生活するのに必死な親の監視が行き届かず，ギャング団を結成したりギャングのメンバーになっていった。

このような地域コミュニティの荒廃と社会問題の解決に積極的に乗り出したのが，移民たちが毎週末通っていた地元のカトリックやプロテスタントの教会であった。これらの教会は，スペイン語によるミサや識字教育，カウンセリング，難民支援など各種のプログラムを提供し，中米コミュニティを組織する主要な役割を担ったのである。

自助グループ CARECEN の設立と活動

難民たち自身も教会や弁護士と協働して自助グループを設立していった。その一つが，1983 年にエルサルバドル難民および人権擁護団体によって設立さ

れた中米系アメリカ人人材センター（Central American Resource Center ; 以下，CARECEN）である。理事の一人は，CARECEN 設立の目的について「内戦を逃れた避難民の救済と支援を提供することを主な使命としていました。同時に，中米諸国の内戦およびアメリカの介入を終結させることを目的に活動を行ってきました。ほぼ 10 年間は，これらの目的で活動を続けてきました」と述べる。

　CARECEN は，中米諸国からの難民救済を目的に，1981 年にワシントンDC に設立された同名の団体をモデルに，1983 年にロサンゼルスに設立された人権擁護団体である。その使命は中米系の人々の人権や市民権を擁護し，社会経済的正義のために働き，文化的多様性を促進することである。2014 年現在，21 名の正規職員のほか，パートが 1 名，フルタイムで働くインターンが 1 名いる。国籍申請などの法的手続きを専門に扱う弁護士が正規職員として 7 名働いている。成人を対象とした英語クラスやパソコンクラス，米国籍取得対策講座のほかに，子どもを対象にした放課後学習プログラムが無料で提供されている。利用者は，遠くはカリフォルニア中部や南カリフォルニア一円から相談に訪れるという。活動資金は市民からの寄付金のほか，市の助成金などを財源とする（理事への筆者の聞き取り〈ロサンゼルス，2013 年 8 月 23 日〉にもとづく）。

　この時代，同じく紛争と暴力，人権侵害を逃れてアメリカに渡ったベトナムやカンボジア，ラオスなど東南アジアからの難民たちは，アメリカ政府から公式に難民と認められていたのに対して，エルサルバドルとグアテマラの難民たちは，難民と認められず，政治的庇護の要請もほとんど通らなかった。そのため，中米諸国からの難民は，送還されれば再び逮捕されたり拷問を受けるという悪夢を抱えながら，身を隠し，当局からの国外追放命令に怯えて過ごすことになった。このような差別的な処遇に対して，CARECEN や難民を支援する弁護士グループは，世論を喚起するために，集団訴訟を起こしたり，連邦議会議員にロビー活動を行った。さらにアメリカ横断キャラバンを結成し，メディアを使って宣伝するなど活動の幅を広げていった。

難民救済から生活支援への転換

　1992 年は，CARECEN の活動に大きな影響を及ぼす 2 つの出来事が起きた。一つは，エルサルバドル政府と反政府ゲリラとの間で和平協定が成立したこと，もう一つは 4 月 29 日のロサンゼルス暴動である。これらの出来事がCARECEN の地域における役割にどのような変化をもたらしたのか，先述の

理事は次のように述べている。

> エルサルバドルの難民たちは，内戦が終結したら皆祖国に帰ることを望んでいましたが，内戦終結後，大半は帰国しませんでした。このコミュニティに居を構え10年経過するうちに，難民たちは結婚して家庭をもち，子どもを生み育てるようになりました。ここで家族をつくることで，帰国の現実性がしだいに遠のいていったのです。

アメリカに来たのは，祖国での暴力や政治的迫害から逃れるためであり，やがて紛争が終結したら帰国することを願っていた難民たちであったが，避難先であったアメリカで長い年月を過ごす間に，家族の生活基盤ができ，もはや帰国は現実的な選択肢とは考えられなくなっていたのである。もう一つの出来事，ロサンゼルス暴動について同理事は次のように語った。

> ロドニー・キング判決を発端として，ロサンゼルスで暴動が発生しました。暴動は全米レベルでは白人と黒人の間の人種問題であり，南ロサンゼルスだけの問題だというとらえられ方をされていましたが，現実にはラティノ・コミュニティやコリアン・コミュニティにも暴動が波及し甚大な被害がでました。CARECENのあるコリアタウンの大半の商店が放火されました。（中略）暴動直後，CARECENはコミュニティの清掃活動と再建に精力的に取り組むようになりました。CARECENはロサンゼルス暴動の真実を伝えるために，多くの政治的運動に参加するようになり積極的に活動を行いました。

1992年の2つの大きな事件を経て，CARECENの使命も変わってきたのである。現在は，難民救済が主要な活動目的ではなく，ラティノ・コミュニティの住民の生活支援にシフトをしている。理事は，現在最も力を入れている活動について次のように述べている。

> （最も力を入れているのは）リーダーシップ育成プログラムです。（中略）コミュニティのなかで若者をリーダーとして育成するためには，若者は学校を卒業している必要があり，大学に行く必要があります。そのために放

課後学習教室やサマー・プログラムなどを提供して彼らを支援しています。彼らが大学入学に必要な申請手続きを手助けしたりします。最終的には，人々を「組織」することに関わることで，リーダーの育成につながるのです。

4   アメリカ生まれ世代の担うもの

1980年以降，エルサルバドルとグアテマラなど祖国の紛争から逃れて多くの難民が流入したウエストレイク地区で，難民の支援活動に真っ先に取り組んだのが，地域の教会や先に定住していた同胞たちであった。加えて，難民自身も自助グループを形成するようになり，後続の難民の支援活動を行っていくことになる。そのなかから，現在アメリカで最も影響力をもつ団体の一つに成長し，ロサンゼルスに居住する中米系移民を30年以上にわたって支援してきた人権擁護団体 CARECEN が生まれたのである。

中米系移民がロサンゼルスに根を下ろし始めて40年ほどが経過したが，現在はアメリカ生まれでアメリカの国籍をもつ第二世代が活躍しつつある。ロサンゼルスの大学を卒業後，CARECEN の英語クラスで移民たちに英語を教えている R さんは，母親がエルサルバドル出身，父親がグアテマラ出身であるが，母親が CARECEN の英語クラスに通っていたという。CARECEN をはじめとして，地域で中米系移民に対する支援活動で重要な役割を担っているのが R さんのようなアメリカ生まれの世代である。彼らはアメリカで教育を受け，アメリカの国籍をもち，英語を母語とし，弁護士など専門職として働く者もいる。学校を中退して，ギャング団に足を踏み入れていく若者の問題は残っているが，多くの自助グループがこのような若者の自立支援のための活動を行っているのである。さまざまな理由で祖国を後にした親世代の希望と期待を背負って成長してきた第二，第三世代は，過去のアメリカ移民たちのように，アメリカ社会の一員として，機会の平等の恩恵を受け，アメリカ発展の歴史に1ページを刻んでいくのだろうか。

第13章
フランス移民第二世代のアイデンティティと教育

移民社会フランス

　フランスで 2011 年に『最強のふたり (Intouchables)』という映画が公開され，歴代観客動員数第 2 位を記録するなど大ヒットした。この映画は，頸椎損傷で体の自由がきかないフランス人の富豪男性と，郊外の恵まれない地区で育った 20 代の移民出身の男性（原作ではアルジェリア系，映画ではセネガル系）の交流を描いた物語である。主人公ドリスはパリ郊外の社会住宅が建ち並ぶ団地地区の出身で刑務所から出てきたばかりである。映画では彼の育った環境として狭い家に年の離れた多くのきょうだいが暮らし，おそらくシングルマザーと思われる母親が夜遅く，子どもが寝静まった時間に帰ってくる様子や，ドリスの弟が地区のギャングに関わっていく姿が描かれている。これはかつては労働者階級の地区であり，現在は移民が多く住むフランスの大都市郊外における移民家族の「典型的」な描写である。

1 フランスにおける移民問題と第二世代

　フランスは戦後，高度経済成長期にマグレブ諸国（アルジェリア・モロッコ・チュニジア）を中心とした旧植民地諸国から多くの移民を受け入れてきた。1970 年代の石油危機による経済不況のため，移民の受け入れは停止されたが，家族再結合は認められており，労働者としてやってきた移民は彼らの家族を呼び寄せ，フランスに定住した。そして，移民の家族はドリスの家族が住むような郊外の団地に居を構えるようになる。こうした移民の定住化にともない，フランスでは 1980 年代以降，「移民第二世代」の統合が問題とされるようになった（サンテリ 2019）。とりわけ，公立学校におけるスカーフ着用をめぐる議

219

論，2015 年 1 月の風刺新聞社襲撃事件や同年 11 月のパリ同時多発テロをはじめとするテロリズムなどムスリム移民第二世代がその対象となっている。

　移民の定住化にともなう世代交代は国際社会学の重要なテーマの一つである。移民第二世代は国境を越える移動を経験しているわけではないが，家族のつながりやアイデンティティ，文化など，彼・彼女らは親の出身国・文化と断絶した生活をしているわけではない。また，移民第二世代が議論されるということは，彼・彼女らのホスト社会への統合プロセスや，世代を超えてマイノリティという地位が継続していることが問題となっていることでもある。移民の子どもがホスト社会で育ち，社会化されるにつれ，彼・彼女らはその国の文化に完全に同化し，「移民」という属性は打ち消されてしまうのか。それとも，世代交代が進んでも「移民」として差別を受け続けるのか。もしくは彼・彼女らは積極的に親の出身国の文化を保持し，「移民出自」であることを意識し続けるのだろうか。

　本章では，フランスにおける移民第二世代の問題をアイデンティティと教育に着目し，考察する。まず移民の統合と世代交代に関するフランスの特徴，ならびに移民第二世代の抱える統合上の問題を考察し（第 2 節），次に（大都市）郊外の社会的に恵まれない地区に住む第二世代の経験を家族，学校，地域社会からみていく（第 3 節）。第 4 節では移民第二世代のアイデンティティを，特にイスラームに着目し論じていきたい。

　本論に入る前に，フランスにおける「移民」や「移民第二世代」とは誰かを簡単にみておこう。フランスの統合高等審議会の定義によると，移民（Immigré）とは「外国で外国人として生まれ，現在はフランスに居住している人」を示す。2020 年時点で移民は 670 万人（総人口の 10.1％）であり，このなかにはフランス国籍を取得した者（36％）も含まれる。移民第二世代に関しては，これまで統計データの欠如が問題となっていたが，2008 年から 2009 年に行われた『経路と出自（Trajectoires et Origines, TeO）』と題する大規模調査以降，フランスで生まれ，少なくとも親の一人が移民である子どもに対して「移民の直接の子孫（Descendants directs d'immigrés）」というカテゴリーが充てられるようになった（2019 年から 2020 年にかけて『第 2 回 経路と出自調査』が実施され，そこではさらに「移民の孫」も把握できるようにしている）。2020 年時点で 760 万人，総人口の 11.4％がそれにあたる（INSEE 2021）。だが「第二世代の問題」とは，社会学的な行為や価値観，また社会のなかでの地位を問うものであり，必ずし

も統計的・人口学的な意味での「二世」の問題には還元できないことには注意が必要である。本章では，移民（第一世代）を親とし，自らを移民の出自と感じながら，ホスト社会（フランス社会）のなかで主な教育を受け，社会化された人々を第二世代とする。また，自分自身を「移民の子孫」と考えている一・五世や三世以降の人たちも「社会学的な第二世代」として議論に含めることにしたい。

2　移民第二世代の統合と排除

フランスにおける共和主義と移民統合

　フランスは「一にして不可分の共和国」という共和主義の原則のもと，人種や宗教，民族といった属性にかかわらず，市民を普遍的・抽象的な個人として扱い，平等に権利を認める非宗教的な共和国であり，国民国家である（宮島2006 など）。そこでは学校（そしてかつては兵役）が重要な国民の「統合装置」として機能し，個人をフランス市民として教育し，知識・教養を与える役割を果たしてきた。

　フランスの移民統合はこうした共和主義の移民への適用である。市民と国家の直接的関係が重視され公的空間では文化的・宗教的な相違の承認が行われず，個別特殊な文化，とりわけマイノリティの文化が公的領域において承認されることはない。何らかのエスニック・コミュニティがそのアイデンティティや文化の承認を要求し，行動することは，自分たちの共同体に閉じこもり，他者との接触を拒む意志とされ，国民共同体に断裂をもたらす「共同体主義（communautarisme）」として批判されている。すなわちフランスにおいて移民第二世代は学校教育などの社会化の過程を通じて，言語，文化，価値観について「統合」されるものだと考えられてきた。さらに出生地主義（*jus soli*）の原則により，フランスで生まれた移民第二世代は成人になると自動的に国籍が付与されている（ヴェイユ 2019）。

　フランスとは異なる統合モデルとして，「多文化主義」がある。たとえば，「多からなる一」を掲げるアメリカでは，アファーマティブアクションや多文化教育などの政策が行われ，センサスにおいて「人種」「エスニシティ」についての調査が行われている。また人種マイノリティの社会運動，自分たちの歴

```
┌─◆──── Column ⑯ （移民の）統合政策 ────◆─┐
```

　　移民政策は大きく出入国管理政策とすでに入国した移民の社会参加に関する統
　合政策に分けられる。統合とは移民と受入国の双方が互いの社会的・文化的特徴
　を保持しつつ，同じ社会の構成員としての共有文化を築きあげていくプロセスで
　ある。統合（政策）にはさまざまな側面があり，特に法的・政治的権利の側面，
　雇用や教育などの社会的側面，そして文化的な側面が挙げられる。

　　欧米諸国では 1990 年代以降，「移民統合の失敗」という懸念などから，統合政
　策に変化が生じている。つまり統合は社会で暮らしていくなかで経験する社会化
　のプロセスの帰結ではなく，国家が積極的に管理・監督するものとしてとらえら
　れるようになった。フランスやイギリス，ドイツ，オランダなどの欧州諸国では，
　自国言語の教育やそれぞれの国の制度・価値に関する公民教育などが行われるな
　ど「市民的統合」が重視され，統合を入国許可や滞在許可の条件の一つとする方
　向にある。

史や文化を承認させるための活動などもみられる（南川 2022）。ここには歴史
的・文化的背景などの違いがあり，社会学が行う国際比較では，こうしたそれ
ぞれの社会への深い理解とその影響に関する検討も重要である。

移民の世代交代と争点の変化

　移民第一世代と第二世代の間には社会経験はいうまでもなく，言語，文化，
アイデンティティ，価値観，ジェンダー秩序，記憶や歴史等に関して断絶がみ
られる。たとえば世代間におけるホスト社会への文化的同化の指標として，出
生率や族外婚率などが用いられることがある（Tribalat 1995）。またホスト社会
における言語や社会規範，さらにコンピュータやインターネット使用の習得な
どに関しても非常に大きな違いがあり，そこでは子どもと親の関係性が逆転し，
学校や行政関係の書類の読み書きなどに関して子どもが親のサポートをするこ
ともある。

　ホスト社会での世代交代において，文化の伝承は最も重要なテーマであり，
言語や文化，記憶をどのように伝えるのかという課題がある。世代間での連帯
や情緒的なつながりが残っても，文化的にはそのつながりが切れてしまうこと
もある。さらに，文化や宗教が子どもに伝達されたとしても，彼・彼女らが親
の出身国の文化とは必ずしも結びつかない「純粋」な宗教アイデンティティや

エスニシティ，もしくは独自の下位文化を主張することもある。

　ホスト社会とのつながりや要求に関しても世代間では変化がみられる。労働者としてやってきた第一世代とは異なり，ホスト社会で社会化の過程を経験し，学校教育を受けた第二世代はフランス社会へ文化的に同化するが，にもかかわらず，人種差別や不平等などによって社会・経済的な統合が完全にはなされないという問題に直面する（Lapeyronnie 1987）。そのため，彼・彼女らは1983年の「平等と反人種差別のための行進（通称：ブールの行進）」をはじめとする社会運動を1980年代に活発に行った。このように，第二世代は同化や統合の圧力にさらされ，実際にその過程を経験する一方で，社会からの差別や偏見などに直面し，社会においてどのような地位を獲得するかという問題に直面することが多い。

社会的境界としての宗教

　フランス社会にはどのような移民や移民第二世代に対する社会的境界（バルト 1996）がみられるのだろうか。R. アルバによると，フランスやドイツなどのヨーロッパ諸国では宗教が明確な境界としてムスリム集団に設けられているという（Alba 2005）。フランスの場合，共和制を象徴するライシテ（非宗教性）は公的空間での平等と，私的空間での信仰の自由を保障する。しかし，フランス社会に強く根づいているキリスト教文化がムスリムに対する境界として機能し，彼・彼女らをマージナルな地位に押し込んでしまうという。キリスト教にもとづいた祝日やモスクなどの宗教施設建築の問題，そして日本でも紹介されてきたスカーフ問題（スコット 2012を参照）がその例として挙げられている。さらに公共空間での全身を覆うブルカ着用の禁止や，祈禱所の不足による街頭での集団的な礼拝の問題，ムスリムのための墓地区画の設置など，イスラームの実践の可視化とフランス社会によるその問題化の事例は枚挙に暇がない。

　ここで重要なのは，移民第一世代の労働者に対しては，企業や労働組合が工場における祈禱所の設置などを通して，彼らを編入しようとする動きがあったことである（伊藤 1988）。移民が定住化し，その家族また第二世代がフランス社会へ統合しようとするときにイスラームが問題とされるようになる。そしてそこではスカーフなど女性の地位が文化的な「境界標識としての機能」をもつ（伊藤 1998; スコット 2012）。

労働市場における排除

　さらに彼・彼女らは労働市場における差別なども経験している。宮島が指摘してきたように，フランスにおいて，移民，そして移民第二世代の統合をめぐる公的な施策と言説では，統合の文化的含意が押し出されることが多く，社会的統合については具体的な施策がとられることは少なかった（宮島編 2009）。特にセンサスや政策の議論においてエスニシティや人種というテーマは忌避されてきたため，差別をはじめとする移民第二世代が抱える問題とそれに関するデータの間には大きなギャップがみられる。しかし，今日，人種主義や差別の問題はだんだんと重要な社会問題として議論されるようになってきている（Fassin et Fassin eds. 2006）。BLM（Black Lives Matter）運動に対してもフランス国内では大きな反響があり，特に 2020 年のジョージ・フロイド事件をきっかけに国内の人種差別について広く議論された。

　移民一般の家族，特に世代間の関係に着目した研究において，大半の移民の子ども，特に女性は社会的成功の道をたどっており，フランス社会へ統合していることが明らかにされている（Attias-Donfut et Wolff 2009）。また高校卒業資格であるバカロレア（Baccalauréat）の取得率は，ある調査によると 76.1%（ネイティブでは 76.7%）である（Brinbaum 2019）。さらにその後の高等教育卒業率に関しては，ネイティブの子ども（43%）には届かないが，世代間の変化をみると移民である親が 5% だったのに対してその子どもは 33% と大幅に上昇している（Beauchemin et al. 2022）。しかし，バカロレア取得率についても，高等教育卒業率についても，普通課程か職業課程かといった学位や学校の種類については偏りがみられる。また民族出自やジェンダー，階級，家庭環境などによっても状況は大きく異なり，交差性（インターセクショナリティ）の視点が欠かせない。さらにマグレブ系やサブサハラ系移民第二世代に対しては労働市場における「エスニックなペナルティ」，すなわちエスニックな出自に基づく差別も存在する（Silberman et Fournier 2006; Beauchemin et al. 2022）。たとえば，2021 年にアフリカ系移民第二世代の失業率は 15.6%（ネイティブでは 6.9%）だった。移民の子どもに学業達成がみられても，それが労働市場への編入とどのように関わり合うかは別の問題であり，マグレブ系やサブサハラ系移民第二世代の若者は自分たちの学歴と就職先のギャップに直面している。

　「一にして不可分の共和国」と言明するフランスは，「法の下の平等」という理念の下で移民，そして移民第二世代の統合を進めてきた。世代交代により，

第二世代が国籍を獲得し，社会化の過程を経験したとしても，旧植民地出身の
マグレブ系やサブサハラ系の第二世代は必ずしも社会の「完全なる成員」とし
て扱われてきたわけでなく，差別や偏見などによりいわば「二級市民」ともい
うべくマージナルな地位におかれてきた。

3 家族・学校・地区における移民第二世代

　冒頭で紹介した『最強のふたり』の主人公ドリスが育ったのは大都市の郊外
（特にパリ地方では北部のセーヌ・サン・ドニ県を中心に東部，南部の郊外）にみられ
る HLM（habitation à loyer modéré，適正家賃住宅）という低所得者向けの社会住
宅が集中している社会的に恵まれない地区である。こうした地域は 2005 年に
全国で大規模な「暴動」が起きたことでも知られる。地区の多くは街の中心部
から離れた場所にあり，1960 年代から 1980 年代に建てられたシテと呼ばれる
十数階建ての，ときには横に数百メートルにわたって延びるモノトーンの高層
団地群に特徴づけられる。そこには失業や学業挫折，ひとり親家族などの社
会・経済的困難を抱えた人々が多く住んでいる。2020 年からのコロナ禍にお
いても健康格差がみられ，郊外においては新型コロナ罹患率や前年度と比較し
た超過死亡率が他の地域に比べて高かった。さらに若者による非行・犯罪，ド
ラッグ，暴力などのセキュリティの問題を抱える地域でもある。そのため，こ
うした地区は「ゲットー」と考えられることもあり，外部からは「危険な地
区」としてスティグマ化されてきた。一方で地区は行政上の地理的区分でもあ
り，「都市政策」として都市再開発や社会・経済的な包括的支援の対象となっ
ている（ドンズロ 2012; 森 2016）。だがそれは地理的・行政的含意に限られない
ものであり，人々の日常的な行動空間として，彼・彼女らの特有の行動様式や
経験，帰属意識，そして内外から与えられる「イメージ」などを通して主観的
に構築されるものでもある。
　フランスではこのような地域にマグレブ系やサブサハラ系を中心とした移民
が集住している。もちろんすべての移民第二世代が郊外に住み，問題を抱えて
いるわけではないが，彼・彼女らの社会統合に関する問題はしばしばこうした
地区の若者の問題と結びつけて考えられてきた。本節ならびに次節では，筆者
が 2009 年から継続して行っているパリ郊外の 2 つの地区で行った調査をもと

に，移民第二世代の若者がどのように社会化され，どのようなアイデンティティを抱いているのかを考察していく。

地区で育つ移民第二世代の若者

　　この地区の生活はとても厳しい。たくさんの問題，たくさんの問題がある。若者の多くは学校を中退したり，失業したりしている。それに暴力やドラッグで刑務所に入っている。問題がありすぎるんだ。(モハメッド・25歳，男性)

　マリ出身の親からフランスで生まれ，パリ南部の郊外で育ったモハメッドは，中学校に入ってから地区の仲間と悪ふざけを覚え，だんだんと他の地区との抗争に参加したり，暴力や盗みなどを働くようになった。彼は暴力沙汰や窃盗などで3回，刑務所に入ったが，仕事をして安定した生活をする重要性を知るようになり，インタビュー当時は臨時雇いで働いており，今では双子の子どもの親である。5人きょうだいの彼の家族は3LDKの家に住んでいた。家は狭く居場所を見出せなかったため，彼はだんだんと外に出るようになり，地区の文化に馴染み，ストリートで多くの影響を受けることになった。
　地区において若者（特に移民第二世代以降の男性）の存在は非常に可視的である。彼らは夜遅くまで建物の入り口や広場などに数名のグループでたまっている。何人もの若者が頻繁に行き来しながら，仲間と話したり，ときにはマリファナなどのドラッグを消費しながら時間をつぶしている。そして若者同士の関係性やそこで共有される振る舞い，地区の下位文化（特有のスラングなども含む）やアイデンティティ，さらにドラッグなどのインフォーマル経済などにより，ストリートは学校や家族とは異なったかたちで子どもたちを「社会化」する。モハメッドのように若者の多くは思春期に入るにつれ，だんだんと外にたまるようになり，そこでの強い社会関係や社会的・心理的な囲い込みの影響を受けるようになる（Avenel 2000; Beaud 2002; Beaud et Masclet 2006）。この「都市の下位文化」はポルテスらのいう「下降型同化（downward assimilations）」（ポルテス／ルンバウト 2014）に若者を導くことになり，彼らが学校やその後の職業生活で直面する困難の一つとなる。
　すなわち「学校で成功」した若者は地元での交友関係から距離をとり，その

地区センターの前に集まる移民系住民

悪影響を回避する傾向にあり，反対に学校でうまくやっていけなかった若者は地域社会に閉じこもり，自分たちの地区のアイデンティティを主張するようになる（Beaud 2002）。学校文化への適応の成否とローカルなアイデンティティは複雑に絡み合っており，地区での社交性に積極的に関わっていくことが学業達成への足枷となる一方で，学校での挫折が地区における社交性，そして非行やインフォーマル経済へ関与するきっかけともなる。

　他方で，移民家族の文化ならびに地区の文化は外出をはじめ若者女性の行動を制限しようとする。「兄」が姉妹の外での振る舞いなどを監視し，さらに彼女たちを家に「保護」しようとするため，彼女たちは基本的に兄や弟とは異なり外でたまることなどはない。女子は家にいる時間が長いため，家庭内で共有される親の出身国の文化をより内面化する傾向にあるが，こうした家庭内での役割は学校で求められる勤勉さなどを学ぶ機会にもなる。そのことが学校でよい成績を残すことや早い段階で就職することにつながり，家，そして地区から出るための手段となる。

地区と家族の問題が交差する場としての学校

　学校教育に関して，早い段階での挫折や留年，そして進路選択における差別の経験などの困難を抱える移民第二世代の若者は多い。もちろん，彼・彼女らの学業達成や高等教育への進学もみられないわけではない。だが，移民第二世代の学校経験には学校文化と地区の文化の違い，そして家族と学校の距離と

いった問題がみられる。

　モハメッドと同じ地区で育ったセネガル系のジブリル（25歳，男性）も，思春期に入ってから地区の文化に関わっていくようになったという。小学校の頃は問題なく学校生活を過ごしていたが，中学校に進み，成長するにつれ，だんだんと学校で悪ふざけをするようになった。彼のように多くの若者が中学校くらいから学校で問題のある素行や振る舞いをしたり，頻繁に遅刻や欠席をするようになり，退学処分を受ける子どもも増えてくる。そこには地区の仲間が同じ学校に集まるために子どもたちがより問題を起こすという「集団の現象」がある。これは男子だけでなく，女子についてもいえることで，モロッコ系の14人きょうだいの長女であるイネスは学校で騒ぎ，勉強をしなかったために2度の留年を経験した。もちろん，すべての子どもが学校で規律上の問題を引き起こすわけではなく，大半は問題なく過ごしている。こうした子どもは同級生の振る舞いを批判し，学校自体や教員ではなく他の生徒の問題を学校生活での困難として挙げるのである。

　移民第二世代の若者は地区の外の学校では異なった経験をする。地域の中学校には地元の子どもたちが通っていたのに対し，高校には社会的，そして「民族出自」の面で，より多様な生徒がさまざまな地域から集まっている。たとえば，マリアム（25歳，女性，マリ系）は中学校のクラスでは「白人」が2人だったのに対して，高校では自分だけが黒人でショックを受けた経験を思い起こす。また高校や大学はより制度的であり，学校文化への適応の問題がより深刻に生じやすい。4人きょうだいのなかで唯一大学に行っているイブライム（19歳，男性，アルジェリア系）は大学生活が地区の生活とはまったく異なったものであることに難しさを覚え満足のいく成績を残せないことに悩んでいた。このような異なる社会環境に適応できるのか否かが，学校生活や職業生活を左右するのであり，地区の文化から抜け出せない若者は学校においてより困難を抱えることになる。

　移民の子どもの学校生活上の困難には，家族と学校の間の文化的な距離という問題もある。外国からやって来た親はフランスの学校制度に関する知識不足やフランス語の読み書きができないなどの問題を抱えている。そのため，積極的に子どもの学校教育に関わることは少ない。彼・彼女らは戦略的に子どもの学校教育を考え，関与するための参照枠組みや基準を持ち合わせておらず，学校での授業内容や進路決定に関わることはまれである。

若者の多くは親が学校教育に重要性を与え，勉強してできる限りよい仕事に就くように厳しくいわれたこと，さらに学校で何かあった場合にはすぐに駆けつけ，叱られた経験を思い出す。だが同時に具体的な勉強の手伝いや進路選択にかかるアドバイスなどを受けたことはない，と振り返る。彼・彼女らは学校が家族とは異なった文化をもつ空間であり，親が学校に関する具体的な援助はできないと強く認識している。フランス語が「正しく」話せない親が学校に来ることは恥だと思っており，また進路の選択についても多くの若者が親とは相談をせずにそれを決めていた。さらに家の広さと家族の人数の問題からほぼすべての子どもが自宅で勉強することはない。宿題や自習をする際には学校や地域の学習支援教室を利用したり，高校に進んでからは図書館を利用したりしている。

地区で子どもを育てる移民

こうしたなか，移民——特に『最強のふたり』のドリスの家族のような，大家族やひとり親家族の親——は，教育関係者や政治家などから子どもの教育を「放棄」しているとして批難されてきた。つまり子どもの犯罪や不登校，学業挫折は，彼・彼女らが親としての責任を果たしていないからだとされている。しかし地区における移民の家族生活は，欠如よりもその過剰さに特徴づけられる（Lapeyronnie 2008: 438）。親は子どもたちを支え，彼・彼女らを地区の悪影響から守ろうとしており，さらに家族はアイデンティティの拠り所にもなる。

親にとって子どもたちが経験する地区の生活は未知のものであり，自分の子どもがほかの若者に影響されて非行・犯罪に関わってしまわないかと不安を抱いている。そのため子どもの交友関係を管理し，自由に外出させないことが重要であると考えられている。地区の社交性は男子に強く影響を及ぼすことから，特に彼らに対して注意が向けられるが，安全面など地区の社会環境から放課後は外に出ないように命じる親は多く，外出の機会が学校と家の往復に限られる子どもたちも男女問わず少なくない。

　　僕の父親はとても厳しい人です。地区と家族の間には「影響力の競い合い」があって，僕の場合は家族のほうが強かったです。だから犯罪などに関わらずにすみました。（イブライム）

（自分たちの非行・犯罪などの問題は）親の教育の問題ではない。それはシ
　　ステムの問題で，親の失敗ではないんだ。（システムとは）地区のシステム
　　であり，政治のシステムでもある。それらの歯車がどのようにかみ合うか
　　なんだ。（モハメッド）

　若者たちも親の教育が子どもの振る舞いに対して重要であると考え，ほかの
若者の問題を親・家族の問題に帰そうとする。だが実際に非行や犯罪などに関
わっていたり，自分のきょうだいがそういった問題を抱えている若者は，子ど
もの問題は必ずしも親の教育が悪かったからではないととらえている。また，
すべての若者が家族を大事にし，自分たちのルーツとしており，さらに親に
「敬意」を示すことは忘れない。
　若者にとっての困難は，親の「教育放棄」や家族の「崩壊」ではない。家族
や地区，学校といった彼・彼女らが社会化を経験する空間の間にみられる対立
や矛盾，そして社会における彼・彼女らの地位といった要因が重なった結果と
して，若者は非行や犯罪，インフォーマル経済に関与していく。また非行や犯
罪などに関わらなくとも，こうした困難にローカルなアイデンティティやエス
ニック・アイデンティティを主張することで対応しようとする若者も多い。

4 移民第二世代のアイデンティティ

移民第二世代の抱く複数のアイデンティティ

　　フランスもマリも自分たちの国だけど，でもどちらにも居場所はなく，
　　僕は2つのイスの間にいるんだ。（アミドゥ・20歳，男性，マリ系）

　　私たちは2つの文化の間を生きています。家では私たちの母語を話し
　　ます。マリに行ったときには，マリの言葉を話す必要があります。自分の
　　子どもたちにもこの2つの文化を教えています。私はそれを誇りに思っ
　　ているからです。（ファトゥ・32歳，女性，マリ系）

マリ出身の12人きょうだいの末っ子のアミドゥはフランスとマリの「二重

の文化」の下で育てられた。彼の育った家では親とはソニンケ語で会話をし，マリにも定期的に行っている。またラマダンや祈禱などを家族内で実践するなどムスリムとして育てられ，イスラームが教育において重要な位置を占めていた。また彼の姉のファトゥはすでに結婚し親となり，自分の子どもたちにも同じようにマリの文化を伝えようとしている。

　このように親の出身国や宗教（イスラーム），フランス社会，そして自分の育った地区に対してなど，移民第二世代の若者は複数のアイデンティティを抱いている。それぞれのアイデンティティは対立するものではなく，共存しうるものである。だがそのなかでも特に自分たちが育った地区やイスラームに対する強いアイデンティティがみられる。

　これまで，学校での挫折や失業，差別などの問題に直面した移民第二世代以降の若者が，「西欧的」な個人主義的選択の結果としてイスラームに拠り所を求めることは多くの研究が明らかにしてきた（Gaspard et Khosrokhavar 1995; 梶田 2005; Kakpo 2007）。こうした議論では，移民第二世代の若者の選択は，出身国の文化に結びついた親の世代の文脈とは異なるものとして論じられてきた。しかし，若者は，家族や地域社会における影響，ときには社会的圧力を受けており，そのアイデンティティは彼・彼女らが育った環境と完全に切り離して考えることはできない。

　たとえば，パリ北部の郊外で育ったサミールはアルジェリア系移民三世である。彼はフランス語を話す家族で育ったが，ムスリムとして自分の意志でアラビア語を学ぶようになった。彼にとってアルジェリアはルーツであり，そのなかでイスラームが中心的な軸としてあるという。サミールは自分が求めているイスラームは自分自身の信条からなる純粋なものであり，アルジェリアの伝統の一つとして実践する親の世代のイスラームとは異なったものであると主張する。だが彼は「ゼロ」からイスラームを発見したのではなく，家族や地域社会の影響を少なからず受けて育ってもいた。

家庭教育と移民第二世代のアイデンティティ

　M. トリバラによると，「世俗化」の流れをみせる他の宗教とは異なり，1980年代以降に生まれたムスリムには「脱世俗化」の傾向がみられるという（Tribalat 2013: 144）。この「脱世俗化」の動きは家族における宗教の伝達の高まりと一対になっている。すなわちフランスで生まれたムスリムの子どもはだん

お祭りで行列する移民の子どもたち

だんと宗教に重きをおいた教育を受けるようになっている。1985年から1990年生まれの約半数が宗教教育に重要性を与える家庭で育てられ，さらに親が2人ともムスリムであり，宗教に重要性を与えている家庭の90％以上において子どもがイスラームを保持し，ムスリムを自認し続けている（Tribalat 2013: 160-162）。したがってムスリムの若者がイスラームに身を投じることは，フランス社会や親の世代と自分を差別化しようという意志だけではなく，家庭で受ける教育も重要な作用をもっている。

　　子どもの教育において，敬意と学校，この2つが最も重要なものです。価値を与え，宗教を教えること，それが基本です。彼らはフランス人ですけど，2つの文化をもっています。フランス人であって，アルジェリア人でもあるんです。宗教の価値はとても重要です。（ファティマ・42歳，女性，アルジェリア系の5人の子どもの母親）

　こうした親の抱くイスラーム伝達の意志や実際の家庭内での宗教教育は若者の経験ともつながる。ハラール食品の選択や祈禱，ラマダン月の断食など，ほぼすべての若者が物心ついたときから家族で宗教を日常的に実践しており，現在でもそれを継続している。

　　私の家族はフランスで暮らしているので，十分にフランス化されていま

す。親の教育では，出身国の文化というよりもイスラームがとてもとても大事でした。ほぼ義務として祈禱や断食をやっています。家ではフランス語と，少しだけコートジボワールの言葉を話していますが，むしろ私たちはクルアーン（コーラン）学校でアラビア語を学ばせられました。（アワ・22歳，女性，コートジボワール）

　前節で取り上げたイブライムも，家庭教育で最も重要だったものが宗教であり，ムスリムとして育てられたと語る。彼はムスリム女性と結婚したがっているし，もし子どもができたら，同じようにイスラームに則った教育をしたいと考えている。彼以外にも調査で出会った若者の大半は，親の教育においてイスラームが最も重要であったと語り，ムスリムと結婚することを望んでいる若者も多い。彼・彼女らは自分たちと同じ価値観をもっている人と一緒に暮らしていきたいと思っており，その価値観はイスラームにもとづくものであった。
　こうして若者はフランス社会で成長しながらも，親の文化を受け継ぎ，それを自分のアイデンティティの一つとして内面化，また選択している。そのときに軸となるのがイスラームという宗教であった。親に対して「敬意」を払うことも，それがイスラームにおいて神への服従の次に重要とされていることと関係している。そして，彼・彼女らは，親から伝承されたイスラームを家族のつながりとして保持するか，もしくは個人主義的選択としてそれをより純粋に解釈しながら追求している。

地区におけるイスラーム

　最後に，地域社会の影響について言及したい。スカーフの着用やハラール食品の選択，ラマダンの実践などは社会的に恵まれない地区においてより可視的なものである（Tribalat 2013）。事実，G. ケペルが「イスラームの遍在」と表現したように，今日の地区の生活を特徴づけ，その中心となっているものの一つにイスラームがある（Kepel 2012）。たとえば，ラマダンの月には地区の雰囲気が大きく変わる。日中は閑散とし，多くの商店で特別に「アラブ菓子」が販売され，レストランやカフェは日が沈むまでシャッターを降ろしている。日常的にも，金曜日の午後は礼拝服を着た人々が行き交うし，その日だけスカーフを着用する女性もいる。また，地区のイベントやアソシエーションなどの活動でも必ずハラール食が提供される。イスラームは家族のみならず，地域社会の基

本原理となっている。

　このことは，若者同士の関係性のなかにも見出せる。地区において，若者，特に男性が一緒に祈禱をしたり，モスクに行くことは頻繁にみられる光景である。2011 年は 8 月にラマダンがあり，多くの若者がバカンスで仕事が休みのなか，断食を実践していた。昼になると外に出て，彼らは一緒に時間をつぶしながら，暑さを堪え忍び，日が沈む時間（21 時すぎ）になると有志でモスクに行き，祈禱をしてから水分をとり，食事を始めていた。これは普段からストリートにたまっている若者も同様である。地区においてイスラームの実践は集合的なものであり，仲間同士での影響や圧力も存在する。移民第二世代の若者は家族や地域社会での影響を受けつつ，ムスリムとしてのアイデンティティを獲得し，選択するのである。

5　移民の世代交代とアイデンティティ

　本章ではフランスにおける移民第二世代，特にマグレブ系やサブサハラ系移民第二世代の教育とアイデンティティについて取り上げた。フランス社会はイスラームの実践の可視化を公共の秩序を乱すものや共和国の原理を脅かすものとして問題視する傾向にある。だが筆者が調査で出会ったムスリム移民や移民第二世代は，「テロリスト」「原理主義者」「共同体主義」などメディアなどから与えられるイスラームのイメージを否定し，それは「本当の」ムスリムではないと強調する。そして彼・彼女らは日常的なイスラームの実践を通してフランス社会からの否定的なまなざしを反転させ，肯定的なものにしようとしていた。イスラームにアイデンティティを求めることは，彼・彼女らにとって象徴的に新しい資格を与える「オルタナティブな統合」であり（Kokoreff et Lapeyronnie 2013: 37），自尊心を抱かせるものである。

　このことは必ずしもフランス社会の価値観と対立するものではない。たとえば，公立学校における生徒のスカーフ着用などは調査を行った地域ではまったくみられなかった。彼・彼女らにとってイスラームは日常生活の基本原理であり，市民として社会的に統合しつつ，私的空間においてイスラームを実践しようとしているのだ。

　ここでは特にマグレブ系とサブサハラ系移民第二世代を中心に取り上げたが，

ムスリム移民に限らず，移民の出身地はますます多様になってきている。たとえば，1990年代以降に流入した中国系新移民の子どもにも学校不適応の問題が指摘されたり，近年ではアジア系市民に対する差別や暴力なども顕在化し（Chuang 2021），コロナ禍においてとりわけ差別や人種主義的暴力は重大な問題となった。それに対して比較的高学歴な若者が「フランスの中国系青少年アソシエーション（Association des Jeunes Chinois de France）」を2009年に設立し，反人種差別運動や若者同士での助け合い，中国文化の発信などを行っている（村上2022）。移民を背景にもつ人々のアイデンティティを否定，スティグマ化することなく，どのようにそれぞれのアイデンティティを認め，市民として受け入れるのかは，移民の世代交代を経験する移民社会の重要な課題の一つであろう。

■ 参考文献

● 第1章

柏崎千佳子，2002，「国籍のありかた――文化的多様性の承認に向けて」近藤敦編『外
　　国人の法的地位と人権擁護』明石書店.

キムリッカ，ウィル，1998，『多文化主義時代の市民権――マイノリティの権利と自由
　　主義』（角田猛之ほか訳）晃洋書房.

近藤敦，2021，『移民の人権――外国人から市民へ』明石書店.

佐藤成基，2009，「国民国家と移民の統合――欧米先進国における新たな『ネーショ
　　ン・ビルディング』の模索」『社会学評論』63（3）：348-363.

―――，2014，『国家の社会学』青弓社.

―――，2016，「『ドイツ人』概念の変容――『○○系ドイツ人』から考える」駒井
　　洋監修・佐々木てる編『マルチ・エスニック・ジャパニーズ――○○系日本人の変
　　革力』明石書店.

―――，2021，「戦争と国家――総力戦が生んだ強力でリベラルな国民国家」蘭信三
　　ほか編『シリーズ戦争と社会1 「戦争と社会」という問い』岩波書店.

鈴木江理子，2013，「新たな在留管理制度に内在する構造的暴力――日本社会に蔓延す
　　る無自覚な外国人差別」駒井洋監修・小林真生編『移民・ディアスポラ研究3　レ
　　イシズムと外国人嫌悪』明石書店.

髙谷幸編，2019，『移民政策とは何か――日本の現実から考える』人文書院.

滝澤三郎，2017，「日本の難民政策の問題点」滝澤三郎・山本満編『難民を知るための
　　基礎知識』明石書店.

樽本英樹，2012，『国際移民と市民権ガバナンス――日英比較の国際社会学』ミネル
　　ヴァ書房.

チャン，エリン・エラン（鄭愛蘭），2012，『在日外国人と市民権――移民編入の政治
　　学』（阿部温子訳）明石書店.

トーピー，ジョン，2008，『パスポートの発明――監視・シティズンシップ・国家』
　　（藤川隆男訳）法政大学出版局.

墓田桂，2016，『難民問題――イスラム圏の動揺，EUの苦悩，日本の課題』講談社.

ハンマー，トーマス，1999，『永住市民と国民国家――定住外国人の政治参加』（近藤
　　敦監訳）明石書店.

ブルーベイカー，ロジャース，2005，『フランスとドイツの国籍とネーション――国籍
　　形成の比較歴史社会学』（佐藤成基・佐々木てる監訳）明石書店.

マーシャル，T. H.／トム・ボットモア，1993，『シティズンシップと社会的階級――
　　近現代を総括するマニフェスト』（岩崎信彦・中村健吾訳）法律文化社.

マン，マイケル，2005，『ソーシャルパワー――社会的な〈力〉の世界歴史Ⅱ　階級と

国民国家の「長い19世紀」（上・下）』（森本醇・君塚直隆訳）NTT 出版.

宮島喬・佐藤成基編, 2019, 『包摂・共生の政治か, 排除の政治か——移民・難民と向き合うヨーロッパ』明石書店.

山脇啓造, 2011, 「日本における外国人政策の歴史的展開」近藤敦編『多文化共生政策へのアプローチ』明石書店.

ヨプケ, クリスティアン, 2013, 『軽いシチズンシップ——市民・外国人・リベラリズムのゆくえ』（遠藤乾・佐藤崇子・井口保宏・宮井健志訳）岩波書店.

Banting, Keith, Richard Johnson, Will Kymlicka and Stuart Soroka, 2006, "Do Multicultural Policies Erode the Welfare State? : An Empirical Analysis," in Keith Banting and Will Kymlicka (eds.), *Multiculturalism and the Welfare State: Recognition and Redistribution in Contemporary Democracies*, Oxford University Press.

Favell, Adiran, 2009, "Immigration, Migration and Free Movement in the Making of Europe," in Jeffrey C. Checkel and Peter J. Katzenstein (eds.), *European Identity*, Cambridge University Press.

Kashiwazaki, Chikako, 2013, "Incorporating Immigrants as Foreigners: Multicultural Politics in Japan," *Citizenship Studies*, 17 (1): 31-47.

Rattansi, Ali, 2011, *Multiculturalism: A Very Short Introduction*, Oxford University Press.

Soysal, Yasemin Nuhoglu, 1994, *Limits of Citizenship: Migrants and Postnational Membership in Europe*, University of Chicago Press.

Vertovec, Steven and Susanne Wessendorf, 2010, *The Multiculturalism Backlash: European Discourses, Policies and Practices*, Routledge.

●第2章

赤木妙子, 2000, 『海外移民ネットワークの研究——ペルー移住者の意識と生活』芙蓉書房出版.

梶田孝道・丹野清人・樋口直人, 2005, 『顔の見えない定住化——日系ブラジル人と国家・市場・移民ネットワーク』名古屋大学出版会.

カースルズ, スティーブンス／マーク・J. ミラー, 2011, 『国際移民の時代〔第4版〕』（関根政美・関根薫監訳）名古屋大学出版会.

グラノヴェター, マーク, 1998, 『転職——ネットワークとキャリアの研究』（渡辺深訳）ミネルヴァ書房.

ジョージ, シバ・マリヤム, 2011, 『女が先に移り住むとき——在米インド人看護師のトランスナショナルな生活世界』（伊藤るり監訳）有信堂.

杉原達, 1998, 『越境する民——近代大阪の朝鮮人史研究』新幹社.

長坂格, 2009, 『国境を越えるフィリピン村人の民族誌——トランスナショナリズムの人類学』明石書店.

樋口直人, 2012, 「鶴見で起業する——京浜工業地帯の南米系電気工事業者たち」樋口直人編『日本のエスニック・ビジネス』世界思想社.

樋口直人・稲葉奈々子，2013，「フロレンシオ・バレラの野郎ども――藤沢市湘南台に
　　おけるアルゼンチン系コミュニティ，1988-2012」『都市社会研究』5: 131-147.

樋口直人・稲葉奈々子・丹野清人・福田友子・岡井宏文，2007，『国境を越える――滞
　　日ムスリム移民の社会学』青弓社.

フィッシャー，クロード・S.，2002，『友人のあいだで暮らす――北カリフォルニアの
　　パーソナル・ネットワーク』（松本康・前田尚子訳）未来社.

ヨシイ，ラファエラ・オリバレス，2022，「在日ブラジル学校の高校生の『穴埋め』型
　　進路形成――日本の大学への進学における構造的障壁に着目して」『異文化間教育』
　　55: 138-155.

ワトソン，ジェームズ・L.，1995，『移民と宗族――香港とロンドンの文氏一族』（瀬川
　　昌久訳）阿吽社.

Basch, Linda, Nina Glick Schiller and Christina Szanton-Blanc, 1994, *Nations Unbound:
　　Transnational Projects, Postcolonial Predicaments and Deterritorialized Nation-States*,
　　Gordon and Breach.

Bodnar, John, 1985, *The Transplanted: A History of Immigrants in Urban America*,
　　Indiana University Press.

Boyd, Monica, 1989, "Family and Personal Networks in International Migration: Recent
　　Developments and New Agendas," *International Migration Review*, 23(3): 638-670.

Durand, Jorge and Douglas S. Massey (eds.), 2004, *Crossing the Border: Research from
　　the Mexican Migration Project*, Russell Sage Foundation.

Faist, Thomas, 2000, *The Volume and Dynamics of International Migration and
　　Transnational Social Spaces*, Clarendon Press.

Gammeltoft-Hansen, Thomas and Ninna Nyberg Sørensen (eds.), 2012, *The Migration
　　Industry and the Commercialization of International Migration*, Routledge.

Hernández-León, Rubén, 2008, *Metropolitan Migrants: The Migration of Urban Mexicans
　　to the United States*, University of California Press.

Levitt, Peggy, 2001, *The Transnational Villagers*, University of California Press.

Massey, Douglas S., Jorge Durand and Nolan J. Malone, 2002, *Beyond Smoke and
　　Mirrors: Mexican Immigration in an Era of Economic Integration*, Russell Sage
　　Foundation.

Park, Robert Ezra and Herbert Adolphus Miller, 1921, *Old World Traits Transplanted*,
　　Harper and Brothers (reprint ed.).

Tilly, Charles, 1990, "Transplanted Networks," in Virginia Yans-McLaughlin (ed.),
　　Immigration Reconsidered: History, Sociology and Politics, Oxford University Press.

●第 3 章

稲上毅，1992，「経営戦略・外国人労働市場・雇用管理――事例からみたスペクトラム
　　構造」稲上毅・桑原靖夫・国民金融公庫総合研究所編『外国人労働者を戦力化する
　　中小企業』中小企業リサーチセンター.

上林千恵子，2015a，『外国人労働者受け入れと日本社会――技能実習制度の展開とジ

レンマ』東京大学出版会.

―――, 2015b,「介護人材の不足と外国人労働者受け入れ」労働政策研究・研修機構『日本労働研究雑誌』662.

―――, 2018,「外国人技能実習制度成立の経緯と 2009 年の転換点の意味付け――外国人労働者受け入れのための試行過程」『移民政策研究』10.

―――, 2020,「特定技能制度の性格とその社会的影響―外国人労働者受け入れ制度との比較をてがかりとして」労働政策研究・研修機構『日本労働研究雑誌』725.

―――, 2021,「移民受け入れ理論の検討――M. ピオリの二重労働市場論を中心に」『国際行動学研究』15: 43-64.

上林千恵子・山口塁・長谷川翼, 2021,「出雲市における産業振興・雇用創出と外国人労働者(1)――自治体政策と企業立地の条件」『社会志林』68(1): 45-65.

―――, 2022,「出雲市における産業振興・雇用創出と外国人労働者(2)～日系ブラジル人の雇用管理と地域労働市場での位置づけ」『社会志林』68(4): 71-113.

厚生労働省, 2022,『「外国人雇用状況」の届出状況まとめ』(https://www.mhlw.go.jp/stf/newpage_23495.html〈2023 年 1 月 16 日最終アクセス〉)

下平好博, 1999,「外国人労働者――労働市場モデルと定着化」稲上毅・川喜多喬編『講座社会学 6　労働』東京大学出版会.

丹野清人, 2007,『越境する雇用システムと外国人労働者』東京大学出版会.

ドーリンジャー, ピーター・B. ／マイケル・J. ピオレ, 2007,『内部労働市場とマンパワー分析』(白木三秀監訳) 早稲田大学出版部.

林　玲子, 2022,「移民政策のための統計基盤」『移民政策研究』14: 23-39.

宮島喬, 2012,『社会学原論』岩波書店.

Leontaridi, Marianthi Rannia, 1998, "Segmented Labour Markets: Theory and Evidence," Journal of Economic Surveys, 12(1): 63-101.

Levy, Frank and Richard J. Murnane, 2004, *The New Division of Labor: How Computers Are Creating the Next Job Market,* Russell Sage Foundation.

Martin, Philip, 2007, "Towards Effective Temporary Worker Programs: Issues and Challenges in Industrial Countries," *International Migration Papers*, 89.

OECD ed., 2012, "Renewing the Skills of Ageing Workforces: The Role of Migration," *International Migration Outlook 2012*: 123-156.

―――― ed., 2021, *International Migration Outlook 2021.*

Piore, Michael J., 1979, *Birds of Passage: Migrant Labor and Industrial Societies,* Cambridge University Press. (digital printed version 2008)

Tian, Yunchen, 2019, "Workers by Any Other Name: Comparing Co-ethnics and 'Interns' as Labour Migrants to Japan," *Journal of Ethnic and Migration Studies,* 45(9): 1496-1514.

UN Department of Economic & Social Affairs, Population Division, 2013, *Population Facts,* No.2013/3.

●第4章

大久保武, 2005,『日系人の労働市場とエスニシティ——地方工業都市に就労する日系ブラジル人』御茶の水書房.

片岡博美, 2012,「ブラジル人——揺れ動くエスニック・ビジネス」樋口直人編『日本のエスニック・ビジネス』世界思想社.

金明秀, 1997,「社会的地位達成」金明秀編『在日韓国人の社会成層と社会意識全国調査報告書』在日韓国青年商工人連合会.

金明秀・稲月正, 2000,「在日韓国人の社会移動」高坂健次編『日本の階層システム 6 階層社会から新しい市民社会へ』東京大学出版会.

徐根植, 1995,「在日朝鮮人の歴史的形成」朴鐘鳴編『在日朝鮮人——歴史・現状・展望』明石書店.

竹ノ下弘久, 2012,「社会階層をめぐる制度と移民労働者——欧米の研究動向と日本の現状」『三田社会学』17: 79-95.

————, 2013,『現代社会学ライブラリー 13 仕事と不平等の社会学』弘文堂.

丹野清人, 2007,『越境する雇用システムと外国人労働者』東京大学出版会.

永吉希久子編, 2021,『日本の移民統合——全国調査から見る現況と障壁』明石書店.

韓載香, 2010,『「在日企業」の産業経済史——その社会的基盤とダイナミズム』名古屋大学出版会.

Crul, Maurice and Jens Schneider, 2010, "Comparative Integration Context Theory: Participation and Belonging in New Diverse European Cities," *Ethnic and Racial Studies,* 33(7): 1249-1268.

DiPrete, Thomas. A., Paul M. de Graaf, Ruud Luijkx, Michael Tahlin and Hans-Peter Blossfeld, 1997, "Collectivist Versus Individualist Mobility Regimes? Structural Change and Job Mobility in Four Countries," *American Journal of Sociology* 103(2): 318-358.

Duncan, Otis D., 1969, "Inheritance of Poverty or Inheritance of Race," in Daniel Patrick Moynihan (ed.) *On Understanding Poverty: Perspectives from the Social Sciences*, Basic Books.

Gordon, Milton M., 1964, *Assimilation in American Life: The Role of Race, Religion, and National Origins,* Oxford University Press.

Hall, Peter and David W. Soskice (eds.), 2001, *Varieties of Capitalism: The Institutional Foundations of Comparative Advantage*, Oxford University Press. (= 2007 遠山弘徳ほか訳『資本主義の多様性——比較優位の制度的基礎』ナカニシヤ出版.)

Kalleberg, Arne. L., 2003, "Flexible Firms and Labor Market Segmentation: Effects of Workplace Restructuring on Jobs and Workers," *Work and Occupations*, 30(2): 154-175.

Kogan, Irena, 2007, *Working through Barriers: Host Country Institutions and Immigrant Labour Market Performance in Europe*, Springer.

Morris, Martina and Bruce Western, 1999, "Inequality in Earnings at the Close of the Twentieth Century," *Annual Review of Sociology*, 25: 623-657.

Portes, Alejandro and Rubén G. Rumbaut, 2001, *Legacies: The Story of the Immigrant Second Generation*, University of California Press.

──────, 2006, *Immigrant America: A Portrait*, 3rd edition, University of California Press.

Reitz, Jeffrey G., 1998, *Warmth of the Welcome: The Social Causes of Economic Success for Immigrants in Different Nations and Cities*, Westview Press.

Thomson, Mark and Maurice Crul, 2007, "The Second Generation in Europe and the United States: How Is the Transatlantic Debate Relevant for Further Research on the European Second Generation?" *Journal of Ethnic and Migration Studies*, 33(7): 1025-1041.

Zhou, Min, 1997, "Segmented Assimilation: Issues, Controversies, and Recent Research on the New Second Generation," *International Migration Review*, 31(4): 975-1008.

●第5章

安里和晃, 2014, 「グローバルなケアの供給体制と家族」『社会学評論』64(4): 625-648.

移住労働者と連帯する全国ネットワーク, 2013, 「ハーグ条約実施法案に関する要望書」『M ネット』163: 14-15.

ウ・シンイン, 2010, 「台湾における結婚移民女性に関する動向と支援策」『東京大学大学院教育学研究科紀要』50: 23-33.

落合恵美子, 1989, 『近代家族とフェミニズム』勁草書房.

落合恵美子, カオ・リーリャウ, 石川義孝, 2007, 「日本への外国人流入からみた国際移動の女性化──国際結婚を中心に」石川義孝編『人口減少と地域──地理学的アプローチ』京都大学学術出版会.

郝洪芳, 2012, 「業者婚をした中国女性の主体性と葛藤」落合恵美子・赤枝香奈子編『変容する親密圏／公共圏 2　アジア女性と親密性の労働』京都大学学術出版会.

嘉本伊都子, 2007, 「グローバル化時代の『移動する家族』と日本家族社会学会」『家族社会学研究』18(2): 47-53.

──────, 2008, 『国際結婚論！？──現代編』法律文化社.

金賢美, 2009, 「誰のための統合なのか──韓国における結婚移民女性政策と家父長的発想」『アジア・太平洋人権レビュー 2009』現代人文社.

賽漢卓娜, 2011, 『国際移動時代の国際結婚──日本の農村に嫁いだ中国人女性』勁草書房.

芝野淳一, 2013, 「セカンドチャンスとしての海外留学？──教育達成のためのトランスナショナルな移動とそのリスク」『大阪大学教育学年報』18: 81-96.

高畑幸, 2013, 「日本人移民の子孫と国際婚外子──フィリピンから『帰還』する新旧日系人」蘭信三編『帝国以後の人の移動──ポストコロニアリズムとグローバリズムの交錯点』勉誠出版.

宝田惇史, 2012, 「『ホットスポット』問題が生んだ地域再生運動──首都圏・柏から岡山まで」山下祐介・開沼博編『原発避難論──避難の実像からセカンドタウン, 故郷再生まで』明石書店.

竹下修子, 2007,「ムスリム家族における国境を越えた家族形成——教育戦略に対する社会関係資本の影響を中心にして」『家族社会学研究』18(2): 82-91.

長友淳, 2013,『日本社会を「逃れる」——オーストラリアへのライフスタイル移住』彩流社.

花岡めうみ, 2014,「親子で海外留学パーフェクトマニュアル」(http://ftp.my/perfectmanual/d.html. 2014年11月9日最終アクセス).

濱野健, 2013,「オーストラリアへの婚姻移住——国際結婚による永住ビザ申請者数の把握と日本人女性婚姻移住者への個別インタビュー事例から」『オーストラリア研究紀要』38: 83-103.

————, 2014,『日本人女性の国際結婚と海外移住——多文化社会オーストラリアの変容する日系コミュニティ』明石書店.

百地章, 2009,「改正『国籍法』が日本を溶解させる」『正論』443: 118-127.

山岸素子, 2014,「ハーグ条約——移住女性と子どもへの影響」外国人人権法連絡会編『日本における外国人・民族的マイノリティ人権白書2014年』.

山田昌弘, 2014,「日本家族のこれから——社会の構造転換が日本家族に与えたインパクト」『社会学評論』64(4): 649-662.

横田祥子, 2008,「グローバル・ハイパガミー?——台湾に嫁いだベトナム人女性の事例から」『異文化コミュニケーション研究』20: 79-110.

Benson, Michaela and Karen O'Reilly (eds.), 2009, *Lifestyle Migration: Expectations, Aspirations and Experiences*, Ashgate.

Chee, Maria W. L., 2003, "Migrating for the Children: Taiwanese American Women in Transnational Families," in Nicola Piper and Mina Roces (eds.), *Wife or Worker? Asian Women and Migration*, Rowman & Littlefield.

Igarashi, Hiroki, 2014, "Privileged Japanese Transnational Families in Hawaii as Lifestyle Migrants," *Global Networks*, Wiley Online Library: 1-19.

Pham, Thi Binh, Hiroo Kamiya and Soon Ho Park, 2014, "The Economic Conditions of Vietnamese Brides in Korea Before and After Marriage",『地理科学』68(2): 69-94.

●第6章

安里和晃, 2013,「家族ケアの担い手として組み込まれる外国人家事労働者——香港・台湾・シンガポールを事例として」落合恵美子編『親密圏と公共圏の再編成——アジア近代からの問い』京都大学学術出版会.

上野加代子, 2011,『国境を越えるアジアの家事労働者——女性たちの生活戦略』世界思想社.

エスピン＝アンデルセン, イエスタ, 2001,『福祉資本主義の三つの世界——比較福祉国家の理論と動態』(岡沢憲芙・宮本太郎監訳) ミネルヴァ書房.

小ヶ谷千穂, 2009,「再生産労働のグローバル化の新たな展開——フィリピンから見る『技能化』傾向の考察」『社会学評論』60(3): 364-378.

落合恵美子, 2013,「東アジアの低出生率と家族主義——半圧縮近代としての日本」落合恵美子編『親密圏と公共圏の再編成——アジア近代からの問い』京都大学学術出

版会.

カースルズ, スティーブン／マーク・J. ミラー, 2011, 『国際移民の時代〔第 4 版〕』（関根政美・関根薫監訳）名古屋大学出版会.

厚生労働省, 各年版, 「被保護者調査」.

————, 2019, 「国民生活基礎調査」.

小山進次郎, 1992, 『改訂増補 生活保護法の解釈と運用（中央福祉協議会昭和 26 年刊の復刻）』全国社会福祉協議会.

庄谷怜子・中山徹, 1997, 『高齢在日韓国・朝鮮人——大阪における「在日」の生活構造と高齢福祉の課題』御茶の水書房.

髙谷幸・稲葉奈々子, 2011, 「在日フィリピン人女性にとっての貧困——国際結婚女性とシングルマザー」移住連・貧困プロジェクト編『日本で暮らす移住者の貧困』現代人文社.

田中宏, 2013, 『在日外国人〔第 3 版〕——法の壁, 心の溝』岩波書店.

特定非営利活動法人北関東医療相談会, 2022, 『生きていけない——追い詰められる仮放免者 仮放免者生活実態調査報告』.

豊中市・財団法人とよなか国際交流協会, 2022, 『コロナ禍における外国人市民の生活等への影響に関する調査研究報告書』.

中村一成, 2005, 『声を刻む——在日無年金訴訟をめぐる人々』インパクト出版会.

ハンマー, トーマス, 1999, 『永住市民（デニズン）と国民国家——定住外国人の政治参加』（近藤敦監訳）明石書店.

樋口直人, 2011, 「貧困層へと転落する在日南米人」移住連・貧困プロジェクト編『日本で暮らす移住者の貧困』現代人文社.

————, 2014, 『日本型排外主義——在特会・外国人参政権・東アジア地政学』名古屋大学出版会.

マーシャル, T. H.／トム・ボットモア, 1993, 『シティズンシップと社会的階級——近現代を総括するマニフェスト』（岩崎信彦・中村健吾訳）法律文化社.

水島治郎, 2012, 『反転する福祉国家——オランダモデルの光と影』岩波書店.

山口定・高橋進編, 1998, 『ヨーロッパ新右翼』朝日新聞社.

湯浅誠, 2008, 『反貧困——「すべり台社会」からの脱出』岩波書店.

Hochschild, Arlie Russell, 2000, "Global Care Chains and Emotional Surplus Value," in Will Hutton and Anthony Giddens (eds.), *On the Edge : Living with Global Capitalism*, Jonathan Cape.

OECD, 2019, Family Database "Child Poverty."

Parreñas, Rhacel. Salazar, 2001, *Servants of Globalization: Women, Migration, and Domestic Work*, Stanford University Press.

Schierup, Carl-Ulrik, Peo Hansen and Stephen Castles, 2006, *Migration, Citizenship, and the European Welfare State: A European Century Dilemma*, Oxford University Press.

●第7章

大曲由起子・樋口直人, 2011, 「『移住者と貧困』を指標でみる」移住連・貧困プロジェクト編『日本で暮らす移住者の貧困』現代人文社.

鍛治致, 2011, 「外国人の子どもたちの進学問題——貧困の連鎖を断ち切るために」移住連・貧困プロジェクト編『日本で暮らす移住者の貧困』現代人文社.

かながわ国際交流財団, 2013, 『外国人コミュニティ調査報告書2　ともに社会をつくっていくために』.

カミンズ, ジム／マルセル・ダネシ, 2005, 『カナダの継承語教育——多文化・多言語教育をめざして』(中島和子・高垣俊之訳) 明石書店.

坂本文子・渋谷淳一・西口里紗・本田量久, 2014, 「ニューカマー外国人の子どもの教育を受ける権利と就学義務——教育関係者への意見調査等を手がかりに」『大原社会問題研究所雑誌』663: 35-52.

佐久間孝正, 2005, 「多文化に開かれた教育に向けて」宮島喬・太田晴雄編『外国人の子どもと日本の教育——不就学問題と多文化共生の課題』東京大学出版会.

――――, 2006, 『外国人の子どもの不就学——異文化に開かれた教育とは』勁草書房.

趙衛国, 2010, 『中国系ニューカマー高校生の異文化適応——文化的アイデンティティ形成との関連から』御茶の水書房.

豊橋市, 2003, 『日系ブラジル人実態調査報告書』.

韓裕治, 藤川正夫監修, 兵庫在日韓国朝鮮人教育を考える会, 兵庫県在日外国人教育研究協議会編, 2008, 『多文化・多民族共生教育の原点——在日朝鮮人教育から在日外国人教育への歩み』明石書店.

マニッツ, ザビーネ, 2008, 「学校における集合的連帯と社会的アイデンティティの構築」ジークリット・ルヒテンベルク編『移民・教育・社会変動』(山内乾史訳) 明石書店.

宮島喬, 1994, 『文化的再生産の社会学——ブルデュー理論からの展開』藤原書店.

――――, 2013, 「外国人の〈教育を受ける権利〉と就学義務」宮島喬・吉村真子編『移民・マイノリティと変容する世界』法政大学出版局.

――――, 2014, 『外国人の子どもの教育——就学の現状と教育を受ける権利』東京大学出版会.

Coleman, James S., 1990, *Equality and Achievement in Education*, Westview Press.

Cummins, Jim, 1981, "Four Misconceptions about Language Proficiency in Bilingual Education," *NABE Journal*, 5(3): 34-45.

Putnam, Robert, 2000, *Bowling Alone: The Collapse and Revival of American Community*, Simon & Schuster.

Rhamie, Jasmine and Susan Hallam, 2002, "An Investigation into African-Caribbean Academic Success in the United Kingdom," *Race, Ethnicity and Education*, 5(2): 150-170.

Rumbaut, Ruben. G. and Wayne A. Cornelius (eds.), 1995, *California's Immigrant Children: Theory, Research, and Implications for Educational Policy*, Center for U.S.-Mexican Studies, University of California.

●第8章

伊藤るり, 1996, 「もう一つの国際労働力移動——再生産労働の超国境的移転と日本の女性移住者」伊豫谷登士翁・杉原達編『日本社会と移民』明石書店.

伊藤るり・足立眞理子編, 2008, 『ジェンダー研究のフロンティア2 国際移動と〈連鎖するジェンダー〉——再生産領域のグローバル化』作品社.

エンロー, シンシア, 2004, 『シリーズ国際ジェンダー研究3 フェミニズムで探る軍事化と国際政治』(秋林こずえ訳) 御茶の水書房.

小ヶ谷千穂, 2002, 「ジェンダー化された海外出稼ぎと『矛盾した移動』経験——フィリピンの事例から」『年報社会学論集』15: 189-200.

————, 2007, 「国際労働移動とジェンダー——フィリピンの事例から」宇田川妙子・中谷文美編『ジェンダー人類学を読む——地域別・テーマ別基本文献レビュー』世界思想社.

————, 2008, 「移住家事労働者における『ヴァルネラビリティ』の構造と組織化の可能性——香港におけるインドネシア人家事労働者の事例」伊藤るり・足立眞理子編『ジェンダー研究のフロンティア2 国際移動と〈連鎖するジェンダー〉——再生産領域のグローバル化』作品社.

————, 2016, 『移動を生きる——フィリピン移住女性と複数のモビリティ』有信堂.

カースルズ, スティーブンス／マーク・J. ミラー, 2011, 『国際移民の時代〔第4版〕』(関根政美・関根薫監訳) 名古屋大学出版会.

酒井千絵, 2003, 「香港における日本人女性の自発的な長期滞在——長期滞在者からみた『香港就職ブーム』」岩崎信彦ほか編『海外における日本人, 日本のなかの外国人——グローバルな移民流動とエスノスケープ』昭和堂.

坂中英徳, 2005, 『入管戦記』講談社.

サッセン, サスキア, 1992, 『労働と資本の国際移動——世界都市と移民労働者』(森田桐郎ほか訳) 岩波書店.

————, 2004, 『グローバル空間の政治経済学——都市・移民・情報化』(田淵太一・原田太津男・尹春志訳) 岩波書店.

ジョージ, シバ・マリヤム, 2011, 『女が先に移り住むとき——在米インド人看護師のトランスナショナルな生活世界』(伊藤るり監訳) 有信堂.

高畑幸・原めぐみ, 2012, 「フィリピン人——『主婦』となった女性たちのビジネス」樋口直人編『日本のエスニック・ビジネス』世界思想社.

パレーニャス, ラセル, 2008, 「家族を想うということ——フィリピン人海外就労の経済的原因におけるジェンダー作用」(越智方美・大橋史恵訳) 伊藤るり・足立眞理子編『ジェンダー研究のフロンティア2 国際移動と〈連鎖する〉ジェンダー——再生産領域のグローバル化』作品社.

ミース, マリア, 1997, 『国際分業と女性——進行する主婦化』(奥田暁子訳) 日本経済評論社.

DAWN (Development Action for Women Network), 2005, 『フィリピン女性エンターティナーの夢と現実——マニラ, そして東京に生きる』(DAWN–Japan 訳) 明石書店.

Hondagneu-Sotelo, Pierette, 1994, *Gendered Transition: Mexican Experiences of Immigration*, University of California Press.

————, 2003, "Gender and Immigration: A Retrospective and Introduction," in Pierette. Hondagneu-Sotelo (ed.), *Gender and U.S. Immigration: Contemporary Trends*, University of California Press.

Morocvasic, Mirjana, 1983, "Women in Migration: Beyond the Reductionist Outlook," in A. Phizaklea (ed.), *One Way Ticket: Migration and Female Labour*, Routledge and Kegan Paul.

————, 1984, "Birds of Passage Are also Women...," *International Migration Review* (*Special Issue: Women in Migration*), 18(4): 886-907.

Oishi, Nana, 2005, *Women in Motion: Globalization, State Policies, and Labor Migration in Asia*, Stanford University Press.

Parreñas, Rhacel Salazar, 2001, *Servants of Globalization: Women, Migration and Domestic Work*, Stanford University Press. (小ヶ谷千穂抄訳「グローバリゼーションの使用人——ケア労働の国際的移転」『現代思想』30(7): 158-181.)

Triandafyllidou, Anna, and Lucia Nalbandian, 2020, *"Disposable" and "Essential": Changes in the Global Hierarchies of Migrant Workers after Covid-19*, International Organization for Migration (IOM).

●第9章

生田志織, 2021, 「難民行政40年——日本における難民保護の編成と課題」『難民研究ジャーナル』11: 4-22.

大川昭博, 2022, 「コロナ渦の移民・難民の生きる権利を保障するために——私たちの処方箋」『Mネット』移住者と連帯する全国ネットワーク, 223:6-7.

荻野剛志, 2006, 「わが国における公的支援と難民受け入れの変遷」『社会福祉学』46(3): 3-15.

小坂田裕子, 2020, 「難民及び庇護希望者の労働の権利——難民条約と社会権規約の比較検討」錦田愛子編『政治主体としての移民/難民——人の移動が織り成す社会とシティズンシップ』明石書店.

工藤晴子, 2022, 『難民とセクシュアリティ——アメリカにおける性的マイノリティの包摂と排除』明石書店.

古藤吾郎, 2012, 「滞日難民申請者の脱貧困をめぐる困難と葛藤——ソーシャルワークの現場から」『難民研究ジャーナル』2: 61-71.

全国難民弁護団連絡会議（全難連）, 2022, 「トルコ国籍クルド人の初めての難民認定に関する声明」2022年8月10日（http://www.jlnr.jp/jlnr/?p=7561〈2023年1月16日最終アクセス〉）

舘葉月, 2014, 「難民保護の歴史的検討」『難民・強制移動研究のフロンティア』墓田桂・杉木明子・池田丈佑・小澤藍編, 現代人文社.

田中宏, 2013 [1994], 『在日外国人——法の壁, 心の溝』岩波書店.

バウマン, ジグムント, 2010, 『グローバリゼーション——人間への影響』（澤田眞

治・中井愛子訳）法政大学出版局.

藤巻秀樹, 2019, 「メディアの機能と影響——治安と安全保障, 彼らは負担か資源か」 小泉康一編『「難民」をどう捉えるか』, 慶応義塾大学出版会.

ベッカー, ハワード, S., 1993, 『アウトサイダーズ——ラベリング理論とはなにか』 （村上直之訳）新泉社.

法務省出入国在留管理庁, 2022, 「令和3年における難民認定者数等について」（https:// www.moj.go.jp/isa/content/001372236.pdf〈2023年1月16日最終アクセス〉）

本間浩, 1990, 『難民問題とは何か』岩波書店.

宮島喬, 2021, 『多文化共生の社会への条件——日本とヨーロッパ, 移民政策を問い直す』東京大学出版会.

山本哲史, 2016, 「国際人権法の観点から見た日本の難民保護制度の現状と課題」『移民政策研究』8: 26-42.

Castles, Stephen, Magdalena Arias Cubas, Chulhyo Kim, and Derya Ozkul, 2012, "Irregular Migration: Causes, Patterns, and Strategies," in Irena Omelaniuk (ed.), *Global Perspectives on Migration and Development*. Global Migration Issues,1: 117-151.

Loescher, Gil, 2021, *Refugee: A Very Short Introduction*, Oxford University Press.

Long, Katy, 2013, *The Point of No Return: Refugees, Rights, and Repatriation*. Oxford University Press.

Sigona, Nando, 2014, 'The Politics of Refugee Voices: Representations, Narratives, and Memories' in Elena Fiddian-Qasmiyeh, Gil Loescher, Katy Long, Nando Sigona (eds.) *The Oxford Handbook of Refugee and Forced Migration Studies*. Oxford University Press.

United Nations High Commissioner for Refugees (UNHCR), 2018, *Global Trends-Forced Displacement in 2017*.

Van Hear, Nicholas, 2009, "Managing Mobility for Human Development: The Growing Salience of Mixed Migration," *Human Development Research Paper*, 20, United Nations Development Programme.

Zetter, Roger, 1991, "Labelling Refugees: Forming and Transforming a Bureaucratic Identity," *Journal of Refugee Studies,* 4(1): 39-62.

————, 2007 "More Labels, Fewer Refugees: Remaking the Refugee Label in an Era of Globalization," *Journal of Refugee Studies*, 20, (2): 172-192.

●第10章

イングルハート, ロナルド, 2019, 『文化的進化論——人びとの価値観と行動が世界をつくりかえる』（山崎聖子訳）勁草書房.

ヴィステンドール, マーラ, 2012, 『女性のいない世界——性比不均衡がもたらす恐怖のシナリオ』（大田直子訳）講談社.

ヴィトール・ド・ヴァンダン, カトリーヌ, 2019, 『地図とデータで見る移民の世界ハンドブック』（太田佐絵子訳）原書房.

ウォーラーステイン，イマニュエル，1997，『〔新版〕史的システムとしての資本主義』（川北稔訳）岩波書店.

小倉充夫，1982，『開発と発展の社会学』東京大学出版会.

オックスファム・インターナショナル，2006，『貧富・公正貿易・NGO──WTO に挑む国際 NGO オックスファムの戦略』（渡辺龍也訳）新評論.

外国人技能実習機構，2021，『令和 2 年度・帰国後技能実習生フォローアップ調査』.

国連開発計画，2009，『人間開発報告書　障壁を乗り越えて──人の移動と開発』.

────，2013，『人間開発報告書　南の台頭──多様な世界における人間開発』.

────，2020，『人間開発報告書　新しいフロンティアへ──人間開発と人新世』.

駒井洋，1989，『国際社会学研究』日本評論社.

コリアー，ポール，2008，『最底辺の 10 億人──最も貧しい国々のために本当になすべきことは何か』（中谷和男訳）日経 BP 社.

佐藤寛，2005，『開発援助の社会学』世界思想社.

セン，アマルティア，1999，『不平等の再検討──潜在能力と自由』（池本幸生・野上裕生・佐藤仁訳）岩波書店.

────，2000，『自由と経済開発』（石塚雅彦訳）日本経済新聞社.

鶴見和子・川田侃編，1989，『内発的発展論』東京大学出版会.

人間の安全保障委員会，2003，『安全保障の今日的課題──人間の安全保障委員会報告書』朝日新聞社.

ヌスバウム，マーサ・C，2005，『女性と人間開発──潜在能力アプローチ』（池本幸生・田口さつき・坪井ひろみ訳）岩波書店.

延末謙一，2001，「バングラデシュ──広大なるサードセクターと巨大 NGO」重富真一編『アジアの国家と NGO──15 ヵ国の比較研究』明石書店.

ハーバーマス，ユルゲン，1994，『公共性の構造転換──市民社会の一カテゴリーについての探究〔第 2 版〕』（細谷貞雄・山田正行訳）未來社.

原田晃樹・藤井敦史・松井真理子，2010，『NPO 再構築への道──パートナーシップを支える仕組み』勁草書房.

ブルデュー，ピエール，1993，『資本主義のハビトゥス──アルジェリアの矛盾』（原山哲訳）藤原書店.

法務省出入国在留管理庁，2020，「在留外国人統計（旧登録外国人統計）統計表」.

宮島喬，2012，『社会学原論』岩波書店.

BBC News, 11 September 2020, *Coronavirus: BBC poll suggests stark divide between rich and poor countries*.

EIU（Economist Intelligence Unit），2022, *Democracy Index 2021: the China challenge*.

Kabeer, Naila, 1999, "Resources, Agency, Achievements: Reflections on the Measurement of Women's Empowerment," *Development and Change*, 30(3): 435-464.

NGO Advisor, 2022, *World 200 SGOs list*.

McAuliffe, M. and A. Triandafyllidou（eds.），2021, *World Migration Report 2022*, International Organization for Migration（IOM），Geneva.

OECD ,2011, *Education at a Glance 2011: OECD Indicators*, OECD Publishing, Paris.

———, 2021a, "Big Picture of Total Resource Receipts by Year" OECD, *ODA data and trends 2021*.

———, 2021b, *Official Development Assistance（ODA）in 2021, by Members of the Development Assistance Committee*.

UNDESA（UN Department of Economic and Social Affairs）, 2020, *World Social Report 2020 Inequality* in *A Rapidly Changing World*.

UNFPA, 2020, *State of World Population 2020*.

WHO, 2022, *2 March 2022 News release Reading time: COVID-19 pandemic triggers 25% increase in prevalence of anxiety and depression worldwide Wake-up call to all countries to step up mental health services and support*.

World Bank Group, 2021, May 24, *The Development Podcast As COVID-19 wreaks havoc on service workers, is the informal sector increasing global inequality?*

———, 2022a, *Global Economic Prospects*.

———, 2022b, *Global Poverty Monitoring Technical Note 20 April 2022 Update to the Poverty and Inequality Platform (PIP)What's New*.

———, 2022c, *World Development Indicators GDP（Current US$）*.

———, 2022d, *World Development Indicators Personal Remittances Received（Current US$）*.

Yoshino, Naoyuki, Farhad Taghizadeh-Hesary, and Miyu Otsuka, 2017, *Asia Development Bank Institute (ADBI) Working Paper Series International Remittances and Poverty Reduction: Evidence from Asian Developing Countries*.

●第 11 章

柏崎千佳子, 2007, 「韓国籍・朝鮮籍をもたずに『コリアン』であること——日本国籍者によるコリアン・アイデンティティの主張」（柏崎千佳子訳）高全恵星監修『ディアスポラとしてのコリアン——北米・東アジア・中央アジア』新幹社.

金伊佐子, 2011, 「在日女性と解放運動——その創世期に」井上輝子ほか編『〔新編〕日本のフェミニズム 1　リブとフェミニズム』岩波書店.

金泰泳, 2005, 「在日韓国・朝鮮人の変貌——日本社会と在日アイデンティティの現在」梶田孝道編『新・国際社会学』名古屋大学出版会.

金富子, 2005, 『植民地期朝鮮の教育とジェンダー——就学・不就学をめぐる権力関係』世織書房.

庄谷怜子・中山徹, 1997, 『高齢在日韓国・朝鮮人——大阪における「在日」の生活構造と高齢福祉の課題』御茶の水書房.

スピヴァク, ガヤトリ・C., 1998, 『サバルタンは語ることができるか』（上村忠男訳）みすず書房.

———, 2008, 「抵抗として認識され得ない抵抗」『スピヴァク　みずからを語る——家・サバルタン・知識人』（大池真知子訳）岩波書店.

徐阿貴, 2012, 『在日朝鮮人女性による「下位の対抗的な公共圏」の形成——大阪の夜間中学を核とした運動』御茶の水書房.

宋連玉，2005，「在日朝鮮女性にとっての戦後 30 年」『歴史学研究』807: 122-129.

孫・片田晶，2013，「多様性と響き合う『在日朝鮮人』アイデンティティ——在日 3 世学生たちの学びの運動から」松田素二・鄭根埴編『コリアンディアスポラと東アジア社会』京都大学学術出版会.

戴エイカ，2009，「ディアスポラ——拡散する用法と研究概念としての可能性」野口道彦・戴エイカ・島和博，2009，『批判的ディアスポラ論とマイノリティ』明石書店.

田中宏，2013，『在日外国人——法の壁，心の溝〔第 3 版〕』岩波書店.

樽本英樹，2009，『よくわかる国際社会学』ミネルヴァ書房.

福岡安則，1993，『在日韓国・朝鮮人——若い世代のアイデンティティ』中央公論社.

福岡安則・金明秀，1997，『在日韓国人青年の生活と意識』東京大学出版会.

フックス，ベル，2006，『とびこえよ，その囲いを——自由の実践としてのフェミニズム教育』(里見実監訳) 新水社.

ブルーベイカー，ロジャーズ，2009，「『ディアスポラ』のディアスポラ」(赤尾光春訳) 臼杵陽監修『ディアスポラから世界を読む』明石書店.

フレイザー，ナンシー，1999，「公共圏の再考——既存の民主主義の批判のために」クレイグ・キャルホーン編『ハーバマスと公共圏』(山本啓・新田滋訳) 未來社.

森田芳夫，1996，『数字が語る在日韓国・朝鮮人の歴史』明石書店.

李洪章，2013，「在日朝鮮人のナショナル・アイデンティティを再考する——3・4 世朝鮮籍者の「共和国」をめぐる語りを手がかりに」松田素二・鄭根埴編『コリアンディアスポラと東アジア社会』京都大学学術出版会.

リー，ジョン，2007，「想像上の祖国とディアスポラの認識——『季刊三千里』1975 ～ 1987」(柏崎千佳子訳) 高全恵星監修『ディアスポラとしてのコリアン——北米・東アジア・中央アジア』新幹社.

リャン，ソニア，2005，「言語とアイデンティティ——朝鮮総連系の女性たち」(中西恭子訳)『コリアン・ディアスポラ——在日朝鮮人とアイデンティティ』明石書店.

Brah, Avtar, 1996, *Cartographies of Diaspora: Contesting Identities*, Routledge.

Crenshaw, Kimberlé W., 1989, "Demarginalising the Intersection of Race and Sex: A Black Feminist Critique of Antidiscrimination Doctorine, Feminist Theory and Antiracist Politics," *University of Chicago Legal Forum,* 140: 139-167.

————, 1991, "Mapping the Margins: Intersectionality, Identity Politics, and Violence against Women of Color," *Stanford Law Review,* 43(6): 1241-1299.

Kashiwazaki, Chikako, 2000, "The Politics of Legal Status: The Equation of Nationality with Ethnonational Identity," in Sonia Ryang (ed.), *Koreans in Japan: Critical Voices from the Margin*, Routledge.

McCall, Leslie, 2005, "The Complexity of Intersectionality," *Signs: The Journal of Women in Culture and Society,* 30(3): 1711-1800.

● 第 12 章

アギーレ・ジュニア，アダルベルト／ジョナサン・H. ターナー，2013，『アメリカのエスニシティ——人種的融和を目指す多民族国家』(神田外国語大学アメリカ研究会

訳）明石書店.

牛田千鶴, 2010, 『ラティーノのエスニシティとバイリンガル教育』明石書店.

国本伊代, 2001, 『概説ラテンアメリカ史〔改訂新版〕』新評論.

グリーン, ナンシー, 1997, 『多民族の国アメリカ――移民たちの歴史』(明石紀雄監修・村上伸子訳) 創元社.

小林宏美, 2006, 「移民の二言語教育とエスニック・アイデンティティに関する意識――ロサンゼルスのヒスパニック系移民の事例から」『年報社会学論集』19: 118-128.

――――, 2008, 『多文化社会アメリカの二言語教育と市民意識』慶應義塾大学出版会.

西山隆行, 2012, 「移民政策と米墨国境問題――麻薬, 不法移民とテロ対策」久保文明ほか編『マイノリティが変えるアメリカ政治――多民族社会の現状と将来』NTT出版.

パールストーン, ゼナ, 1995, 『ロサンゼルス民族総覧――文化・ビジネス・生活の実態』(小浪充訳) 三交社.

Hamilton, Nora and Norma Stoltz Chinchilla, 2001, *Seeking Community in a Global City: Guatemalans and Salvadorans in Los Angeles*, Temple University Press.

Los Angeles Almanac, Hispanic or Latino Population by City, Los Angeles County, 2000 by census, (http://www.laalmanac.com/population/po18a.htm 〈2014 年 5 月 30 日最終アクセス〉)

Pew Research Hispanic Trends Project, (http://www.pewhispanic.org/ 〈2014 年 3 月 28 日最終アクセス〉).

U.S. Census Bureau, 1990 Census, (http://www.census.gov/population/wwwcen2000/briefs 〈2014 年 4 月 5 日最終アクセス〉)

U.S. Department of Commerce, Los Angeles Quick Facts from the US Census Bureau. (http://quickfacts.census.gov/qfd/states/06/0644000/html 〈2014 年 5 月 30 日最終アクセス〉).

Zentgraf, Kristine M., 2005, "Why Women Migrate: Salvadoran and Guatemalan Women in Los Angeles," in Enrique C. Ochoa and Gilda L. Ochoa (eds.), *Latino Los Angeles: Transformations, Communities, and Activism*, University of Arizona Press.

●第 13 章

伊藤るり, 1988, 「80 年代フランスにおける移民労働者の権利要求運動と意識変化――定住化のなかの階級とイスラム」『国際政治』87: 42-56.

――――, 1998, 「国際移動とジェンダーの再編――フランスのマグレブ出身移民とその家族をめぐって」『思想』886: 60-88.

ヴェイユ, パトリック, 2019, 『フランス人とは何か――国籍をめぐる包摂と排除のポリティクス』(宮島喬・大嶋厚・中力えり・村上一基訳), 明石書店.

梶田孝道, 2005, 「EU における人の国際移動――移民とイスラームを中心にして」梶田孝道編『新・国際社会学』名古屋大学出版会.

サンテリ，エマニュエル，2019,『現代フランスにおける移民の子孫たち——都市・社会統合・アイデンティティの社会学』(村上一基訳)，明石書店.

スコット，ジョーン・W., 2012,『ヴェールの政治学』(李孝徳訳) みすず書房.

ドンズロ，ジャック，2012,『都市が壊れるとき——郊外の危機に対応できるのはどのような政治か』(宇城輝人訳) 人文書院.

バルト，フレデリック，1996,「エスニック集団の境界」青柳まちこ編・監訳『「エスニック」とは何か——エスニシティ基本論文選』新泉社.

ポルテス，アレハンドロ／ルベン・ルンバウト，2014,『現代アメリカ移民第二世代の研究——移民排斥と同化主義に代わる「第三の道」』(村井忠政ほか訳) 明石書店.

南川文里，2022,『アメリカ多文化社会論——「多からなる一」の系譜と現在〔新版〕』法律文化社.

宮島喬，2006,『移民社会フランスの危機』岩波書店.

宮島喬編，2009,『移民の社会的統合と排除——問われるフランス的平等』東京大学出版会.

村上一基，2022,「フランスにおける中国系新移民第二世代の統合とアイデンティティ——ルーツを探求する高学歴の若者に着目して」『白山人類学』25: 45-66.

森千香子，2016,『排除と抵抗の郊外——フランス「移民」集住地域の形成と変容』東京大学出版会.

Alba, Richard, 2005, "Bright vs. Blurred Boundaries: Second-generation Assimilation and Exclusion in France, Germany, and the United States," *Ethnic and Racial Studies*, 28(1): 20-49.

Attias-Donfut, Claudine et François-Charles Wolff, 2009, *Le destin des enfants d'immigrés: Un désenchaînement des générations*, Édition Stock.

Avenel, Cyprien, 2000, "Les jeunes hommes et le territoire dans un quartier de grands ensembles," *Lien Social et Politique*, 43: 143-154.

Beauchemin, Cris, Mathieu Ichou, Patrick Simon et l'équipe de l'enquête TeO, 2022, "Familles immigrées : le niveau d'éducation progresse sur trois générations mais les inégalités sociales persistent," *Population & Sociétés*, 602(7): 1-4.

Beaud, Stéphane, 2002, *80 % au bac... et après? Les enfants de la démocratisation scolaire*, La Découverte.

Beaud, Stéphane et Olivier Masclet, 2006, "Des « marcheurs » de 1983 aux « émeutiers » de 2005: Deux générations sociales d'enfants d'immigrés," *Annales: Histoire, Sciences Sociales*, 61(4): 809-843.

Brinbaum, Yaël, 2019, "Trajectoires scolaires des enfants d'immigrés jusqu'au baccalauréat : rôle de l'origine et du genre, Résultats récents," *Éducation & formations*, 100 : 73-104.

Chuang, Ya-Han, 2021, *Une minorité modèle? Chinois de France et racisme anti-Asiatiques*, La Découverte.

Fassin, Didier et Éric Fassin (eds.), 2006, *De la question sociale à la question raciale? Représenter la société française*, La Découverte.

Gaspard, Françoise et Farhad Khosrokhavar, 1995, *Le foulard et la république*, La

Découverte.

INSEE, 2021, *France, portrait social Édition 2021*.

Kakpo, Nathalie, 2007, *L'islam, un recours pour les jeunes*, Presses de Sciences Po.

Kepel, Gilles, 2012, *Banlieue de la république: société, politique et religion à Clichy-sous-Bois et Montfermeil*, Gallimard.

Kokoreff, Michel et Didier Lapeyronnie, 2013, *Refaire la cité: l'avenir des banlieues*, Édition du Seuil.

Lapeyronnie, Didier, 1987, "Assimilation, mobilisation et action collective chez les jeunes de la seconde génération de l'immigration maghrébine," *Revue française de sociologie*, 28(2): 287-318.

―――, 2008, *Ghetto urbain: ségrégation, violence, pauvreté en France aujourd'hui*, Robert Laffont.

Silberman, Roxane et Irène Fournier, 2006, "Les secondes générations sur le marché du travail en France: Une pénalité ethnique ancrée dans le Temps. Contribution à la théorie de l'assimilation segmentée," *Revue Française de Sociologie*, 47(2): 243-292.

Tribalat, Michèle, 1995, *Faire France: une grande enquête sur les Immigrés et Leurs enfants*, La Décourverte.

―――, 2013, *Assimilation: La fin du modèle français*, Édition du Toucan.

■ 索 引

ソーシャル・キャピタル　→社会関係資本

編者紹介　　　宮島　喬（みやじま たかし）
　　　　　　　　お茶の水女子大学名誉教授

　　　　　　　佐藤成基（さとう しげき）
　　　　　　　　法政大学社会学部教授

　　　　　　　小ヶ谷千穂（おがや ちほ）
　　　　　　　　フェリス女学院大学文学部教授

国際社会学〔改訂版〕
Transnational Sociology, 2nd edition

2015 年 3 月 20 日 初　版第 1 刷発行　　　　2024 年 11 月 10 日 改訂版第 2 刷発行
2023 年 3 月 30 日 改訂版第 1 刷発行

編　者　　宮島　喬・佐藤成基・小ヶ谷千穂
発行者　　江草貞治
発行所　　株式会社有斐閣
　　　　　〒101-0051 東京都千代田区神田神保町 2-17
　　　　　https://www.yuhikaku.co.jp/
装　丁　　吉野　愛
印　刷　　萩原印刷株式会社
製　本　　牧製本印刷株式会社
装丁印刷　株式会社亭有堂印刷所

落丁・乱丁本はお取替えいたします。定価はカバーに表示してあります。
©2023, Takashi Miyajima, Shigeki Sato and Chiho Ogaya.
Printed in Japan. ISBN 978-4-641-17482-5